大 学 问

始 于 问 而 终 于 明

守望学术的视界

爱有差等

先秦儒家与华夏制度文明的构建

李竞恒 ○ 著

广西师范大学出版社

·桂林·

爱有差等：先秦儒家与华夏制度文明的构建
AI YOU CHADENG:XIANQIN RUJIA YU HUAXIA ZHIDUWENMING DE GOUJIAN

图书在版编目（CIP）数据

爱有差等：先秦儒家与华夏制度文明的构建 / 李竞恒
著. -- 桂林：广西师范大学出版社，2024.6
ISBN 978-7-5598-6917-3

Ⅰ. ①爱… Ⅱ. ①李… Ⅲ. ①儒家－关系－制度建设－
研究－中国 Ⅳ. ①B222.05②D63

中国国家版本馆 CIP 数据核字（2024）第 086876 号

广西师范大学出版社出版发行

（广西桂林市五里店路 9 号　邮政编码：541004）
（网址：http://www.bbtpress.com）
出版人：黄轩庄
全国新华书店经销
广西广大印务有限责任公司印刷
（桂林市临桂区秧塘工业园西城大道北侧广西师范大学出版社
集团有限公司创意产业园内　邮政编码：541199）
开本：880 mm × 1 240 mm　1/32
印张：8.5　　　字数：260 千
2024 年 6 月第 1 版　　2024 年 6 月第 1 次印刷
印数：0 001~5 000 册　　定价：78.00 元

如发现印装质量问题，影响阅读，请与出版社发行部门联系调换。

序

读书是一件好玩的事，你会发现除了"专业"，还有广袤而有趣的天地。对于我的学生，我尊重并鼓励他们根据自己的兴趣，去自由发展适合自己的阅读生命，若能做到博洽淹贯、汇通中西的视野，自然更好。李竞恒跟随我读博时，我就发现他对中国思想史具有浓厚兴趣，当时他出版过一本《论语新劄：自由孔学的历史世界》，汇通了古文字、考古资料、人类学，甚至奥地利经济学派的一些内容。学术方法上，显得有些"不守章法"，但能尝试贯通古今中外和跨学科的视野，往往能从一些"三不管地带"中，发现新的问题，提供新的视角，则自有其意义所在。

中国思想史中的"原始儒学"问题，可谓十分重要，从汉代以来的学者开始，其学术努力的方向往往是回溯先秦时代"原始儒学"的源头，这种溯求"原儒"思想的探寻，一直深刻影响到晚清、近代以来的中国思潮。李竞恒这本"软学术"随笔式的小书，体量不大，但其问题意识，仍然是延续了追溯何谓"原始儒学"的这一兴趣方向，并通过很多现代知识，尤其是囊括了经济学、法学、考古学、人类学等现代"西学"不同学科视野的交叉维度，呈现为一种独特的写作风格。我阅读了书稿后有三点印象，第一是知识结构开阔，虽然要探讨"原始儒学"为中心的话题，但是能从多个学科切入，如谈论传统文化是吃肉还是吃素，能从人类学、考古学的旧石器时代饮食结构，再联系到殷周贵族作为"肉食者"与军事贵族的体魄等。又如谈先秦时期山林水泽的资源使用权，能够从"习惯法"的角度，结合英格兰中世纪颁布的《森林宪章》等进行比较。第二是思路比较广阔，用现在网络术语说，叫有"脑洞"。无论是谈"逃杨归于儒"，还是"爱有等差""性善论"等话题，都不是按照一般"传统文化研究"角度，而是都能从大、小共同体之辨，从人类学的"邓巴数"到智人大脑还不适应只有五千年历史的陌生人协作复杂社会等角度谈出新意来，至少就阅读感受来说，还是很好玩、很有意思和一些启发的。第三是其志趣，虽然立足于本国历史文化情感，但对于西学并不排斥，古希腊罗马、中世纪或近现代的材料，信手拈来，态度中正平和，不偏不倚，兼容并蓄，是可取的。

　　思想史的研究并非我的专长，对于李竞恒书中的一些观点，我也并不完全赞同。在日常交流中，我就和他谈到，对他比较认同的某些芝加哥学派学者，其实也存在着各种知识分子的致命弱点，特别是有"致君尧舜上"的想象。而在孟、荀之争的思想史问题上，我也是宁站在荀子一边。当然，学术和思想是开放的，师生之间也不需要在每一个观点上都达成一致。他的这本小书，还是非常有趣，语言也浅白易懂，不故作高深。相信热爱阅读的读者，无论是否赞成其观点，都应该会对这本书的内容产生兴趣。

周振鹤

2023 年 5 月 18 日

目录/
contents

文化篇

政论篇

爱有差等与文明的构建

到底是"爱无差等"更文明和高级，还是"爱有差等"才是真正的文明基石，这是自古以来争论的核心问题。一些宗教、学派鼓励"大爱无疆"，认为无差别地爱每一个生物学意义上的人，而不限于狭隘的小共同体如家人、朋友等范围，才是高贵的圣徒。这种大爱，认知低级的人不懂。狄更斯小说《荒凉山庄》里的杰利比太太，"她的眼睛看不到比非洲更近的东西。杰利比太太整天写信支援尼罗河上的一个部落，任凭她在伦敦的家庭因此毁灭"（［美］罗伯特·D.卡普兰：《无政府时代的来临》，骆伟阳译，山西人民出版社，2015年，第117页）。一些"进步"的现代人，其价值排序也主张自己的家人或国族共同体，并不应该优先于遥远的非洲，即应该爱无差等。

孟子生活的战国时代，传统古老小共同体被打破和瓦解，国家之间人员流动性增加，在与陌生人越来越频繁的互动过程中，开始出现了"爱无差等"的思想——为打破家庭、家族、村社、朋友圈的边界叫好。《孟子·滕文公上》记载，墨家门人夷子，就主张"爱无差等，施由亲始"，即从价值维度上来说，爱父母和爱陌生人应该相同，只是从技术实践角度，可以先从爱父母做起而已。显然，夷子这番爱无差等的论述，是在偷换概念，尤其是在零和博弈的极端状态下，一定是会逼出价值排序的。就像曹丕问群臣："君父各有笃疾，有药一丸，可救一人，当救君邪，父邪？"邴原悖然回答："父也！"（《三国志·魏书·邴原传》注引《邴原别传》）在零和博弈的极端状态下，如果在父亲和君主之间只能救一个，那么邴原的儒家价值就将父亲的排序放到了君主之上，体现的正是爱有差等的原则。

孟子说："夫夷子，信以为人之亲其兄之子为若亲其邻之赤子乎？彼有取尔也。赤子匍匐将入井，非赤子之罪也。且天之生物也，使之一本，而夷子二本故也。"意思是，夷子真正以为人们爱他的侄儿和爱他邻居家的婴儿一样的吗？夷子只不过抓住了这一点：婴儿在地上爬行，快要跌到井里去了，这自然不是婴儿的罪过。（这时候，无论是谁的孩子，无论谁看见了，都会去救的，夷子以为这就是爱无差等，其实，这是人的恻隐之心。）况且天生万物，只有一个本源，夷子却以为有两个本源，道理就在这里。（杨逢彬：《孟子新注新译》，北京大学出版社，2017年，第166页）孟子的意思很清晰，墨家信徒夷子所谓爱无差等，看到陌生人的婴儿快要掉到井里去了，赶快去救援，这只是人们的恻隐之心，并不意味着对陌生婴儿的爱就等同于对自家孩子的爱。

儒家对文明构建的理解，既反对只是原子个体的自私，更反对无差别的大爱无疆。爱的价值排序，应该是由近及远层层外推，从小共同体推向中级共同体，再推向大共同体，在推导和流溢的过程中，层层变淡，却是最现实的方案。顾炎武读《诗经》，读到"言私其豵，献豜于公"，先保有自己私家的猎物，再将其他拿给领主，他感慨这才是正确的，所谓"各亲其亲，各子其子，而人之有私，固情之所不能免矣，故先王弗为之禁。非惟弗禁，且从而恤之"（《日知录》卷三）。顾炎武的阅读和思考纵深，是重回原始儒学，他特别注意到，爱有差等才是人性的"情之所不能免"，以家庭为基础的"私"，才是构建文明的基石。在这个基础上，西周的君王尊重大家的"私"，最后"合天下之私以成天下之公，此所以为王政也"。只有在尊重差等和保护"私"的基础上，层层推进，才能实现真正的"公"。反之，如果以"公"的大义名分去践踏"私"，最后得到的一定不是真正的"公"，而是大伪。

我们智人的大脑，在长达二十万年的历史中，熟悉的是家庭、氏族这类小共同体的生活方式，在这种小规模的共同体内，讲大爱是没问题的。进入体量达到几万人一起合作的大共同体时期，也就是跨入文明社会的这五千年，我们的头脑，其实和旧石器时代晚期差异并不大。所能长期保持熟人和有效社交的关系圈，其实就在最大"邓巴数"（Dunbar's number）这个范围内，一般不超过一百五十人。能具有超越管理这个数量级大脑能力的人，历史上是很少的。如梁、陈时期的大军阀王琳，能够做到"军府佐吏千数，皆识其姓名"（《南史·王琳传》）；北齐的唐邕，据说也可以"于御前简阅，虽三五千人，邕多不执文簿，暗唱官位、姓名，未常谬误"（《北齐书·唐邕传》）；唐朝的李敬玄，"性强记，虽官万员，遇诸道，未尝忘姓氏"（《新唐书·李敬玄传》），能记住上万人的姓氏；唐代的唐宣宗也特别能记住大量陌生人的名字和信息，所谓"宫中厮役给洒扫者，皆能识其姓名，才性所任，呼召使令，无差误者。天下奏狱吏卒姓名，一览皆记之"（《资治通鉴·唐纪六十五》宣宗大中九年）。或者像古罗马的凯撒，据说能记下自己的手下每个士兵的面孔和名字。王琳、唐邕、李敬玄、唐宣宗、凯撒之类属于极少数特例，因此才被史书记录。而最常见的有效社交和维持情感的共同体边界，从史前到文明时代，一般是不超过最大邓巴数。文明时代，其实是依靠跨越血缘、跨村社的官僚组织、商业手段，实现了大量陌生人之间的合作，但这种合作不是通过"爱"，而是通过更冷寂的行政、商业、契约之类的技术手段来实现的。当然，随着长期的合作，小共同体之间古老的爱，也慢慢流溢到大共同体的陌生人社会之中，救援孺子入井等各类恻隐之心开始大量涌现。随之而来的，是各类大共同体和陌生人之间讲究大爱的思想、宗教开始出现，一旦处理不好价值排序问题，就会产生"整天写信支援尼罗河上的一个部落，任凭她在伦敦的家庭因此毁灭"这类画面。

　　有句阿拉伯谚语说"我和兄弟针对堂兄弟，和堂兄弟针对陌生人"，其实就道出了"爱有差等"的一个圈层结构。《孝经·圣治》说"不爱其亲而爱他人者，谓之悖德；不敬其亲而敬他人者，谓之悖礼"，也是讲最基本的差等之爱，如果连对自己的双亲都不敬爱，却去敬爱其他的陌生人，这就是悖逆德性与传统习惯法的。体现在丧服习惯法上，儒家根据爱有差等的亲疏远近，制定了各类丧服，儿子为父亲服最重的"斩衰"，父亲也为嫡长子服最重的"斩衰"，为母亲服"齐衰"三年（父亲在则"杖期"一年），为自己的祖父母、兄弟、嫡长孙都是服齐衰不杖期一年，为堂兄弟服七个月或九个月的"大功"，同族远房堂兄弟则服三个月的"缌麻"。这种依次递减的差序格局，体现的正是"差等"和圈层远近的分寸感。古儒讲究血亲复仇，《礼记·檀弓上》记载："子夏问于孔子曰：'居父母之仇如之何？'夫子曰：'寝苫枕干，不仕，弗与共天下也；遇诸市朝，不反兵而斗。'曰：'请问居昆弟之仇如之何？'曰：'仕弗与共国；衔君命而使，虽遇之不斗。'曰：'请问居从父昆弟之仇如之何？'曰：'不为魁，主人能，则执兵而陪其后。'"孔子的意思是，对杀害父母的仇人，绝不生活在同一个世界，哪怕追杀到天涯海角，也要报仇；而对于兄弟的仇，如果他逃到外国，就可以暂时不找他报仇；对于堂兄弟的仇，如果需要武装械斗，则可以拿着武器站在队伍的后面参加，尽一些义务。显然，这种一层层向外延展的责任不断降低，正是爱有差等的体现。在史前时代，人们爱的范围限于本家庭和氏族最大邓巴数群体内，而文明时代拓展了这个范围，让爱和恻隐可以流向更广袤的群体。儒家当然鼓励这种爱向更遥远的流溢，但前提是不能破坏差等的结构，搞成本末倒置。

其实即使是构建家族共同体，如果不讲究差等之爱，也是存在很多隐患的。南北朝到唐宋时期，民间社会出现了一些动辄超过八代、十代甚至十几代人不分家的大家族，在家族内实行财产共有，吃大锅饭，"一钱尺帛无敢私"，叫累世同居的"义门"。当然，从重建社会自治小共同体的角度，防止原子化、散沙化弊端的角度，这种中古时期出现的十几代人不分家而共财的中间组织，当然具有积极意义。但是，如果不能落实爱有差等，给大家族内的核心小家庭以空间，甚至会出现兄弟反目之类悲剧。有学者引用《四库珍本别辑》中的《袁氏世范》中就认为在兄弟"义居"这种多代不分家的背景下，如果出现一人早亡，"诸父与子侄其爱稍疏"，就会出现长辈瞒幼辈，幼辈又悖慢长辈，"顾见义居而交争者，其相疾有甚于路人"，最后从大爱变成大仇的现象。这就是因为没有差等和边界感。唐高宗时的张公艺，九代义居共财不分家，唯以上百个"忍"字来传家，看得皇帝都落泪了。这些"百忍"的内容，一定包含了大量家长里短和鸡零狗碎，不讲差等与边界感，走得近反而导致走得远。正因为这种规模超出邓巴数，还实行共财义居的模式，是违背了爱有差等这种智人本性的。其实这种不讲差等的"义居"大爱模式，虽然也还是一种小共同体，有一些现实的操作空间，但无差等还是违背原始儒学精神的。在宋元以后，这种模式被更体现差等的新型宗族模式取代，所谓"避免累世同居的弊端，又能发挥宗族通财的精神，于是产生新的宗族形态"（杜正胜：《传统家族试论》，黄宽重、刘增贵主编：《家族与社会》，中国大百科全书出版社，2005年，第83页）。这种新的模式，更接近原始儒学的差等结构，即各小家庭分开玩，不搞同居同财同吃。但又通过义庄、义田之类产业，类似家族基金，保持一定限度的互助合作形式，既保持小共同体的凝聚力又维持合理的分寸感。

在这一点上，儒家爱有差等的价值观，与苏格兰启蒙思想家休谟的观点颇有相似之处。休谟在《人性论》中说："人类的慷慨是很有限的，很少超出他们的朋友和家庭以外，最多也超不出本国以外。在这样熟悉了人性以后，我们就不以任何不可能的事情期望于他，而是把我们的观点限于一个人的活动的狭窄范围以内，以便判断他的道德品格。"高全喜教授认为："休谟所说的同情很类似于中国传统思想中的差等之爱，它是一个由己推人的逐渐扩展的量化过程，也就是说，同情以人的自私或自爱（self-love）为出发点，然后由己推人，从个人推到家庭再到朋友，乃至到整个社会"（高全喜：《休谟的政治哲学》，北京大学出版社，2004年，第105页）。休谟的人性论，和法国大革命提出那种"博爱"的豪情壮语相比，确实显得冷寂而不够"激情燃烧"，却是符合真实人性和现实操作的。反之，那种没有现实根基的"博爱"激情，以公共性的名义破除各种"私"，最终得到的却是残酷杀戮。休谟的人性论与古儒相近，可以对应一个近代市民的工商业社会，也落脚到私有财产权的意义。

如果考虑到"爱有差等"的操作性，很多带些乌托邦色彩的社会方式，只要限定在一个极小的共同体边界内，其实是可以实行的。有人说，我和家人之间实行共产，和朋友之间实行社会主义，和陌生人之间通过资本主义进行合作，其实就说到了要点。即使是在奥地利学派所说高度自由放任的市场模式下，人们在家庭内部，家人之间其实还是以共同分享财产为主的。在一个邓巴数之内的小共同体社群，如美国阿米绪社群、以色列基布兹公社之类，也都可以在现代社会存在，前提是各小共同体之间以陌生人社会方式进行合作。进入了文明时代以后的社会，陌生人之间可以通过跨血缘的官僚组织、商业贸易、契约等方式进行合作，近代以来通过自由贸易和市场经济进行合作，陌生人之间讲究私有财产权、严格的契约，看起来不像小共同体内那种温情脉脉，却是最有效、最现实的庞大陌生人社会合作手段，整个大社会也通过这种合作方式增加了总体财富，做大蛋糕，因而人人获益。反之，如果将小共同体的模式强行推广到庞大的陌生人社会，通过"改造人性""狠斗私字"来实现"大同"，最终很可能得到相反的结果。康有为讲"大同"，首先要从破除家庭开始，因为家庭这种血缘共同体就是"爱有差等"的基石。很多要追求"爱无差等"的运动，也都是从破除或反对家庭开始，引发出灾难。学者就注意到，"姓氏作为家庭和家族最重要的标识，要想打破亲疏之别，废除姓氏便是其中之义。废姓与废家的讨论和举动也并非个例，颇能反映当时激进青年的心态。其实，较早康有为设想，废除姓氏之后，人的命名应该以所生之人本院所在之位置、院室名称命名，即某度、某院、某室、某日"（*赵妍杰：《家庭革命：清末民初读书人的憧憬》，社会科学文献出版社，2020年，*

第50页）。晚清、民国以来的激进主义思潮，正是着眼于要打破爱有差等与亲疏之别，要从破灭家庭入手，将人们变为类似数字编号的平等原子个体。

爱有差等，才是文明社会的基石，家庭制度和私有财产权，就是爱有差等的产物。讲究爱有差等，不是说要冷酷、自私，拒绝对陌生人有恻隐之心。恰恰相反，正因为爱有差等保护了人们最关心、最重视的人，以及相应的权利，以及一层层有序的边界感，才能培养出仓廪足而知礼仪的君子，才能将在小共同体内养成的美好品德，一层层向外拓展、流溢给陌生人，共同提升文明社会的温度。反之，号召爱无差等的运动，以破除"私"去实现"公"，最终却往往产生装扮成大爱无疆的"大伪""大奸"之人。从孔子开始，就讲究"弟子入则孝，出则弟，谨而信，泛爱众，而亲仁"（《论语·学而》）。意思是说，一个年轻人首先要守护好自己的小共同体，对父母做到孝之爱，对兄长做到"悌"之爱。这时候，就可以将对血缘小共同体的爱，再外推给模拟血缘关系的更外围圈层的朋友。对于朋友这个圈层，最重要的美德是对他们践行"谨而信"，既要有谨慎的讲究，也要有信义。在做好了和朋友圈层的这一共同体关系之后，如果行有余力，就可以将仁爱进一步外推为"泛爱众"，将小共同体内孕育的美德与爱外推给更广泛的人群。从孟子开始，就强调"老吾老，以及人之老；幼吾幼，以及人之幼；天下可运于掌"（《孟子·梁惠王上》），孟子所代表原始儒学的文明构建思路，正是首先尊重人性"老吾老""幼吾幼"的古老自然本能——对自家老人的爱，对自家小孩的爱。通过这种对自己小共同体之爱的真实情感之体认，再外推给更远和更陌生人的人群，将这些温度流溢给别人家的老人、别人家的孩子。将源自小共同体的真实之爱层层外推出去以构建

一个更大共同体，这样的方式，自然能形成天下的良性治理，即
孟子所说"天下可运于掌"。王夫之对孟子的这种将差等之爱外
推的方法，十分欣赏，认为"有其心，必加诸物，而以老吾老、
幼吾幼，则吾老、吾幼即受其安怀；及人之老，及人之幼，而人
老、人幼亦莫不实受其安怀也。扩大而无所穷，充实而无所虚，
以保妻、子，以保四海，一而已矣，则惟其有恩之必推者同也"
（《孟子·梁惠王上》）。王夫之把孟子所提出，将最初源自小共
同体的爱，以有差等的方式向更广袤的社会领域推进，最终让整
个社会受益，得以保障天下四海的良风美俗与治理。

对于将小共同体的差等之爱，一层层外推给国家和天下这样
的陌生人社会和大共同体，朱熹也有一个论述非常有道理："且
如爱其亲，爱兄弟，爱亲戚，爱乡里，爱宗族，推而大之，以至
于天下国家，只是这一个爱流出来；而爱之中便有许多差等。"
（〔宋〕黎靖德：《朱子语类》卷九十八《张子之书一》，中华书
局，2004年，第2527页）就是将小共同体中养成的爱心，一层
层外推给宗族、家乡，再外推给国家、天下之人。在外推的过程
中，会形成各种差等，但通过层层真实的流溢，这些爱的推及之
处，都是真实可靠的。如果这个顺序被搞错，那些产生的所谓
"大爱"，很可能就是大伪，或者成为"大私"的欺骗手段。

或许有人会问，那假如这些小共同体之爱，只是被限于小共
同体内部，而拒绝外推给天下之人呢，那不是成了有利于小圈子
贪腐或犯罪之类的组织了？就像广东以前的"制毒村"那样，村
里人作为小共同体一起互助发财，确实存在真实的爱（按：对
于"制毒村"这种错误现象必须要加以严厉批判。在此选取其作
为一种现代社会的极端反面案例，就是因为其道德水平类似于远
古部落时代。从现代角度来说，村中之人的发财是"互利"，但

从古代语境来说，互助互利确实和"爱有差等"意义上的"爱"是同体两面的。这类极端案例恰恰表明了，在现代社会中如果只有那种如同原始时代土围子一般的小共同体本位的话，那么根本不可能产生文明，而且会是反文明的）。但是将毒品卖给村外的陌生人，这就成了只爱小共同体，祸害陌生人的危险组织。显然，像制毒村这样的存在，只是一种最原始状态下，智人古老小共同体之爱的本能体现，其实是缺乏教化和士绅共同体的结果。在传统社会的小共同体中，普通村民或百姓其实没有参与大共同体建构的能力，很多人甚至一辈子都活在村子里，甚至没去过最近的县城。对于他们而言，小共同体就是整个世界，爱村就是爱世界。但是还要考虑到村内有士绅，士绅是读书人，通道理；天下的读书人以文化为纽带，形成了一个士绅或士君子共同体，就像阎步克所说，至迟在汉代，士林的活动就是跨越县、郡，甚至是全国性的，如郭泰死后，二千里内上万名士人前来悼念；陈寔去世后，海内三万士人来吊丧。在这个时代，已经形成了"天下士大夫""海内士人"这样一个文化纽带的大共同体（阎步克：《波峰与波谷：秦汉魏晋南北朝的政治文明》，北京大学出版社，2017年，第104—105页）。这种跨越了自然村落、县域、郡域的圈层结构，将全天下受过教化、教育者的心智都拧成一个能够相互信任、相互爱戴的团体，远远超越了小小"土围子"的狭隘之本能，而能将爱的边界拓展到"天下"之大的延伸。但这一"天下"的范围，又不同于现代全球化语境中的"全世界"，因为"天下"的共同体范围依赖于文化共同体。

甚至日本、朝鲜、越南的士绅，作为传统"天下"这一文化共同体内的成员，也可以通过汉字笔谈和诗书礼乐文化的认同，而作为一个共同体互动。在朝鲜燕行文献、日本漂流日记等材料中，这些例子非常多，这些现象即日本人说的"四海兄弟，文语情通"（王勇等：《〈朝鲜漂流日记〉研究》，上海交通大学出版社，2018年，第141页）。也就是说，有士绅、士君子的时代，士绅可以教化和引领自己的小共同体，再以士绅、士君子为纽带，将天下人之爱凝聚起来，形成大共同体之爱。士君子阶层本身能突破狭隘和更原始的村落、土围子范围内的小共同体之爱，通过"天下"的共同体构造，形成更大之爱的构建范围。而在小的层面，士君子也有教化的职责，让只知有村的愚夫愚妇，能产生更高的德性认知，将小共同体之爱外推给外部世界，最低限度必须是士君子的责任，最低限度的责任必须由士君子承担，并将其教化给身边的成员。哪怕是《弟子规》这种比较鄙陋的蒙学教材，也会宣讲"凡是人，皆须爱；天同覆，地同载"这种更高的道理，即通过教化将爱外推给更普遍性的"人"。

孔子讲"仁者爱人"，孟子讲"不忍人之心"，都是要将小共同体内涵养出的仁爱之心，一层层外推给天下之人。对此，朱熹也有重要的论述："能尽父子之仁，推而至于宗族，亦无有不尽；又推而至于乡党，亦无不尽；又推而至于一国，至于天下，亦无有不尽。若只于父子上尽其仁，不能推之于宗族，便是不能尽其仁。能推之于宗族，而不能推之于乡党，亦是不能尽其仁。能推之于乡党，而不能推之于一国天下，亦是不能尽其仁。能推于己，而不能推于彼，能尽于甲，而不能尽于乙，亦是不能尽"（《朱子语类》卷六十四《中庸三》）。朱熹讲得很清楚，如果不能将对家人的爱外推给家乡的外人，那就根本谈不上是仁。如果把爱外推给了家乡的陌生人，但不能再进一步外推给全国的人、全天下的人，那仍然也不能算仁。像广东"制毒村"那样，就是朱熹所说"能推于己，而不能推于彼，能尽于甲，而不能尽于乙"的典型，不能将爱外推给国人、天下人，就是缺乏仁义教化的精神病态。要避免制毒村这种情况，不是要取消小共同体之爱，而是要建立教化和士绅，将小共同体之爱外推给国人、天下人，以实现真正"仁"的状态。那些想通过取消小共同体之爱，去实现"大公"的思路，最终不但会消灭真实的小共同体，最后也不会得到"大公"，能得到的，只能是原子化个体和各种伪装成"大公"的大伪而已。

孔门是模拟周代封建关系组建的小共同体

孔子教授门徒，并非只是后世意义上的"教育"或"教学"活动，孔门本身就是模仿封建时代君臣、宗法关系建立起来的小共同体。孔子"师"的身份，最初源自掌管领土、属民、军队的封建贵族，此类"师"在金文中多见。"夫子"之称，也源自早期军事贵族，周代多有领主被称为"夫子"。"弟子"，则源自宗法组织中有血缘关系的子弟，和宗族首领之间为君臣关系，而弟子称"徒"，也源自封建时代步行的宗族子弟。弟子加入孔门，行"委质"之礼，也是封建时代封臣对封君效忠的仪式，弟子之间的关系则模仿西周宗法血缘称"朋友"。束脩并非只是简单的"学费"，而是共同体成员同食的祭肉。君、亲、师有着共同的来源，封建宗法组织的"君"，从血缘而言作为父家长是"亲"，作为首领又掌管领导和教化功能，角色为"师"，孔门则是以模拟血亲的关系，实现了君、亲、师合一的新方式，发展出适合新时代的共同体建构方式。

一、"师"最初为封建领主

孔子创建儒学，将"王官学"的贵族世家知识向平民精英开放，从而为"百家言"的产生提供了契机。（李竞恒：《治理的技艺：三代王官学新说》，《原道》[第39辑]，湖南大学出版社，2020年，第205—216页）作为这一关键环节，孔子创立的孔门组织，天然带有过去封建贵族组织资源的色彩。孔子称"师"，便是典型例子。从周代金文的材料来看，"师"一般是拥有领地、私人武力的封建贵族，具有统领和教化属下的功能，在后世才逐渐衍生为教学意义上的"师"。孔子作为孔门之"师"，其继承的便是西周以来封建共同体组织治理者、教化者的角色。

杨宽先生最早指出，西周的"师氏""大师""师尚父"之类是统帅军队出征或防守的军官，乃至是最高级别的武官，这些武官在大学中培养贵族子弟的军事骨干，因此也产生了教师的含义。（杨宽：《西周史》下册，上海人民出版社，2016年版，第722—726页）实际上，西周时期的武力是建立在宗族血缘组织的基础之上，"师"作为军官的角色，首先是贵族领主、宗法首领的身份。一些"师"并不能看出是军官，却是高级贵族，如《师闵鼎》铭文"师闵作免伯宝鼎"（中国社会科学院考古研究所编：《殷周金文集成》，中华书局，1984年，第02281。以下引用该书皆简称《集成》），没有和军事有关的信息，但可以看出他和诸侯级别的免伯关系密切，且铸造铜鼎礼器相赠，应当具有大贵族身份。《伯太师鼎》铭文"伯太师作馈鼎，我用畋用狩"（吴镇烽编著：《商周青铜器铭文暨图像集成》，上海古籍出版社，2012年，第02027。以下引用该书皆简称《铭图》），可知一些师甚至具有畿内诸侯"伯"的高级身份。《师卫鼎》铭文"丰公捷反夷，在师赉师卫，赐贝六朋"（《铭图》02185），这位师卫随从诸侯丰公讨伐反叛的夷族，得到赏赐，应当属于军事性的中级封建贵族，其武力构成应当还是以自己族人和封地民众为主体；在《师卫簋》铭文中，还记载这位师卫得到了召公赏赐的"贝廿朋、臣廿、厥牛廿、禾卅车"（《铭图》05142），很明显这位师卫是拥有大量家臣、车马、牛和粮食的贵族领主。《曾太师宾乐与鼎》"曾太师宾乐与作鼎"（《铭图》01840），可知曾国有太师，但不能看出该太师有军官身份。

《史密簋》铭文记载周王命令师俗、史密伐东国，"师俗率齐师、遂人左"，"史密右，率族人、莱伯"（《铭图》05327），此器中的师也是军事首领身份，同伐东国的史密比他身份略低，但也有"族人"这种武力，可以推测师俗也有自己的宗族武力，是自己领地上的治理者。《师酉簋》为周王册命师酉继承其祖业，掌管邑人、虎臣，其家臣多有西门夷、秦夷、京夷、弁狐夷等归附夷人家族（《集成》04288），这位"师"也是掌控了众多武力性家族的贵族领主。在其他各类器铭中的"师"，或作周王司土之官（《集成》04312）；或担任执政者的封臣，掌管百工、牧臣妾（《集成》04311）；或奉王命率武力"羞追于齐"，受赐画盾、雕戈等物（《集成》04216）；或受王命率齐师、莱人、㦨人、虎臣等征伐淮夷（《集成》04313）；或受王命率其宗族武力"乃友"保卫周王，并受赐夷人三百（《集成》04342）；或受王命率左右虎臣保卫周王，"作爪牙"（《集成》04467）；或受王命率成周武力戍边防御淮夷，受伯雍父赏赐（《集成》05419）；而诸侯伯雍父，又称"师雍父"，也率武力戍边防御淮夷，并派家臣与同一诸侯等级的胡侯通使（《集成》00948、06008）；还有"师多父"因自己家臣掌管土地、臣仆之功，对其进行赏赐（《铭图》

11810）。

师作为封建领主的地位之高，还见于西周晚期共和时代最高执政称"师"的现象。周代王朝高级执政称"师"，最初见于"师尚父"，即太公望称师。《诗·大雅·大明》云"维师尚父，时维鹰扬，凉彼武王，肆伐大商"，他既是吕氏的君主，也是周人伐商的指挥，可见"师"地位之高。西周晚期共和时代最著名的执政者为共伯和，见于古本《竹书纪年》《吕氏春秋·开春》等文献，亦见于新见的清华简《系年》（李学勤：《清华简〈系年〉及有关古史问题》，《文物》2011年第3期），学者亦多从之。在两件青铜簋中，伯和父亦称为"师和父"（《集成》04274、04324），关于师和父的身份，郭沫若认为就是共伯和（郭沫若：《两周金文辞大系图录考释》，上海书店出版社，1999年，第149页），杨宽认为师和父为师氏，共伯和为诸侯，二者不同。（杨宽：《西周史》下册，第896页）共和时代最高执政的共伯和是否称师，还可以用同一时期高级执政的情况来参考。日本学者白川静认为，西周共和其实并非只是共伯和一人在执政，而是豪族的轮流执政，初期由师和父执政，再轮流到师询、毛公。他认为，共伯和其实就是伯和父、师和父的误传。（［日］白川静：《西周史略》，袁林译，三秦出版社，1992年，第142、第169—185页）按照此说，共和时代最高执政有师和父、师询，皆称师。晚期的执政毛公，应该也是称师的，西周中期器《师毛父簋》记载周王册命封赏师毛父（《集成》04196），邢伯为右者。此器虽较早，但可知毛伯是称师的，共和时期的毛公应当也有师的尊号。因此，共和时代轮流的最高执政都称师。

综合西周的材料来看，称师者都是当时的封建贵族，其中很多人确实具有军事统帅身份，但并不仅限于掌军一种角色，而是一般拥有自己领地、属民、私人武力的综合性身份，其中一些人的身份极高，担任周人最高统帅或执政者。无论怎么说，"师"最初的角色是封建领主，是治理者。《周礼·地官·师氏》说师的角色是"以三德教国子"，"凡祭祀、宾客、会同、丧纪、军旅，王举则从，听治亦如之。使其属帅四夷之隶，各以其兵服守王之门外"，可见"师"要负责政治治理中的各项具体内容，也掌管武力，拥有丰富的治理经验，因此也需要将这些政治、军事的经验传授给贵族子弟，这是"师"传道授业身份的来源。

孔子建立孔门，在师门中以"师"的身份传授贵族王官之学，并对师门进行治理，并不是后人单纯理解的"教师"。这种源自西周封建领主的身份，其实还具有"君"的含义，是孔门这一共同体组织的管理者、治理者和法人代表。"师"带有一定的军事贵族色彩，而孔门传授射、驭的军事技能，孔子本人也颇具武德，所谓"勇服于孟贲，足蹑郊菟，力招城关"（《淮南子·主术训》），孔门弟子除子路以外，也多具有武力，如子夏、颜回、曾参、有若、公良孺、原宪、公皙哀等都颇擅武事（李竞恒：《早期儒家有"武德"，并非文弱书生》，《南方周末》2020年11月19日），孔门本身也是一个封建时代带有武力色彩的组织，孔子就是这一组织的首领"师"。

二、"夫子""弟子""徒"的来源

孔门弟子尊称孔子为"夫子"，这也是封建时代对贵族领主的一种称谓。《论语·季氏》的孔门师徒对话中，就将鲁国执政的大领主季康子称为"夫子"，冉有说"夫子欲之，吾二臣者皆不欲也"，即季康子想讨伐颛臾，而孔子指责子路、冉有说"今由与求也，相夫子"，即他们二人担任"夫子"季康子的家臣，应当履行封臣义务。杨宽指出"夫子"称谓和"师"类似，最初源自殷周时期军事组织的千夫长、百夫长等指挥者。（杨宽：《西周史》下册，第726—727页）《尚书·牧誓》中，记载周武王的战前动员，要求"夫子勖哉""勖哉夫子，尚桓桓，如虎如貔，如熊如罴"，希望这些军事性的封建贵族"夫子"们努力作战，像猛虎和巨熊一样勇于战斗。在《左传》中，"夫子"一词共出现了五十一次，是对贵族领主的称谓，类似例子甚多，如《左传·文公元年》秦穆公对大夫说"孤实贪以祸夫子，夫子何罪"，便是尊称秦军统领孟明为夫子；《左传·成公十四年》"今夫子傲，取祸之道也"，将晋国大领主郤犨称为夫子；《左传·襄公二十二年》"吾见申叔，夫子"，"如夫子则可"，杜注"夫子，谓申叔也"，是用夫子称谓贵族领主申叔豫；《左传·襄公二十七年》"夫子存我，德莫大焉"，将宋国领主向戌称为夫子，"夫子之身，亦子所知也"，将齐国执政大贵族崔杼称为夫子。

从这些资料可知，"夫子"一词在殷周之际已经出现，是对贵族领主的尊称，称夫子者一般拥有领地、家臣，并带有一定军事指挥色彩，含义与"师"相近。但称师更倾向于具体社会身份，称夫子则偏向一般尊称。孔门弟子尊称孔子为"夫子"，程树德认为，当过大夫的人都可以称夫子，"孔子为鲁司寇"，所以孔门弟子称其为夫子。（程树德：《论语集释》，中华书局，2008年，第2页）但孔子作为鲁司寇也并没有封地、封臣，并不是典型意义上的"夫子"，且称其为"夫子"只是孔门内部，因此孔子称夫子应该和称师相似，是孔门这一封建君臣—师徒组织的领主和治理者。

孔子称师、称夫子，其追随者则称弟子、称徒。弟子一词，源自周代封建宗法血缘关系，即宗族内对子、弟的统称，由父家长、宗子统帅，身份为血亲兼君臣，最早的君臣关系就源自家族内部的父子、兄弟。子弟、弟子，就是作为子在父那里是臣，作为弟在兄那里是臣，如西周铜器《虡簋》铭文中弟弟虡对哥哥"君公伯"行礼，自称"厥臣弟"（《集成》04167）；《繁卣》铭文中辛公为兄，繁为弟，两人之间行君臣之礼（《集成》05430）。朱熹说三代时期的古人"待臣仆若子弟，待子弟如臣仆"（《朱子语类》卷十三《学七》），就是发现了子弟、弟子最初源自家族组织内"臣"的身份。《论语·为政》"有事，弟子服其劳"，此处"弟子"正是描述家族内子弟对父兄行孝悌之道；《论语·学而》"弟子入则孝，出则悌"，邢昺疏"言为人弟与子者，入事父兄"，可以很明显看出"弟子"一词源自家族血缘共同体的身份。《仪礼·士相见礼》"与老者言，言使弟子"，贾公彦疏引南朝雷次宗云"学生事师虽无服，有父兄之恩，故称弟子也"，可见孔门师徒之间是模拟封建时代血缘宗法的君臣—父兄关系，孔子说"回也视予犹父也"（《论语·先进》），正是对此种模拟宗法血缘的描述。

弟子之外，孔门追随者也称"徒"，如孔子批评冉有为季氏敛财乃是"非吾徒也"（《论语·先进》），很明确将弟子称"徒"。"徒"的称谓见于西周金文，如《史密簋》记载师俗率有"族徒"参战，铭文中还提到了"族人"，此"族徒"即族人组成的宗族武力。（方述鑫：《〈史密簋〉铭文中的齐师、族徒、遂人：兼论西周时代乡遂制度与兵制的关系》，《四川大学学报》（哲学社会科学版）1998年1期）"徒"字按《说文》意为"步行"，族徒即宗族血缘共同体中身份较低下族人担任车后步行的士卒。"师"率领"徒"，正是领主父家长率领作为臣的子弟。此类封建

领主率领"徒"作战，亦见于《禹鼎》(《集成》02833)、《师衰
簋》(《集成》04313)等。《墨子·非儒下》"其徒属弟子皆效孔
某"，孙诒让云"徒属犹言党友"(孙诒让：《墨子间诂》上册，
中华书局，2009年，第306页)，党友也是血缘的关系，下文中
会有论述。孔子作为孔门之"师"，有封建领主的身位而乘车马，
"不可徒行"(《论语·先进》)，而追随的弟子以模拟封建时代宗
法血缘的方式，作为孔门子弟、族人，担任追随车行的"徒"。

三、"朋友"与同食祭肉

孔门弟子之间，属于"朋友"之伦，而"朋友"源自西周时
期的兄弟、堂兄弟、族兄弟关系，是一种血缘宗法本位的共同体
关系。传世本《论语·学而》云"有朋自远方来"，此句在《古
论》和《齐论》中作"朋友自远方来"(程树德：《论语集释》，
第5页)。李学勤先生研究认为，《古论》是战国六国文字书写，
是在齐鲁系文字基础上受到楚文字影响的书写文本，代表了更早
期的文献面貌。(李学勤：《论孔子壁中书的文字类型》，《中国古
代文明研究》，华东师范大学出版社，2005年，第201页)战国
文字中，"友""有"二字形近(何琳仪：《战国古文字典》上册，
中华书局，1998年，第11页、第13页)，上古音皆在匣母之部，
因此"朋友"很容易被抄混为"有朋"，"朋友自远方来"应当才
是早期面貌。

"朋友"一词在西周金文中，并非指无血缘关系的friend，而
是指有血缘关系的兄弟或族人(陈絜：《周代农村基层聚落初探：
以西周金文资料为中心的考察》，朱凤瀚主编：《新出金文与西
周历史》，上海古籍出版社，2011年，第121页)，"本是亲族称

谓"（［日］白川静：《金文通释选译》，曹兆兰选译，武汉大学出版社，2000年，第126页），"'朋友'实在是氏族社会中氏族成员"（杨向奎：《宗周社会与礼乐文明》，人民出版社，1992年，第184页）。实际上，超越血缘关系的"朋友"概念，最初都来源于血缘兄弟、族人，是一个世界性的现象，在古代欧洲亦然。英文中的free一词，源自古高地日耳曼语fri，本意为"亲爱"，与friend"朋友"同源，指有血缘关系的人（陈国华：《宪法之祖〈大宪章〉》，《大宪章》，陈国华译，商务印书馆，2016年，第17页）；马克·布洛赫在《封建社会》一书中指出，"在法国，当人们谈到亲属成员时，通常直接称之为amis（朋友），在德国则称之为freunde（朋友）。一份写自11世纪法兰西岛的法律文献这样列数家族成员：'他们的朋友们，即他们的母亲、兄弟、姐妹们以及血缘或婚姻维系的亲属'"（［法］马克·布洛赫：《封建社会》上卷，张绪山译，商务印书馆，2017年，第216页）。

　　周代金文材料中，"朋友"往往和祭祀、饮食有关。《杜伯盨》铭"用享孝于皇神且（祖）考于好朋友"（《集成》04450）；《乖伯簋》"好朋友与百诸婚媾"（《集成》04331）；《先兽鼎》"朝夕飨厥多朋友"（《集成》02655）；《麦鼎》"用飨多诸友"（《集成》02706）；《毛公旅鼎》"我用饮厚眔我友"（《集成》02724）；《祈伯簋》"其用于厥朋友"（《铭图》04738）；《命簋》"命其用以多友簋飤"（《集成》04112）；《伯绅簋》"其用飤正，御史、朋友、尹人"（《铭图》05100）；《叔女弋簋》"用侃喜百姓、朋友暨子妇"（《集成》04137）；《伯康簋》"用飨朋友"（《集成》04160）；《室叔簋》"于室叔朋友"（《铭图》05207）。《史颂簋》"令史颂省苏姻友"（《集成》04232）；《应侯再盨》"用绥朋友"（《铭图》05639）；《弭仲簠》"诸友饪飤俱饱"（《集成》04627）；

《伯公父簋》"用绍诸老、诸兄"（《集成》04628）；春秋晚期《王孙遗者钟》"用乐嘉宾、父兄及我朋友"（《集成》00261）。综合来看，周代铜器铭文中的朋友指兄弟、从兄弟或远亲族人，是以血缘为纽带凝聚在一起的小共同体，而铸造器铭者会特别强调这些"朋友"们在祭祀"皇神祖考"等神灵后会一起分享祭祀的食物，或为"飨"或为"飤""饮厚""饪飤俱饱"。

当孔子赞美朋友自远方来，不亦乐乎之时，其实是用模拟血缘宗法共同体的方式构建孔门共同体，让来自不同地区"远方"跨血缘的弟子们成为模拟兄弟、族人血缘关系的"朋友"，建立起一个新的共同体，而孔子则成为这群"朋友"的模拟血缘宗族父家长和领主。孔门作为跨血缘，以精神纽带相维系的新时代小共同体组织，却是模仿更古老封建宗法时代的组织方式而建立起来的。

古代同一个小共同体的成员，会一起分享祭肉。笔者曾考证，孔子说"自行束脩以上，吾未尝无诲焉"（《论语·述而》）中的"束脩"并非是后世理解的"学费"，孔子也不是靠收取束脩为生的。相反，《论语·雍也》中，子华出使齐国，冉子很自然地想到为子华之母向孔子请粟；原宪担任邑宰时，孔子还主动接济原宪的"邻里乡党"。《论语·乡党》中，"朋友死，无所归，曰：'于我殡'"。亦可见孔子助人之勤。因此，《论语·先进》中，颜回死后，其父颜路自然向孔子请求"请子之车以为椁"（李竞恒：《论语新劄：自由孔学的历史世界》，福建教育出版社，2014年，第138页）。可知，孔子不是靠弟子提供的"束脩"为生，相反还经常接济弟子，甚至包括弟子的家人、邻里、乡党，因为他扮演着共同体成员保护者的领主角色。束脩的含义其实是精神性的，即古老共同体成员共食祭肉之礼。

　　李玄伯曾借助法国学者库朗热（Fustel de Coulanges）《古代城邦：古希腊罗马祭祀、权利和政制研究》一书中以宗教、家族、家神祭祀理解古希腊、罗马小共同体同吃祭肉仪式，来解读孔子的"非祭肉不拜"（李玄伯：《家邦通论》，杜正胜编：《中国上古史论文选集》下册，华世出版社，1979年，第946页）。同食祭肉是凝聚一个共同体身份的重要仪式，周代金文中那些"朋友"们在祭祀后的"飨""飲""饮厚""饪飲俱饱"等也包含了同食祭肉的内容。《史记·孔子世家》"鲁今且郊，如致膰乎大夫，则吾犹可以止"，《集解》引王肃："膰，祭肉"，鲁国不再给孔子颁发祭肉，是促成他脱离父母之邦这一共同体去周游列国的最终原因。《礼记·檀弓上》："颜渊之丧，馈祥肉，孔子出受之。入，弹琴而后食之。"据《仪礼·士虞礼》"期而小祥"，贾公彦疏"是祭故有肉也"，孔子悼念孔门爱徒，也是通过同食祭肉来完成的。缴纳束脩祭肉，是加入孔门，成为模拟宗法血缘"朋友"，并向"师"孔子效忠之礼，同食祭肉也代表这位"朋友自远方来"的新成员成为了孔门共同体的一员。

四、向封君效忠的"委质"之礼

　　封建时代向新封君效忠，封臣需要向封君敬献"委质"之礼表达效忠，缔结和确定新的封建君臣关系。（许倬云：《西周史》，生活·读书·新知三联书店，2001年，第174页）孔门的"束脩"，除了共同体的精神层面礼仪含义，也具有封臣"委质"的含义。（杨宽：《西周史》下册，第864页）《史记·仲尼弟子列传》记载子路"儒服委质，因门人请为弟子"，《索隐》引服虔注《左传》："古者始仕，必先书其名于策，委死之质于君，然后为臣，示必死节于其君也。"根据这一解释，子路成为孔门弟子，使用的就是封建时代向封君效忠的封臣礼"委质"。这一礼仪，也显示出孔门是模仿封建时代宗法、君臣关系而组建的新型小共同体。

孔子本人对于"委质"之礼非常熟悉，《孟子·滕文公下》云"孔子三月无君，则皇皇如也，出疆必载质"，即孔子一旦有几个月时间脱离于封建君臣关系之外，便会焦急不安，离开一个邦国，便会带上新的"委质"礼物去寻找新的封君。（*杨逢彬：《孟子新注新译》，第 173—174 页*）在封建社会中，君臣的关系是相对的，《仪礼·丧服传》郑玄注"天子、诸侯及卿大夫有地者，皆曰君"，所以当时，"一个国家内存在着不同层次的众多君主"（*赵伯雄：《周代国家形态研究》，湖南教育出版社，1990 年，第 245 页*）。孔子在自己建立的封建组织孔门中，扮演君师和模拟血缘的宗族家长角色，同时他还会寻求自己的封君，缔结自己的封建君臣关系。孔子率孔门周游列国，孔门在一定程度上被视为一种独立型的政治力量，如钱穆先生《先秦诸子系年》曾考证孔门在匡、蒲遭遇的战斗其实是同一件事（*钱穆：《先秦诸子系年》，商务印书馆，2001 年，第 35—40 页*），是因为叛乱的蒲人担心孔门这一组织帮助卫君。这种恐惧也和孔门的战斗力有关。在战斗中，"有弟子公良孺者，以私车五乘从孔子，其为人长贤德，有勇力"，在战斗中宣称"宁斗而死"，并"斗甚疾"，使"蒲人惧"，最终孔门共同体与蒲人共同体之间达成了停火盟约（《史记·孔子世家》）。孔门在一定程度上是可以与地方共同体之间建立盟约的封建组织，孔子在统领孔门的同时，也以"委质"的方式寻找自己的新封君。

在考古资料中亦能见到封建时代晚期"委质"的迹象，如

2014年荆州夏家台楚墓M106出土竹简《日书》"利……见君公，请命为臣，吉"（田勇、蒋鲁敬：《荆州夏家台M106出土战国楚简〈日书〉概述》，《出土文献研究》[第十九辑]，中西书局，2020年，第35页），这是当时有志于成为封君之臣者用以占卜黄道吉日的材料，选择好日子去向封君委质效忠，可以获得成功。显然，在封建时代，除了血缘宗法关系意义上的君臣，超血缘关系的君臣关系缔结，是一种双向选择的过程。在山西发现春秋晚期的侯马盟书中，也能见到"委质"类的君臣关系缔结典册，如156坑20片云"章自质于君所"，如有违反则人神共弃；或记载若不"从此明质之言"，也将遭受神罚。（山西省文物工作委员会：《侯马盟书》，文物出版社，1976年，第38—40页）类似的委质文献还见于河南温县发现的东周盟书，如"自今以往达事其主，敢不歆歆焉判其腹心"，若委质之臣不向封君履行效忠誓言，就会遭遇神灵"麻衣非是"的惩罚。（郝本性：《河南温县东周盟誓遗址发掘与整理情况》，艾兰、邢文编著：《新出简帛研究》，文物出版社，2004年，第77页）

从这些材料来看，超血缘宗法君臣关系者的委质缔结，往往也带有一定宗教性仪礼的色彩。孔子通过招收无血缘关系的各种"朋友自远方来"，建立孔门组织，这一共同体中的成员互相为朋友，以"委质"礼与孔子建立师徒兼君臣关系，都是超越了古老封建宗法血缘关系的新组织方式。古儒对此颇为熟悉，因此郭店楚简儒书《语丛一》中就有相关记载，如简80—81云，"友、君臣，无亲也"；简87云，"君臣、朋友，其择者也"。（李零：《郭店楚简校读记》，北京大学出版社，2002年，第160页）庞朴先生就指出，这是"一种互相选择的关系"（庞朴：《初读郭店楚简》,《历史研究》1998年第4期）。通过自愿的选择，没有血缘宗法关系的新人以"委质"礼方式加入孔门，这是孔门模拟封君、封臣关系而发展出的新型共同体组织模式。

结语

在古老的封建时代，君、亲、师三种角色往往是同构或同源的，宗法血缘的家族首领是父家长，在家族和领地内是君的角色，负责治理和保护下属，而担任职位多率兵者称"师"，又往往兼任教化、传授贵族技能的角色。孔子建立的孔门，将贵族王官学向平民精英开放的同时，也是按照古老封建贵族时代的组织方式来建立自己的团体。在孔门共同体中，孔子称师、称夫子，既是孔门治理者的角色，也进一步将传统意义上"师"的教化、知识传播角色进行了发扬，但当时称"师"的含义仍与后世不同，而是带有更浓厚传统封建贵族的意味，而贵族领主"夫子"也逐渐转化为指代教化者的词。

孔门成员作为"朋友自远方来"的陌生人，按照模拟血缘的方式成为"朋友"，将古老"朋友"的宗法血缘含义转化为超血缘的意义，其成员称"弟子""徒"，都是模拟宗法血缘关系及其衍生出的君臣关系，孔门一方面模仿了封建宗法时代的血缘组织，但又进一步将其发扬到超血缘精神共同体的高度。弟子加入孔门，也模仿封建时代行"委质"效忠礼，所不同者是委质礼束脩又具有共同体成员分享祭肉的神圣维度，孔门师徒得以通过此种共同体的组织方式实现各种合作与互助。在这个意义上，孔门是模仿古老封建关系建立的共同体，但又进一步发展出新的共同体组织形式，君、亲、师超越了更古老的狭隘血缘关系，以义理、人格、知识等魅力相召唤，通过互相选择的方式，抟成适合新时代并创造新时代的组织方式。

存亡继绝：保持众多平行延续的世家

封建时代，遍地分布着众多古老的贵族世家，就像武侠小说里面的世界，遍地是各个门派，有少林、武当、嵩山、恒山、泰山、丐帮、青城、峨眉、全真，小门派还有五虎断刀门之类。各个门派内部，是高度自治的，也有自己的掌门人，然后通过武林大会，以综合能力作为指标，推选出一个门派作武林盟主。封建时代所谓朝代，其实就是不同的古老世家，轮流坐庄担任武林盟主的过程。从盟主位子上退下来后，其门派仍然存在，而不是灭亡。夏朝时，商国是存在的，商国的君主契，就担任过夏朝的司徒；周朝时，商国继续存在，又称宋国；商朝时，夏国是存在的，又名杞国，甲骨文中就多有"杞"的记载；夏朝时，周国是存在的，周国的先祖不窋担任过夏朝的农官。即张光直所说，"夏商周三代的关系，不仅是前赴后继的朝代继承关系，而且一直是同时的列国之间的关系"；"朝代的更替只代表三国之间势力强弱的浮沉而已"（张光直：《中国青铜时代》，生活·读书·新知三联书店，1983年，第31页）。《史记·周本纪》记载，周朝时，神农部落的后裔是焦国，黄帝部落的后裔是祝国，唐尧部落的后裔是蓟国，虞舜部落的后裔是陈国，炎帝部落的后裔是许国等，遍地分布着平行存在的古老的贵族世家。《世本》等文献中，记载了很多这些古老世家的家族谱系和渊源。

这些众多古老世家之间，都共享了一套公共性的习惯法规则，称之为礼乐，如果作为盟主的门派不能很好履行其职责，就会被新的门派替代。从盟主位子上退下来之后，该"门派"还是继续存在，并保持高度的自治，延续时间极其久远。《史记·孝文本纪》"古者殷、周有国，治安皆千余岁"，钱大昕《廿二史考异》对此解释说："殷、周有天下，皆不及千岁。云千余岁者，并稷、契受封之年计之。"就是说从商部落的起源到商朝和后来的宋国，这个古老世家其实一脉相承，达到了上千年的历史，其他做过盟主的陶唐、虞舜、夏后、姬周等，也都是同样情况。这些世家，共同组成了一种治理的联盟，各世家首领们一起议政，他们就是《尚书·尧典》《舜典》中的"四岳""十二牧"之类，其中还存在一些分工："在尧、舜部落联合体中，四岳、共工、皋陶、禹、契、弃等人实际都是来自不同部落国的首领，同时兼任联合体的高级职务。"（杜勇：《中国早期国家的形成与国家结构》，中国社会科学出版社，2013年，第38页）

唐、虞时期的这些世家首领一起开会，他们也被称为"群龙"。《周易·乾卦》"用九"中的"群龙无首，吉"，其《象》说"首出庶物，万国咸宁"，这些上万个的"国"，其实就是规模不等的各地贵族世家。也就是朱熹所说的"当时所谓国者，如今溪、洞之类。如五六十家，或百十家，各立个长，自为一处，都来朝王"（《朱子语类》卷五十五《孟子五》）；或如王船山所说"自邃古以来，各君其土，各役其民，若今化外土夷之长，名为天子之守臣，而实自据为部落"（《读通鉴论》卷十五）。《周易》此处，孔颖达的疏说"以头首出于众物之上，各置君长以领万国，故万国皆得宁也"。就是说各个世家的首领，各自统帅自己的家族小共同体，群龙无首，就是这群世家首领的"群龙"一起开会。《后汉书·郎𫖮传》中也说到"昔唐尧在上，群龙为用"，李贤注释是"群龙喻贤臣也"，"舜既受禅，以禹、与稷、契、皋陶之属并在朝"，就是说这些"群龙"也好，四岳或十二牧也好，共同通过"武林大会"产生新的"武林盟主"。

禅让制度不是韩非子或《竹书纪年》乃至曹丕"舜禹之事，吾知之矣"之类想象的那般阴谋诡谲，而是众多贵族世家之间的"选举武林盟主大会"。钱穆先生指出"当时尚未有国家之组织，各部落间互推一酋长为诸部落之共主"，"此如乌桓、鲜卑、契丹、蒙古，其君主皆由推选渐变为世袭，唐、虞时代之禅让，正可用此看法"。（钱穆：《国史大纲》上册，商务印书馆，2012年，第12页）徐中舒先生也说"不仅夫余、契丹有推选制度，就是蒙古族和满族也曾经有过推选制度"，"元朝在宪宗以前，立皇帝，还是由忽立而台大会推举的"，"要是根据民族学的研究和前述契丹、夫余、蒙古族和满族的推选制度来看，我们认为所谓禅让制度，本质上就是原始社会的推选制度"。（徐中舒：《论尧舜禹禅让与父系家族私有制的发生和发展》，《先秦史十讲》，中华书局，2012年，第6—7页）裘锡圭先生说："广泛流传的禅让传说很可能的确保留了远古时代曾经实行过的君长推选制的史影。"（裘锡圭：《新出土先秦文献与古史传说》，《裘锡圭学术文集》卷五，复旦大学出版社，2012年，第270页）近代以来的学者，多有指出禅让其实是具有贵族选举制的这一背景，也就是众多古老世家聚到一起开大会，产生"武林盟主"。

西方古代的共和、封建，也是以众多平行世家共治为基础的。从古希腊、罗马开始的，其共和政体正是若干个贵族世家，如罗马共和时期的元老院，有两种元老，一种是各世家的"父"（Patres），一种是"合伙人"（Conscripit），这两种都是世家贵族，但前者是古老的一百六十个氏族的首领，后者是这些世家氏族的次子家族。（［法］库朗热：《古代城邦：古希腊罗马祭祀、权利和政制研究》，谭立铸等译，华东师范大学出版社，2006年，第244页）中世纪的"武林盟主"转移，也是通过各世家追随、支持的方式发生转移，典型如面对阿拉伯帝国的扩张及军事压力，墨洛温家族不再能履行率领和组织欧洲各世家进行抵御的职责，而查理·马特率领法兰克各世家击败阿拉伯人，以其功业赢得了各世家的支持，最终加洛林家族取代了墨洛温家族，成为新的"武林盟主"。在古代波兰，还有"选王制"，是各贵族世家一起选举国王；俄国罗曼诺夫王朝，也是古老的波雅尔贵族一起选举米哈伊尔·罗曼诺夫开创的。美剧《权力的游戏》中，也展示了中世纪式的各平行世家之间博弈、结盟、背叛和纵横的情况，以及新世家成为盟主崛起的情形。Dynasty 一词有两个意思，一是"王朝"，一个是"世家"。一个世家如果担任了其他世家的盟主，也就是开创了王朝。美国学者斯蒂芬·赫斯（Stephen Hess）写有一部《美国政治王朝》的书，就是疏理了1774年大陆会议以来至今每一位立法者的姓名，发现有些姓名不断出现，如穆伦贝尔格、贝阿德、弗里林海森之类，44个美国政治家族至少有4个同样姓名的被选入联邦办公室，75个家族中3个同姓名的成员担任国家职务。书中研究的18个家族中，走出了11位总统、4位副总统、33名参议院、18名州长、73名众议院或大陆会议议员，以及11名内阁成员。（［美］斯蒂芬·赫斯：《美国政治王朝：从亚当斯到克林顿》，严春松译，上海社会科学院出版社，2017年，第3页）剧情类真人秀《鸭子王朝》，也讲述了路易斯安那一个生产猎鸭用具家族企业的真实故事，这个家族世家，也是一个Dynasty，而美国众多类似的家族企业世家，也都是一个个小的"王朝"。就连胡适留学时在日记中也感慨"盖此邦号称自由耳，其社会风尚宗教礼俗，则守旧之习极深，其故家大族尤甚"（《胡适日记全编》1915年2月3日），意识到美国社会"故家大族"这些世家是保守传统礼俗的基础。这些都意味着，西方社会自古以来也存在着众多的平行世家，并深刻影响到实际的治理，不是很多人想象中那种很原子个体本位的"西方文化"。

在传统中国，尤其是封建时代，那种遍地世家、多中心的社会结构，呈现出一种"水密隔舱"效用，在防御外族入侵方面，有更明显的优势。《左传·昭公二十三年》中有"守在诸侯"之说，《诗经·大雅·板》也说"大邦维屏，大宗维翰"，这些意思都相近，即守卫华夏文明中心的职责，主要落实在分布在周边各地的地方性中心，包括了诸侯和大宗等各世家。这些世家各自拥有自己的土地和武力，有积极的动机去保卫这些乡土，总格局上像是一个蜂窝状，外来入侵者很难彻底攻陷这个多中心的蜂窝状结构。考古学家许宏在《大都无城》一书中注意到，二里头遗址、殷墟、丰镐遗址作为三代时期的政治中心都邑，都没有城墙。他引用冯时的观点指出"居于中心的王都由于有诸侯的藩屏，实际已无须再建筑高大的城垣"（许宏：《大都无城：中国古都的动态解读》，生活·读书·新知三联书店，2016年，第20页）。类似的，封建时代德川日本的政治中心江户，也是没有城墙的。

这种多中心的结构，各中心之间也有利于互助。如犬戎入侵镐京，晋、郑、秦国帮助周朝东迁洛邑；公元前663年，山戎攻击燕国，齐国救援；公元前661年，狄攻破邢国，齐国救援邢国；公元前660年，狄攻灭卫国，齐国重建卫。黄宗羲在《留书·封建》一篇中谈到："自秦至今一千八百七十四年，中国为夷狄所割者四百二十八年，为所据者二百二十六年，而号为全盛之时，亦必使国家之赋锐十之三耗于岁币，十之四耗于戍卒，而又荐女以事之，卑辞以副之，夫然后可以仅免。乃自尧以至于秦二千一百三十七年，独无此事。此何也？岂夷狄怯于昔而勇于今哉？则封建与不封建之故也。"黄宗羲认为，三代时期多中心的结构，更有利于对付外患，与之形成对比的则是，中央集权时代则需要耗费更多的资源来处理外患，如巨额的戍卒及粮食运输，大量的岁币，以及"和亲"等耻辱。而且单一中心的结构也更脆弱，如北宋汴京或明代北京陷落后，迅速土崩瓦解。

王船山谈到东晋江左政权能抵御五胡入侵的混乱，也是基于有了众多世家的支撑，才得以守卫江左，延续华夏文明："孟子言保国之道，急世臣，重巨室，盖恶游士之徒乱人国也。……顾荣羽扇一麾，而数万人溃散。琅琊王镇建业，荣与纪瞻拜于道左，而江东之业遂定。夫此数子者，皆孙氏有国以来所培植之世族也，率江东而定八王已乱之天下，抗五胡窥吞之雄心，立国百年而允定，孟子之言，于斯为烈矣。"（《读通鉴论》卷十二）顾炎武更是在《裴村记》中，以明末清初战乱的亲身经历，指出地方性的世家大族，是保护社会免于残破的最关键环节："予尝历览山东、河北，自兵兴以来，州县之能不至于残破者，多得之豪家大姓之力，而不尽恃乎其长吏"；"夫不能复封建之治，而欲借士大夫之势以立其国者，其在重氏族哉，其在重氏族哉！"（《顾亭林诗文集》卷五）。顾炎武认为，在历史进入了中央集权和郡县制时代后，是不可能再回到封建时代去的。但是在郡县时代，各地方的世家豪族，仍然具有重要的守护意义，所谓"寓封建于郡县"的精髓，正是在郡县时代保留一些世家大族的种子，郡县制避免了封建时代战乱的坏处，但众多世家的延续则使得郡县时代能得到封建的好处。

这些平行存在的各世家之间固然也存在矛盾和博弈，但其"时间偏好"极低，博弈线条极长，动辄以百年甚至千年为单位，因此其博弈模式更多为正和博弈，而非短平快的零和博弈，因此多以联姻、互助等长时间线条的方式互动。《周书·列传第二》"史臣曰：自古受命之君及守文之主，非独异姓之辅也，亦有骨肉之助焉。其茂亲有鲁、卫、梁、楚，其疏属有凡、蒋、荆、燕，咸能飞声腾实，不泯于百代之后"，就指出了这些古老世家之间，如果是异姓，相互之间能形成辅助的关系，如果是有血缘的关系，那更是能同气连枝，互相援助成就"飞声腾实"的共业与正和博弈。这些平行世家之间大多有复杂的联姻关系，通过联姻，也是互相保障共同延续的重要手段。各世家之间传承有大量相近的家风、默会知识，联姻之后不会因为家风差异太大，内部折腾内耗而导致家族共同体的削弱甚至瓦解。著名的"周室三母"，即太姜、太任、太姒，就分别代表了三个不同世家与姬周世家之间联姻，取得了共赢的重要成果，巩固和提升家风、家族成员的德性与能力。

对于古代世家来说，联姻的质量甚至关系到共同体的生死存亡，是最为关键的要素。《史记·外戚世家》说："夏之兴也以涂山，而桀之放也以妹喜。殷之兴也以有娀，纣之杀也嬖妲己。周之兴也以姜原及大任，而幽王之禽也淫于褒姒。故《易》基《乾》《坤》，《诗》始《关雎》，《书》美厘降，《春秋》讥不亲迎。夫妇之际，人道之大伦也。礼之用，唯婚姻为兢兢。"延续众多平行存在的世家，他们之间保持联姻，能比较有效地获取到对等、高质量、同生态位女主人参与共同体治理，实现共赢。秦朝消灭了其他古老的世家，最终自己也迅速遭殃。如秦消灭的燕国，是周王室旁支召公的世家后裔；赵国世家和秦国有共同祖先，都是上古蜚廉部落的后裔；韩国是晋国国君的世家分支，祖先可以追溯到周王室；魏国祖先可以追溯到西周的毕国血统；楚王熊氏可以追溯到古老的颛顼甚至黄帝。而在秦朝灭掉各古老世家之后，只剩下自己一枝独大，在遭遇危机之后，根本找不到一个可以倚靠的同生态位联姻世家来帮助和援手，进而导致再也找不到同生态位的联姻对象，联姻对象素质低下，也无法通过联姻建立起同生态位高质量的合作对象，最终作为单门独户的独夫迅速灭亡。而秦汉以后"外戚"问题，也日渐凸显。

汉儒梅福就说过，秦灭六国和所有古代世家之后，"绝三统，灭天道，是以身危子杀，厥孙不嗣，所谓壅人以自塞者也"，即通过灭绝其他世家的方法来延续自己帝王家族的独存，反而加速了自己的毁灭，搬起石头砸自己的脚。而与之形成对比的，则是周武王灭商之后，还没来得及下车，就赶快"存五帝之后，封殷于宋，绍夏于杞"，将夏、商和大量上古部落的后裔们全部封为诸侯，去延续大家各自平行的世家。这样做的好处，对周王室最终也是受益的，"是以姬姓半天下"，大家一起抱团合作，共同走向繁荣。（《汉书·梅福传》）现代学者也指出："盖秦汉之前，三代皆有异姓封建诸侯，是以天子之后妃，必为异姓公侯之女，天子可据各宗族之德风以择后，后妃及其兄弟，亦多受过完整良好之封建教育，故不易有外戚之患。然汉室为求永固刘姓统治，削平一切异姓诸侯王，汉高祖又立盟誓曰：'非刘氏而王，天下共击之。'至此连带所及，遂一改三代以来选立皇后之格局，致使天子无异姓诸侯王之女可以婚配，于是一概以美色择偶。诸夫人既多因美色而见幸，而能否立为皇后则视其是否能生子，其子是否居长而定。故外戚之格局，至汉为大变。"（吕世浩：《从〈史记〉到〈汉书〉：转折过程与历史意义》，台湾大学出版中心，2009年，第311页）显然，秦汉以来的皇权崛起，以单一中心取代多中心治理的过程，取消了其他平行世家的同时，皇家也付出了代价，即丧失了可以同生态位联姻的对象，宫斗戏和外戚折腾等问题构成充分内耗。

至东晋南朝时期，随着贵族世家的重建，出现了世家之间的高质量、同生态位的联姻，如王羲之与郗璇婚姻，王献之与郗道茂，即琅琊王氏与高平郗氏的联盟。夫妇之间都工于书法、文采，精通共同的贵族世家高门文化，为联合的治理提供了共赢保障。又如谢道韫与王凝之婚姻，为王、谢高门的联合；谢安与刘惔之妹婚姻，即陈郡谢氏与沛国刘氏联姻。通过平行延续的各世家高门之间联姻，高质量、同生态位的德性与文化，都得以在圈内保持，各家族也都受益。然而素养低下的寒人刘裕以武力崛起，皇权强大的同时，由于寒人的家风低劣，缺乏文化教养，其皇室多出现狂暴无行的公主，虐害与其通婚的世家。在东晋弱皇权时代，世家女性如谢道韫等日常生活是与家人相处一起，见下雪便以文学比喻，将其喻为"未若柳絮因风起"（《世说新语·言语》），又答叔父谢安问《毛诗》哪句最佳："吉甫作颂，穆如清风。仲山甫永怀，以慰其心。"这一高妙回答，得到谢安"雅人深致"的高度评价。（《晋书·列女传》）其风雅教养，可谓一目了然。《世说新语·言语》刘孝标注曾引《妇人集》谈到谢道韫有文才，其所著诗、赋、诔、讼，都流传于世。谢道韫的作品在《隋书·经籍志》中也有记载。她不但文采高超，而且治家有方，管理在会稽的家族产业，将家务打理得井然有序。她还勇敢果决，在遭逢孙恩之难的危急时刻，"既闻夫及诸子已为贼所害，方命婢肩舆，抽刃出门，乱兵稍至，手杀数人"，并有勇有谋地保护自己的孙辈，甚至赢得了孙恩贼军的尊重。这种高素质的世家女性，与家世对等的琅琊王氏联姻，能够保障双方的家风不堕，使联姻双方共同获益。

而刘宋皇权崛起，皇家出身低微，缺乏世家的文化与教养，不但多出昏暴的君主，而且其家的公主素质也极低下。如刘裕二女吴兴长公主刘荣男，竟然经常将琅琊王氏的丈夫王偃裸身绑在树上，"时天夜雪，嗫冻久之"（《宋书·王诞传》）；又如褚湛之曾娶郭氏，生褚渊，后来又娶吴郡公主。吴郡公主不但强行抢夺褚渊为嫡嗣，又要抢夺褚氏的宝物，褚渊母子也只能"流涕"而委曲求全，忍受刘宋公主的狂暴。（《南史·褚彦回传》）至于山阴公主等狂乱无行如"面首"三十人（《宋书·前废帝纪》），以及想与姑父褚渊乱伦（《南史·褚彦回传》）等事，更是为人们所熟知。刘宋公主群体的素质低下，以至于宋明帝都看不下去了。当然，宋明帝本身也素质极差，与其出身于琅琊王氏的皇后王贞风之教养，形成了鲜明对比。《宋书·明恭王皇后传》记载，宋明帝搞出"宫内大集，而裸妇人观之，以为欢笑"这种无耻荒诞的行为。王贞风见到，只能"以扇障面"，并告诉宋明帝，"外舍之为欢适，实与此不同"，意思是在娘家琅琊王氏家族那里，娱乐都是非常文明高雅的。这种鲜明的对比，可以看出门第家风之天差地别。王贞风这一表现，赢得了同为高门世家陈郡谢纬的高度赞扬，说她作为弱女子，却能勇敢地回怼皇帝，"能刚正如此"。从这个角度来说，琅琊王氏、陈郡谢氏这种同一生态位世家之间保持对等联姻，是对双方都有长远益处的。而刘宋王朝这些病态扭曲的现象，正是缺乏文化教养的寒门家族，以武力方式崛起成为暴发户式的皇权产物，其粗鄙蛮横之风，对于各个传统世家来说可谓灾难。

对于各个平行延续的世家来说，最佳状态是一起抱团形成博弈合作的圈子，圈内有对等、同生态位的文化、礼教与不成文规则，通过联姻将这些文化元素锁定在圈内。其合作、联姻对象如果是忽然崛起的专横暴发户，对各世家来说都是灾难性的，各种胡乱折腾，会迅速导致共同体走向衰败和瓦解。因此，如何手牵手长期走下去，帮助其他世家"存亡继绝"，即看到对方即将灭亡，伸出援手扶一把，或者在博弈争斗过程中不将其赶尽杀绝，而是给对方留下一些余地，从长远来看，对于自己的世家利益也是有好处的。原始儒学立足于多中心的治理结构，对于世家的治理、延续，颇为关注，因此从孔子开始，就高度强调"存亡继绝"的正面意义。孔子就说"兴灭国，继绝世，举逸民，天下之民归心焉"（《论语·尧曰》），保护每一个世家的火种，不让其熄灭；荀子也说："存亡继绝，卫弱禁暴，而无兼并之心，则诸侯亲之矣。"（《荀子·王制》）《公羊传·僖公十七年》："桓公尝有继绝存亡之功。"赞美齐桓公拯救了那些被戎狄入侵的小邦，有存亡继绝的伟大功劳。一直到东晋，世家高门都在主张重建存亡继绝，如谢安就乘旱灾的灾异机会，提出这一诉求："于时悬象失度，亢旱弥年，安奏兴灭继绝，求晋初佐命功臣后而封之。"（《晋书·谢安传》）即重建晋朝初期功臣后代的世家。

在先秦时期，经常有这种现象，即灭亡一个国家，却不赶尽杀绝，而是给其留下一小块土地和民众，守护其祖先的祭祀，保持这个世家以小规模的形式继续存在。例如《左传·庄公三年》中记载"纪季以酅入于齐"，杜预的注就解释，说齐国当时已经灭了纪国，纪国的统治者纪季投降，将酅城献给齐国，于是齐国就让他继续保有小小的酂，以附庸的身份，保存了家族的祭祀产业，"先祀不废"。此外，越王勾践灭吴国后，其实是想封一小块土地给夫差的，即"吾置王甬东，君百家"（《史记·越王勾践世家》）。让夫差保留一小块领地和上百家的臣民，只是夫差最后自杀了而已。很多都不是赶尽杀绝，而是要给这个古老世家留下最后一些资源，让它不至于完全消失。吕思勉先生就说"古之所谓亡国者与后世异。后世所谓亡国，指丧其主权言之；古则专指有国之君能否奉其祭祀，故苟有片土焉以畀之，则虽尽丧其主权，自古人言之，犹可谓之不亡也"（吕思勉：《读史札记》上册，《吕思勉全集》第九册，上海古籍出版社，2015年，第193—194页）。由此可见，"存亡继绝"时代的特点就是尽量不赶尽杀绝，这和后世那种彻底消失的"亡国"是不同的。是让一些失败的世家，得以继续延续，保持一种平行存在的状态。

有个日本学者高木智见，认为先秦时期主张"存亡继绝"，保持各家族的祭祀不断绝，是因为对恶鬼作祟的恐惧。如赵氏家族被灭绝后，其族长的鬼魂赵盾就诅咒晋景公，导致其死亡。这是"对厉鬼作祟的恐怖"（［日］高木智见：《先秦社会与思想：试论中国文化的核心》，何晓毅译，上海古籍出版社，2011年，第119页）。这种解读思路，将一些有崇高德性的文化思想，降低为单纯巫术性的恶灵作祟。"存亡继绝"的中国文化观念，首先以"仁"为基础，君子见其生不忍见其死，既不愿见到个体之死，也不愿意见到一个世家小共同体之死，这是世家贵族文化有崇高德性价值观的一面。存亡继绝固然也有利害考量的因素，但并不是害怕"厉鬼作祟"，而是将其他平行世家保存下来，让自己家族也能一起获益，最典型就是至少能保障高级生态位、价值观、文化教养的联姻、合作对象。

秦汉的皇权虽然任性地摧毁乃至毁灭了先秦时期的几乎所有古老世家，但汉代儒家重建小共同体、发扬存亡继绝精神的努力，却从未改变。公羊学家不但提出了对过去三代担任过"武林盟主"的世家要有"存三统"的延续方式，还追溯得更远，将更为广袤的世家群体，以"三王、五帝、九皇、六十四民"的追溯方式，提出"下至附庸，绌为九皇"（《春秋繁露·三代改制质文》），囊括到需要得到追溯的庞大世家群体之中。苏舆的注释中，引用《汉旧仪》指出这些五帝、九皇、六十四民之类"皆古帝王，凡八十一姓"（钟哲点校：《春秋繁露义证》，中华书局，2002年，第202页），要延续上古以来的这些众多古老世家，让他们存亡继绝。这种观念文化的提出，其实给残暴秦制，注入了"儒表法里"的内容。在这种"霸王道杂之"和"儒表法里"的状态中，原始儒学的"存亡继绝"或许更多是"缘饰"的功能，但确实又降低了现实政治操作中的残酷性。《史记·孝武本纪》"下诏曰：'三代邈绝，远矣难存。其以三十里地封周后为周子南君，以奉先王祀焉'"，将过去为秦所灭的周王朝后裔姬嘉封为一个小君，重新恢复为一个世家。到汉元帝时，又追尊周子南君为周承休侯（《汉书·梅福传》）。这个周朝后裔的世家后来一直延续到整个东汉并传到晋朝。绥和元年，汉成帝又下诏封孔子的后裔孔何齐为"殷绍嘉侯"，不久，又晋封为殷绍嘉公，封地方圆百里，食邑一千六百七十户，重建了商—宋国这个古老世家，而这一重建的世家也一直延续到晋。汉儒梅福上书汉成帝立孔子后裔为殷商世家的继承者，书中就指出"明著三统，示不独有也"（《汉书·梅福传》），意思是说，不断重建其他的世家就是要告诉天下人，天下人不是帝王一家独有的，是要和其他世家一起共同存在和共有的。曹丕代汉，封汉献帝为"山阳公"，封地为山阳郡，在封地内可以使用汉朝皇帝礼仪，与曹魏皇帝之间使用宾主之礼。（《后汉书·献帝纪》李贤注"山阳公为魏之宾"）这个延续了汉朝的刘姓世家，传刘康、刘瑾、刘秋，一直到永嘉之乱，山阳国才灭亡。司马炎取代曹魏，封最后一任曹魏皇帝曹奂为陈留王，有上万户的封地，使用曹魏皇帝的礼仪，和晋朝皇帝之间用宾客之礼，《三国志》称之为"作宾于晋"。这个延续曹家的陈留王国一直经历了两晋、南朝宋、齐，延续了两百多年。

汉儒对秦制的改造，其"儒表法里"虽未至尽善尽美，但降低了纯秦制的残酷性。当时对"禅让"的理解，确实远远偏离了真实历史上的上古"选举武林盟主大会"，但重建的"存三统"文化，确实也有存亡继绝的含义，保障了失败一方的世家不遭到彻底清洗，保留其世家的延续，其实是提供了一层文明的保护层。但随着政治博弈的恶化，这一层在南朝刘裕时期遭到破坏，影响极其恶劣。王船山对刘裕在禅让后仍然杀死晋恭帝的行为，进行了极其严厉的批判："宋可以有天下者也，而其为神人之所愤怒者，恶莫烈于弑君。篡之相仍，自曹氏而已然，宋因之耳。弑则自宋倡之。其后相习，而受夺之主必死于兵与鸩。夫安帝之无能为也，恭帝则欣欣然授之宋而无异心，宋抑可以安之矣；而决于弑焉，何其忍也！"（《读通鉴论》卷十五）可以说，刘裕打开潘多拉魔盒这一罪恶行为，确实是人神共愤的，此阀门一开，自此以后刘宋皇室子孙，迅速遭到深渊的反噬。宋顺帝最终为萧道成所杀，死前说"愿生生世世，勿生帝王家"，又是何其沉痛。"儒表法里"的"儒表"部分一旦被撕裂和破坏，政治博弈会迅速堕落到极其野蛮残酷的地步。

梁武帝代南齐，对萧子恪说"江左以来，代谢必相诛戮，此是伤于和气，所以国祚例不灵长"，并宣称"梁初，人劝我相诛灭者，我答之犹如向孝武时事。彼若苟有天命，非我所能杀。若其无期运，何忽行此，政足示无度量"。（《梁书·萧子恪列传》）梁武帝的说法，虽有拉拢和作秀之态，但其试图终止自刘裕以来杀戮前代君主家族的想法和行为，还是比较真实的。以后的隋文帝虽杀宇文皇族，对南朝各代世家，却能行存亡继绝之道。开皇十四年诏："齐、梁、陈往皆创业一方，绵历年代。既宗祀废绝，祭奠无主，兴言矜念，良以怆然。莒国公萧琮及高仁英、陈叔宝等，宜令以时修其祭祀。所须器物，有司给之。"（《隋书·高祖本纪下》），帮助齐、梁、陈的子孙守住其世家的祭祀和延续。唐玄宗时分别以北魏后裔为韩国公，封北周后裔为介国公、隋朝后裔为酅国公。此后历史上将先秦"存亡继绝"之道践行得最好的，便是宋朝对后周柴家，从郑王柴宗训到南宋末最后一代崇义公柴安，三百年间，该世家与宋朝的国祚同始同终。淳祐九年，又封隋、唐、五代后裔与吴越、荆南、蜀汉等诸国子孙为官，以守护其世家的祭祀与延续。从这个意义上来说，陈寅恪先生说"华夏民族之文化，历数千载之演进，造极于赵宋之世"（陈寅恪：《邓广铭〈宋史职官志考正〉序》），这一高度评价并不为过。认真践行存亡继绝的先秦儒家文化理念，从这个角度也显现了，宋代作为一个儒家思想文化对现实政治发生了实际影响与塑造的时代，其文明程度更高，在很多方面，是在向先秦文化的源头追溯和看齐。

　　这些古老的华夏世家，往往以自己祖先是一个远古时代的国君或著名首领而自豪，将自己家族的谱系追溯到遥远的一个小邦。按照这种世家的趣味，自己家族和现世的统治者帝王家之间，并不构成如天人相隔那样遥远的尊卑关系。现世统治者的家族，只是若干个平行世家中正担任"盟主"的那一个而已。在很多汉代士人世家的碑文中，他们都自豪地将自己家族追溯到遥远的上古之君。如《丹阳太守郭旻碑》自称源自"周公之裔"；《国三老袁良碑》自称"厥先舜苗，世为封君"；《卫尉衡方碑》"肇先盖尧之苗，本姓□□，则有伊尹在殷之世，号称阿衡，因而氏焉"；《广汉属国侯李翊碑》"其先出自箕子"；《陈球后碑》说祖先"建国于陈"；《巴郡太守樊敏碑》"祖伏羲遗苗"；《益州太守高颐碑》"出自帝颛顼之苗胄"；《司空宗具碑》"先盖四岳之后"；《魏横海将军吕君碑》"其先四岳，出自炎帝"；《防东尉司马季德碑》称祖上"三代常为侯伯"，即在上古的夏、商、西周时期，长期是侯、伯等级的一国之君。此类例子，可谓甚多。这些世家对祖先出自上古君王的追溯，并非只是一种简单的"虚荣"或"攀附"。一般而言，上古酋长的后裔才能大概率将基因广泛传播下去。现代基因生物学也证明，至少65%的中国人基因和六个史前时期的"超级祖先"有关。基因研究显示，中国人的Y染色体有5个呈星状结构，其分别为O3a2c1a-F5（Oα）、O3a2c1-F46（Oβ）、O3a1c1-F11（Oγ）、C3a1-F2613（Cα）和Q1a1-M120（Qα），以及一个呈复杂分叉结构——O1a1a1-F78（Oσ）。有高达65%的现代中国人都是这六个超级祖父的后代。（文少卿、韩昇等：《基因家谱学在中国的发展历程》，《北方民族大学学报》（哲学社会科学版）2018年1期）这六个超级祖父，当然也就是史前时期的贵族酋长，相当于公羊学中要追溯的那些上古五帝、九皇、六十四民之类。一般人这种将祖先追溯到上古遥远的贵族的行为，算不上攀附，而是一个基本的历史事实。当然，血统或生物学线索只是其中的一方面，真正重要的层面是这种文化象征。你是一个史前超级祖先的后裔，我们也是史前超级祖先的后裔，大家之间并不是"天人相隔"的，因此不要在各个世家面前搞"尊君卑臣"这一套。比如汉朝皇家，也不过是作为火德的尧帝后裔，而其他世家作为炎帝后、颛顼后、伏羲后、舜后之类，在汉皇室面前是一样有贵气的，甚至从理论上讲，是可以像各个世家祖先们"四岳""十二牧"那样一起开会，再从世家中选出新盟主的。

　　汉朝的一些世家，不但将祖先追溯到远古时期的各个君王，其中一些为了增强本家族的贵气，甚至将祖先追溯到神。如《孝廉柳敏碑》称"其先盖五行星仲廿八舍，柳宿之精也"，将祖先追溯到天上二十八星宿中"柳宿"这个天神。《俞乡侯季子碑》称"厥祖天皇大帝垂精接感，笃生圣明"，其家族源自天帝血统（〔宋〕洪适：《隶释》第一册、第二册，上海古籍出版社，2022年，第361、第928页）。上古帝王如商王源自"玄鸟生商"，周王源自"履帝武敏歆"，汉朝皇帝号称源自"赤帝子斩白帝子"，都是神灵血统。这些世家以魔法对抗魔法，皇家源自"神授"，我们这些世家同样源自"神授"，也有这份贵气的生态位，二者之间绝不是尊卑遥隔的。传统华夏王朝，对于各世家的这些贵气的建构，大体都能容忍。但到了清，就绝不能再容忍有大臣世家去建构和书写家族的这份贵气。如乾隆时期大臣彭家屏，曾经为家族家谱作《大彭统记》，将家族谱系追溯到上古的大彭国。如果按照以前标准，这是很正常的世家文化建构。但在乾隆看来，这是大不敬："乃身为臣庶，而牵引上古得姓之初，自居帝王苗裔，其意何居？""其心实不可问，足见目无君上，为人类中所不容。"（《乾隆朝上谕档》，乾隆二十二年七月十三日）清皇很敏感地意识到，传统华夏那种讲究贵气的世家文化，是潜意识中有"自居帝王苗裔"，其实就是没有彻底尊君的体现。如果说清皇连一个彭家将源头追溯到先秦大彭国这个史实都不能容忍，那么汉代那些将祖先追溯到"柳宿之精"或"天皇大帝"的士人家族，要是生活在清朝，肯定是更活不下去的。当然也可以看出，清朝的政治文化源流与氛围，与主流华夏传统之间，是颇有差异的。

缔结婚姻：从小共同体习惯法到近代国家登记

　　无论是中国还是西方传统社会，婚姻的建立最初都是依靠一套习惯法，在两个家庭或家族之间形成的契约关系，这种关系的建立最初不需要国家科层组织的介入。从代表先秦贵族阶层的《仪礼·士昏礼》来看，当时士阶层婚姻关系的建立，纳彩、请期、亲迎、醴妇、奠菜等所有环节，都在家族小共同体范围内进行和操作，背后的神圣性是以家庙等来提供的，命词"往迎尔相，承我宗事，勖帅以敬先妣之嗣"也指向家族的神性，以及贵族家族之间的习惯法规矩，而和国家科层组织之间没有什么关系。

　　国家科层组织尝试介入婚姻登记，和战国以来编户齐民制度的建立有关，是为了更好地统计户口和劳动力。成书于战国三晋地区，和法家思想关系比较密切的《周礼》中，就提出了婚姻登记的想法，《周礼·地官·媒氏》记载："媒氏掌万民之判，凡男女自成名以上皆书年月日名焉。令男子三十而娶，女二十而嫁，凡娶判妻入子者皆书之。"根据东汉郑众的注解，这是要求政府设立媒官这一部门，负责婚姻登记和婚姻管理。显然，战国编户齐民官僚制国家的出现，使得婚姻的缔结和管理开始进入国家科层组织管理的视野，只有经过了国家科层登记，婚姻才有效。

从秦律的材料来看，当时官府对婚姻是进行登记管理的，如睡虎地秦简《法律问答》中有"女子为人妻，去亡，得及自出"，"已官，当论，未官，不当论"，"官"就是在官府的婚姻登记。《法律问答》中还有"弃妻不书，赀二甲"，即离婚不到官府进行书面登记，会受到严重的罚款处理。岳麓秦简法律中也有规定："十三年三月辛丑以来，娶妇、嫁女必参办券。不券而讼，乃勿听。"（陈长松主编：《岳麓书院藏秦简［伍］》，上海辞书出版社，2017年，第130页）即秦始皇十三年以来规定，必须在官府进行婚姻登记，并办理相关证件。如果没有证件，那么所有相关的诉讼，官府都不予受理。在当时常见的户籍简牍中也会按照编户登记其妻、儿的信息，这种登记管理显然有利于国家科层组织对劳动力、兵役、税收方面的管理，同时，婚姻从先秦那种带有一定神性的小共同体习惯契约层面，向更接近"现代婚姻"的模式转变。

当然，汉以来儒学重建社会，鼓励宗族重建的同时也重建士昏礼之类，将其引入更接近小共同体习惯法"礼"的层面。根据先秦贵族习惯法"礼"的精神，即《礼记·昏义》所说："昏礼者，将合二姓之好，上以事宗庙，而下以继后世也，故君子重之。"意思是，婚礼的意义是将两个家族小共同体凝聚为合作者，通过婚礼建立的家庭，要对祖先的神庙负责，也要开枝散叶，养育子嗣，形成一个死者、生者与未出生者的神圣共同体，也是一条生命的河流，所以君子认为婚礼是有"神圣性"的。这就意味着婚礼的本质是以小共同体"二姓之好"为基础的，是以习惯法层面的契约、合同为基础。

这种基于家庙礼俗的婚礼仪式，在先秦贵族习惯法中，有繁复的内容，《仪礼·士昏礼》就包括了纳彩、问名、纳吉、纳征、请期、亲迎等六个主要程序，称为"六礼"，前五个部分，是在女方家的家庙中举行的，也是带有神圣性的。最后确定下来，要举行亲迎，时间选定在黄昏，婚礼古称"昏"就是因此，现在江南一带，还保留着黄昏时候举行婚礼的传统习俗。因为这个时间点，既不是白天，也不是黑夜，而是阴阳交汇的时间，对应着人伦的阴阳合作。女家在家庙为祖先准备了竹席，还有神灵坐的凭几，新郎亲迎之后，对席共牢"三饭"。这一礼仪，简朴而肃穆，新人夫妇都是穿以黑色为主体的服饰，乘黑色马车，也没有大红大紫的吹吹打打，甚至有一点淡淡的哀伤，女方家三天不熄灭庭院的火炬，男方家三天不演奏音乐。古老的庄重肃穆之礼，也是神圣性的体现。后世婚礼多用大红盖头，其实是元朝以来不断涌入西北游牧文化的结果，中亚很多族群都有婚礼红盖头的习俗。很多人对"传统婚礼"的想象画面是"红盖头一拜天地"，这其实并不是中国传统古礼。当然了，红盖头之类在民间既然已经成了"民俗"的一部分，作为"俗"当然可以用，但须知这不是"礼"，这点需正本清源。以至于现在要穿西装、婚纱拜天地、拜父母，作为一种"俗"，也未尝不可，反正拜拜天地，也还是有点"神圣性"的。

当然，"礼俗"之间，还可以进一步细分，礼是大传统的经典，是神圣来源。但后世无法复用古礼，因此只能从权，有了《朱子家礼》之类，其实也是礼。俗，则是民间大红盖头之类，是小传统。对于俗，当然需保护，但破坏婚礼神圣性的一些"俗"，如《汉书·地理志》《风俗通》佚文等都有记载，至迟从汉代开始就有的"闹婚"民俗，这些很可能起源于史前的原始狂欢。作为一种"俗"，自然古老，却是消解婚礼神圣性的，而且不符合公序良俗原则，因此需要以"礼"加以教化和改变。

　　魏晋以后不断儒化的法律中，都基本未见国家婚姻登记的情况，而是体现对礼俗的尊重。在《唐律疏议》中的户婚部分，主要是围绕缔约双方小共同体之间的私约、财产等展开，对于"诸许嫁女，已报婚书及有私约而辄悔者杖六十"，唐律显然维护的是两个家族之间私下约定的契约、合同关系，违背私人契约、合同要被惩罚，但婚姻的展开国家科层组织并不介入。民国时期学习西方近代欧陆民族国家法律的《民国民律草案》，才出现了秦律那样的婚姻登记规定。

　　世界各民族的婚礼最初都具有传统礼俗甚至宗教文化的背景，这些根植于古老小共同体的礼俗与文化，都是自带"神圣性"的。在西方传统社会，婚姻同样一直以来是属于家族、社区、教会等层面的一种习惯和契约，由国家科层组织来越俎代庖提供婚姻合法性，是非常晚近的法国大革命以来民族国家时代的产物。如古希腊罗马的婚礼，被视为家族宗教圣火、祭祀关系的内容，是神圣的礼仪。"妇人加入了夫家的宗教，这诚如柏拉图所言，是由神所使然的"，"这种神圣婚礼在印欧族中，大约与家庭宗教有着一样的古老历史"。（［法］库朗热：《古代城邦：古希腊罗马祭祀、权利和政制研究》，谭立铸等译，第37页）在罗马法中，根据当时习惯，将婚约视为双方家长缔结的契约，结婚方式分为时效婚、买卖婚、共食婚三种，但都不存在国家登记之说。尤其是贵族的共食婚，有强烈的宗教神性色彩，必须要有大祭司、优批特神官的参加，经过祭神和神官诵读祈祷词后礼成。这种婚礼高度基于氏族小共同体、习惯法。在日耳曼法中，婚姻的合同由双方家长达成，也是一种基于小共同体的实行本位。结婚方式为缴纳聘礼和晨礼，也是在双方家人之间根据习惯进行，没有官僚组织的介入。在欧洲中世纪，婚姻被视为"七圣事之一"，但这种"圣事"的圣性，不是基于世俗机关的民事登记或程序，而是基于传统礼俗、社区教堂举行仪式之类的。在基督教统治的时代，欧洲传统婚礼，由教士来建立婚姻合法程序，宗教法规汇编《伪艾西多尔》中规定婚姻需要双方婚约、彩礼，以及"教士的祝福"，这些共同构成婚姻有效的必须因素。另一个法规汇编《小本尼狄克院规》中也规定：家长的婚约、嫁妆，以及教士祈祷、圣餐、僧侣祝福共同构成婚礼合法性的要素。即无论是古罗马、日耳曼蛮族还是基督教欧洲，婚姻合法性的基础都不是由国家科层组织来确定的，而是由小共同体、习惯法、宗教来确定。

　　婚姻的民事机关登记，其实是很近代的产物，起源于法国革命。1791年《宪法》宣布婚姻是纯粹世俗化的民事契约，取消了传统宗教礼俗和社区小共同体提供的这一背景。1792年规定新婚夫妇的结婚必须首先到居住地的市政府登记，获得法律承认。所有市政府，必须有一名副市长专门负责婚姻登记，类似《周礼》中的"媒氏"这一官僚角色。此后的《拿破仑法典》规定，结婚应在政府工作人员处登记，登记簿在签名后送存于当地法院的书记课。1896年公布的《德国民法典》1312条中也规定民事官员应该将结婚登记于婚姻登记簿。相比之下，英美普通法对婚姻习惯有更接近传统社会的态度，对于没有在政府进行结婚登记的男女，如果他们根据习惯、习俗以夫妻名义，并以结婚为目的共同生活一段时间，也认定为合法的婚姻形式。就是说，以现代欧陆为代表的世俗国家的民政登记管理，其实取代了古代家族、社区基于古老礼俗的内容，用世俗性取代了古老的"神圣性"。这种覆盖全民的婚姻登记管理，从现代国家的治理角度进行审视，当然是必要的，因为这对于户籍信息的管理、财产权的保护、税收的清晰、对民族国家想象共同体的效忠等都是有意义的。但是，这些部分与婚姻古老的"神圣性"关系并不大。而普通法中，则给传统小共同体礼俗神圣性的婚姻建构，留下了一些空间。

现代东亚的结婚由政府登记，是学习近代欧洲大陆法的产物，换言之，如果按照中国的古礼举行婚礼而不进行近代欧洲大陆式的政府登记，也是可以得到普通法承认合法性的。

三年之丧礼与小共同体

《仪礼·丧服经传》为代表的丧服制度，有对父母、子女的三年之丧礼（母亲死在父亲之前则为"杖期"一年，母亲死于父亲以后为"齐衰"三年）。反过来，父亲对于自己长子也要服丧"斩衰"三年，如《晋书·愍怀太子传》记载，晋惠帝就曾经"为太子服长子斩衰"。就是说，父亲和长子之间是互相要为对方服"斩衰"三年的关系。三年到底是多久，有不同说法。《礼记·三年问》："三年之丧，二十五月而毕。"《公羊传·闵公二年》："三年之丧，实以二十五月。"按照《公羊传》这种说法，"三年"其实是两年整再加一个月。从《隋书·礼仪志》记载以来，更常见的情况是二十七个月。

通过丧服的不同形制和时间差，表现了以个体为中心展开的一张家族小共同体的关系网络。父子之间互相服"斩衰"，为自己的祖父母、兄弟、嫡长孙都是服"齐衰不杖期"一年，为堂兄弟服七个月或九个月的"大功"，同族远房堂兄弟则服三个月的"缌麻"。给姨母服"小功"，给舅舅服"缌麻"。当然，按照某学者的观点，《仪礼·丧服经传》这种丧服制度，应该是创制于战国时期的，"它只讲五世的小宗，不讲百世不迁的大宗，是

平民的礼制"；"它以严格的父系为主体，母系、妻系在这系统中
所占的分量极其轻微，这也不是重视婚姻的封建贵族所能想象"。
（《传统家族试论》，黄宽重、刘增贵主编：《家族与社会》，第
1—2页）这表明，《仪礼·丧服经传》所代表的文化是战国时期
东方六国地区那种比较平民化的家族礼制，应该就是庶民精英或
低级的士这些人群的礼，其共同体规模相对较小，而且不重视母
族和妻族的关系，不是西周或春秋时期封建贵族大家族的古礼。
因为更早期封建大贵族的礼，还要讲"百世不迁"的大宗这一共
同体源头，而且更重视母亲的家族、妻子的家族这些关系。封建
贵族的联姻，就是两个家族的深刻联盟。尽管如此，《仪礼·丧
服经传》所代表的丧服礼仪文化，仍然是一种平民精英构建小共
同体的文化资源。

　　三年之丧是否为西周时期封建贵族的古礼，亦或是春秋战国
时期才产生的，这一点现在尚不清楚。但孔子主张三年丧礼，是
毋庸置疑的。《论语·阳货》记载，孔子弟子宰我提出，三年之
丧太长了，一年就行了。孔子说"子生三年，然后免于父母之
怀。夫三年之丧，天下之通丧也"，意思是幼儿在父母的呵护下
要长到三岁才能离开怀抱，三年之丧对应的便是对父母温暖怀抱
的时间记忆。按照孔子的说法，三年之丧在春秋晚期已经是"天
下之通丧"，是天下各诸侯国都认同的。但《孟子·滕文公上》
记载说，滕文公想为自己的父亲滕定公服三年之丧，却遭到了整
个滕国精英"父兄百官"的反对，说"吾宗国鲁先君莫之行，吾
先君亦莫之行也"，就是：滕国的宗主国鲁国，作为周礼最好的
继承者，却从来没搞过三年之丧，而我们滕国的习惯法里面也从
来没有过三年之丧，国君你这么做是违背习惯法的。《孟子》对
滕国"父兄百官"的这一记载和《论语》"天下之通丧"的记载

之间形成了矛盾。当然也有学者提出自己的观点，如美国学者倪德卫（David S. Nivison）和夏含夷（Edward L. Shaughnessy）就认为西周君主继位时，要先为其父守丧两年，到第三年才称王。孟子鼓励滕文公搞三年之丧，是一种复古，而不是创造出一种新制度。"守丧期间种种近似萨满苦修的磨砺，给予继承人与先祖有效沟通的力量"（［美］倪德卫：《〈竹书纪年〉解谜》，魏可钦等译，上海古籍出版社，2015年，第229—230页）。如果此说成立，那么三年之丧就是一种殷周时期贵族社会的古老习惯法。

实际上，我们还可以看到巫风盛行的商代也存在这种带萨满性的丧礼文化，最著名的例子便是"高宗谅阴（或作谅暗、亮阴）"。《尚书·无逸》记载商王武丁"作其即位，乃或亮阴，三年不言"，《论语·宪问》子张也引用《尚书》记载"高宗谅阴，三年不言"向孔子请教。根据这些记载，商王武丁继位后，有三年沉默不说话，应当便是从事一种萨满性的宗教修炼，以加强与死去父亲、祖先们的交通能力。陈梦家说商王是群巫之长，这种磨砺和修炼显然有助于商王的权威和统治能力。演化到周代，周人将三年之丧注入了孝的精神，也即在萨满性的修炼之外，还承载了情感和思慕的精神内容。当然，三年之丧在早期很可能只是限于王室或极少数诸侯、贵族圈子的小共同体内，以至于鲁国、滕国的君长、贵族们都对此感到比较陌生。儒家学说是在贵族社会即将瓦解的前夜，开始将殷周时期的贵族精英学说向平民开放，在平民精英中形成新的造血机制，其礼学知识的源头一定是有所依据的。因此孔子、孟子都鼓励平民模仿早期君王贵族，行三年之丧。这种礼制比较有利于凝聚亲情，团结家族共同体，保持社会不陷入一种原子个体的散沙化状态。

儒家讲究为父绝君，父所代表家庭共同体的价值高于君所代表的官府。当然，这种价值观，在法家看来是"夫父之孝子，君之背臣也"。《韩非子·五蠹》中举了一个生动的例子来说明这种价值观的分歧："鲁人从君战，三战三北。仲尼问其故，对曰：'吾有老父，身死，莫之养也。'仲尼以为孝，举而上之。以是观之，夫父之孝子，君之背臣也。"一个人因为老想着要养父亲，不愿意为鲁国打仗卖命，孔子认为这人是孝子，首先能爱自己的小共同体。但韩非说，你这一打仗就跑，就不是个好臣民。所谓"仲尼赏而鲁民易降北"，孔子你老是鼓励他们去忠于小共同体，那些人就不会为君主卖命作战，轻易就会投降或逃跑。因此，在家庭和官府二者之间发生选择时，法家和"大秦"是要尽可能降低家庭价值的。

"大秦"鼓励社会放弃家庭价值，而效忠官府，云梦秦简《为吏之道》说要当个优秀官员，一定要避免"安家室，忘官府"，岳麓秦简《为吏治官及黔首》也说官吏有五种过错，第五种就是"安其家，忘官府"，官府价值一定要远远优先于家庭。西汉的酷吏郅都，"常自称曰：'已背亲而仕，身固当奉职死节官下，终不顾妻、子矣'"。法家化的酷吏认为，出仕就是绝对忠君，这就是对小共同体的背叛，这种背叛很光荣，不但背叛父母双亲，更是顾不上妻子和儿女了，反正就是把小共同体一脚踹开。

体现在丧葬礼俗方面，秦朝和西汉社会的丧礼安排倾向于高度简洁，赶快处理了好继续为官府效劳。岳麓秦简中的一条秦始皇的指令规定得很清楚，"令曰：吏父母死，已葬一月；子、同产，旬五日；泰父母及父母同产死，已葬，五日之官"，就是说父母安葬一个月就要回去办公，儿子和兄弟姐妹的葬礼给十五天假，祖父母死了丧葬假期就五天。这在高度重视宗教、迷信、死亡的古代社会，是非常简单粗暴的。在汉初，情况和秦朝差不多。2006年云梦发现汉文帝时期的安陆县官佐"越人"墓中出土的《质日》简册记载，他父亲在乙未日（11日）去世，他在己亥日（15日）回家治丧，甲辰日（20日）葬父，乙巳日（21日）便回去上班，总共过程十天，埋葬以后第二天就回去上班了，完全没有守丧之类的内容。

虽然秦和汉初对待父母之丧非常简单粗暴，但要求臣民对皇帝必须服三年之丧。《晋书·礼志》记载："秦燔书籍，率意而行，亢上抑下。汉祖草创，因而不革，乃至率天下皆终重服，旦夕哀临，经罹寒暑，禁塞嫁娶饮酒食肉，制不称情。"就是说秦朝特别尊崇皇权，"亢上抑下"就是一边张扬皇权，一边压抑臣下和百姓，让他们都为皇帝"重服"，每天要临哀，禁止百姓嫁娶和聚餐，这是极其不符合人情的，所以晋朝的杜预等人说这是"制不称情"。一直到西汉早期，还是这个样子。汉文帝对此做了些调整，发明了"以日易月"，就是用服丧一天来代替一个月，那么秦制给皇帝服三年，就被简化成了三十六天，算是做了一种调和，就是在尊皇权的同时，给社会正常人情留了点空隙。

当然，儒学在东汉以后影响到制度，《后汉书·刘恺传》说："旧制，公卿二千石刺史不得行三年丧，由是内外众职并废丧礼。元初中，邓太后诏：长吏以下，不为亲行服者，不得典城选举。"就是说秦汉旧制是不允许官员对父母行三年丧的，但东汉确立规定，不对父母行三年丧的人不允许出任法官，因为对法官的德性要求是应该高于普通人的。既然是社会精英，就应该首先表率，对自己小共同体的爱，其价值必须置于官府的价值之上。如果没能力达到这种德性，至少是不能作为法官的，因为两汉以来法律的儒家化过程，司法不再是秦朝那种机械性的执行律令文字细节，而是有了更多自由心证和自由裁量的空间，这就对法官和司法工作者的德性，有了更高的要求。

孟子与混合政体的"打地鼠"游戏

　　首先要表明一点，孔、孟都不是只主张贵族政治的，他们其实诉求的是混合政体，即王权、贵族权、平民权之间达成一个混合的、动态的平衡状态。《尚书·洪范》里面描述商代的政治博弈，除开龟壳和蓍草占卜这些神权因素，王、卿士（即贵族权）、民之间的意见表达是倾向于平衡的。也许《洪范》反映的并非完全是商代的政治制度史实，但是其作为儒家经典所反映的政治思想，所表达的诉求则非常清楚，是要在三者之间实现混合与平衡。柳诒徵指出，《洪范》的内容表明"当时国事分为五权：天子一人一权，卿士若干人一权，庶民若干人一权，龟一权，筮一权。五权之中，三可二否，皆可行事"，"天子、卿士皆反对，而庶民借龟、筮之赞成，亦可以使天子、卿士放弃其主张，而从庶民之说也。《洪范》之尊重庶民若此，可以其行君主之制，遂谓为专制乎？"（柳诒徵：《中国文化史》上册，北京师范大学出版社，2016年，第103页）甲骨卜辞中记载，"共众人立大事于西奠"（郭沫若主编：《甲骨文合集》，中华书局，1982年，第24页。以下引用该书皆简称《合集》）就是当时民众也参与商定国家大事，和王权、贵族权一起发声。很显然，这种君主、贵族、平民都各有其话语力量的政体,是一种混合政体,是动态平衡的,也是古儒的理想状态。

孔子尝试与公山弗扰、佛肸这类占据费、中牟据点叛乱的家臣合作,就是因为在诸侯国的君权弱了,中间的季孙、赵氏之类贵族权独大,就可以借助更下层家臣的力量来打击他们,以巩固公室君权。这类似打地鼠游戏,尽量保持三者之间平衡,哪个独大冒头出来就锤一下。金庸的小说《射雕英雄传》中,黄蓉嘲讽儒生朱子柳,说"当时尚有周天子,何事纷纷说魏齐",意思是孔、孟应该只尊王权,而忽视贵族权。显然,黄蓉或者说金庸对儒学的理解是错误的,他们将儒学的理想政体理解为一个静态固定不变的金字塔结构,而不是变动的打地鼠游戏。由于战国秦汉以来皇权独大,限制皇权(或王权)成为后世儒者面对的重要功课,用贵族来限制君权就成为紧迫问题;因此容易在视野上忽视贵族权独大。如果只是贵族制一头独大,没有强王权或强大平民权的制衡,也会是一种糟糕的存在。顾炎武早就在《殷纣之所以亡》一文中,讨论商代的政体结构问题,说"商之衰也久矣,一变而《盘庚》之书则卿大夫不从君令,再变而《微子》之书则小民不畏国法",且"民玩其上"。(《日知录》卷二)顾炎武注意到,君权、贵族、平民之间应该有一种微妙的平衡,商代的贵族"卿大夫"们不听商王的号令,不一定是好事。而到商晚期,连平民们也搞成不尊重一切权威的"民玩其上",商朝政体基本就散架了。因此,哪些时候需要强王权,哪些时候贵族权太过了,或者民权演化走向极端,都是在不断变化的,需要考虑到具体语境,加以防范,并维护均衡。在顾炎武看来,"上古以来,无杀君之事",夏桀、周厉王是跑了,纣王是自杀,而且纣王自杀,"此武王之不幸也",因为武王不会杀纣王。这种不跌破最后底线的规则，以及对君的有限尊重，在很多现代知识分子看来是没有意义的，在顾炎武看来却是三代时期的良风美俗。

赵伯雄曾指出，春秋中期各国贵族卿大夫权力膨胀，多用家臣；家臣并不是低级封建主，而是官僚。（赵伯雄：《周代国家形态研究》，第250—251页）贵族膨胀的结果，是官僚制的迅速发展，为战国和后面的秦制开路。在16世纪的东欧，恰恰是贵族政治导致自由农民重新变为农奴，波兰的贵族政府严厉打击城市商人活动，摧毁了波兰城市和商品经济，这是自私贵族政府筹划的结果。（［美］默瑞·罗斯巴德：《亚当·斯密以前的经济思想：奥地利学派视角下的经济思想史》，张凤林等译，商务印书馆，2012年，第364页）福山提到，政体是贵族制政府的匈牙利在1526年的莫哈奇战役中被奥斯曼帝国打得一败涂地，国王被杀，原因是贵族们只顾反对国家，而不顾国家防御。"假如贵族强过君主，如匈牙利和波兰，涌现出的是地方暴政和孱弱国家"（［美］弗朗西斯·福山：《政治秩序的起源：从前人类时代到法国大革命》，毛俊杰译，广西师范大学出版社，2015年，第345页；《政治秩序与政治衰败：从工业革命到民主全球化》，毛俊杰译，广西师范大学出版社，2015年，第99页）。实际上，欧洲的成功者英国，恰恰属于强王权的，从诺曼征服以来国王就是所有各级领主的君主，而不像欧洲大陆国王那样"我的封臣的封臣不是我的封臣"；英国是"普天之下莫非王土"，并对全部民众进行了征税登记。即使是《大宪章》的颁布，也是在尊王权的前提之下："《大宪章》也给君主保留了足够的权威和面子，围绕着君主权威，英格兰形成了内阁体制，行政权并没有被削弱，甚至特别强大。"（王振民、屠凯：《大宪章的现代法政价值》，《大宪章》，陈国华译，第74页）其后的都铎王朝的君权更是强大，接近乾纲独断。都铎时期的伯爵其实更像东晋南朝那种士族领太守的贵族官僚，甚至约克公爵之类本身也是个官职，贵族是有官僚身份这一面的。一直到现在，英王理论上的权力仍然极大，只是汉诺威王朝以来因乔治三世的精神状况等原因，逐渐习惯不用或搁置这些权力，权力仍然能继续运转，习惯成自然。相比而言，欧陆各国则多在贵族制（弱王权）和超级王权两个极端之间来回震荡，产生一系列恶果，典型的就是百年战争早期法王权力弱，而后就是托克维尔讲法国王权架空贵族后，地方丧失了基本的自治和自组织能力，导致不谙事务的文人议政、大革命后的震荡和持续的中央集权。"英格兰是君主、贵族、平民（主要指中产阶级）协商共治的国家"，"欧亚大陆其他国家则在两个极端摇摆，要么王权独大，贵族羸弱，要么王权软弱，分裂动荡"。（段宇宏：《血王冠：玫瑰战争》，中国人民大学出版社，2017年，第13页）所以，如果只是贵族权独大，王权孱弱，并不一定是好事，而强王权也未必意味着不好。

贵族权独大存在极大隐患，孟子是明白这个道理的，所以他给出"民为贵，社稷次之，君为轻的说法"，将平民权的位置放到了代表社稷的贵族群体之上，同时大讲"舜发于畎亩之中，傅说举于版筑之间，胶鬲举于鱼盐之中，管夷吾举于士，孙叔敖举于海，百里奚举于市"，对平民精英给予巨大的上升与权力空间——尽管这不符合真实的历史，三代与春秋时期的平民实际并没有资格成为一国执政；但这种叙事背后代表了他对平民权这一维度的重视。

在《孟子》文本中，除了从舜到百里奚这一系列的平民执政是正面形象，还有一系列贵族的正面形象，与之形成对比的则是齐宣王、梁惠王等带反面形象的角色，乃至"闻诛一夫纣矣，未闻弑君也"这种对王权的蔑视表述。此种排列组合背后，其实表达的是孟子对当时"打地鼠"形势的一个判断，如果说孔子面对的是让君主联合平民去削弱恶性崛起的贵族这一命题，那么孟子时代面对的便是让贵族和平民精英联合起来，限制或削弱王权，实现新的平衡，所以要锤各种冒头的君主，因为当时王权的过于专横，伴随着超强动员力的官僚国家手段，君王可以为了自己"寡人有大欲存焉"的各种雄心与私欲而放飞自我，而很难受到有效约束。

孟子主张"为政不难，不得罪于巨室。巨室之所慕，一国慕之；一国之所慕，天下慕之"（《孟子·离娄上》），即让王权不能得罪"巨室"一类的贵族世家。所谓"巨室自有政治资本，不是国君诸侯能贵能贱的"（杜正胜：《周代城邦》，台北联经出版事业公司，1985年，第99页），是一种能独立于王权之外且能约束王权的力量。孟子又将这些巨室世家比喻为"乔木"，"所谓故国者，非谓有乔木之谓也，有世臣之谓也"（《孟子·梁惠王下》）。英国大法官培根也曾使用类似比喻，来描述古老的世家贵族，他在《论贵族》中说："当看见一座尚未破败的古堡或古宅，或看见一棵依然枝繁叶茂的参天古树，谁都免不了会肃然起敬；而当目睹一个曾历经岁月沧桑的贵族世家，这种恭敬之情当然会更深更甚！"（［英］培根：《培根随笔集》，曹明伦译，北京燕山出版社，2000年，第49页）这些古老的贵族世家，像是古老的乔木一样根深叶茂，令人敬畏，更关键在于，这些世家拥有自身的领地与私人武力，可以对任性的王权形成制衡。马基雅维里谈道："一个人依靠贵族的帮助而获得君权，比依靠人民的帮助而获得君权更难于继续保持其地位。因为君主发觉自己周围有许多人自以为同他是平等的，因此他不能够按照自己的意思随意指挥他们或者管理他们。"([意]尼科洛·马基雅维里:《君主论》,潘汉典译,商务印书馆,2009年版,第45—46页)马基雅维里注意到,平民和王权的结合,可以产生更强的王权,而贵族认为君主不过是一群朋友中的一员而已。托克维尔在《论美国的民主》一书中谈到贵族制的意义,则有保障地方治理的意义:"在贵族时代保障个人独立的最大原因,是君主不独揽治理公民的任务。他把这项任务部分地交给贵族的成员,所以中央政权总是分权的,从不全面地和同一方式管理每个人。不仅君主不独揽一切,而且代理他的大部分官员也不总是受他的控制,因为他们的权力并非来自君主,而是来自他们的家庭出身。"([法]阿历克西·德·托克维尔:《论美国的民主》下卷,董果良译,商务印书馆,2009年,第874页)显然,贵族政治有独立于君权的空间,其独立性就因为权力源自其家庭而非君主。

梁启超就中国先秦时期贵族政治对于君权可能"妄作"的限制力,也给予了积极评价:"立乎其上者有君后,常能以名分轨率其下,而庶政又非一人所得而专制,非咨决于群贵,事不克举也。群贵既累世练习政事,才智必间出不乏,又与国同休戚,而威信夙行于其民。故虽有昏僻之主,常得节制匡救无使稔恶以覆国命。其有一人或一族之跋扈不轨,则自余诸族能协而戢之,故不敢妄发,发亦祸不烈也。"(梁启超:《中国上古史》,商务印书馆,2016年,第188页)梁启超注意到,先秦时期强大的贵族世家力量,对于匡正王权非理性的跋扈"妄作"能力,具有重要的限制意义,如驱赶"专利"之周厉王之类。在强王权的同时,也强大贵族权与之形成平衡制约,自有其重要意义。因为尤其在周代宗法制还未解体之时,很多平民与贵族之间还能通过疏远的宗法血统,而产生情感、利益共鸣与合作。"周厉王'专利',一般而言，对这些一般者、贫下者伤害最大。但是，这些人毕竟是大家族的一部分，宗法的神经线会把他们的痛楚传输到宗法的上层即那些高级贵族那里去"；"基层民众由生计上的痛楚导致的躁动，也就很容易感染贵族上层。这应该就是高级贵族联手万民驱逐周王的原因"。（李山、张月：《"共伯和"还是"共和"——关于周厉王被逐后贵族"共和"难以为继的讨论》，《清华大学学报》（哲学社会科学版）2024年2期）在此背景下，才能更好理解孟子对于"巨室"之政的推崇与维护。

《孟子·万章下》中孟子告诉齐宣王："有贵戚之卿，有异姓之卿。"王曰："请问贵戚之卿。"曰："君有大过则谏，反复之而不听，则易位。"如果君主过于胡闹，而且不听劝阻，那就会被"贵戚之卿"这个级别的大贵族们给换下来。根据东汉赵岐的解释，这种"贵戚之卿"既包含了和君主有父系血缘关系的贵族，也包含了和王家有联姻关系的其他豪族，他们要么是这家"企业"的大股东，有产权，要么是重要合作者，可以有废立的权力。《尽心上》孟子对公孙丑讲了商朝大贵族伊尹废黜商王太甲，后来见他悔过又扶其复位的事。战国时期政治黑暗，社会上只相信各种版本的"火并王伦"，如古本《竹书纪年》就大谈太甲被废黜后偷偷溜出来又杀了伊尹，韩非子也是满口类似的"舜逼尧，禹逼舜"。但实际从后来出土的甲骨卜辞看，如《合集》33318、32103、26955、27057、《小屯南地甲骨》（中国社会科学院考古研究所编：《小屯南地甲骨》，中华书局，1983年。以下引用该书皆简称《屯南》）2342等，历经从武丁时期的历组卜辞到晚至武乙、文丁的无名组卜辞，长期有多个商王在祭祀伊尹，而且把伊尹和商汤合祭，这表明伊尹绝不是被太甲干掉的"鳌拜"，而是一直"配享太庙"的大贵族、大忠臣。这种能让无道君主

"易位"的权利和实践，在殷周史上其实从未断绝，孟子的"复古"，正是借殷周古道而浇灌自己的时代块垒。

孟子倡导贵族权，是制约或弱化战国超级王权的一种手段，我们不能静态简单地就认为他一定主张"不得罪巨室"，根据孔子以来的"打地鼠"法则，一旦贵族权独大，他也会支持王权联合平民去打击贵族的。原始儒学没有绝对的标准，见到胖子要叫他减肥少吃饭，见到瘦子要叫他多吃饭补充营养，而并没有一种叫"多吃饭"或"少吃饭"的绝对义理，理解这一点，是把握原始儒学的关键。

性善论：为小共同体自治的辩护

孟子的"性善论"长期以来被误解，说这是"人治"的理论基础，所以中国文化无法发展出"法治"，而信基督教"原罪"和"性恶论"的"西方"，不相信人性可靠，所以发展出用法律约束人性恶的"法治社会"。《孟子·告子上》说"人性之善也，犹水之就下也。人无有不善，水无有不下"，以及《孟子·滕文公上》所谓"孟子道性善，言必称尧舜"，一些经过"现代启蒙"的读者看了会觉得非常不可思议，人性的善怎么会是像水往低处流这种物理现象一样。而且"仁义礼智非由外铄我也，我固有之也"，人性善成了天然而然的本性，还不是外部教育和输入的结果，实在荒谬。所以一些受到"启蒙"后的读者会说，中国文化没"幽暗意识"，盲目相信人性善，不防备人性恶，所以走向了"人治社会"。

但问题是，最讲人性恶的韩非子，是不是就引导大秦朝走向了"法治社会"？毕竟韩非对"人性恶"的观察达到了极限，《六反》篇中说父母和儿女之间也只是互相算计利害，《备内》篇中说嫡子和后妃都盼着君父早死，至于没有血缘关系的君臣之间，那更是互相算计谋害；而普通平民之间，则是"人民众而货财寡，事力劳而供养薄，故民争"，也是互相争斗互害的画面，讲的是最赤裸裸的人性恶，人与人之间的关系是彻底的冰冷算计和互害，比非洲草原上的野兽还凶猛。那么既然人性如此丑恶，要维持秩序当然只能靠君王的法、术、势权柄，再加上石壕吏的皮鞭，才能驯服这群互害的"野兽"。在韩非子的人性恶世界中，人与人之间是互害的原子个体，连父母和子女之间都是靠不住的，那么这种世界怎么可能存在比较善意的自治小共同体？甚至韩非本人也死于自己的同学李斯之手，而不是和李斯同学建立起一个互助的同学会共同体。可以说，性恶论并不会推导出"法治社会"，反而可能是有助于彻底瓦解一切共同体束缚和伦理底线的思想。

还有很多现代人，似乎更能接受告子的观点，即"人性之无分于善不善也"，说人性的善恶取决于外部环境而已，其实无所谓善恶，主要靠后天的教化。关于告子的学派，郭沫若认为属于"黄老"，和宋钘、尹文属于一类（郭沫若：《十批判书》，中国华侨出版社，2008年，第189页），陈来则说"孟子对告子的批评，往往使人忽视了告子也是一个儒家"（陈来：《竹帛〈五行〉与简帛研究》，生活·读书·新知三联书店，2009年，第91页）。告子一类的人性论观点，也见于郭店楚简儒书《性自命出》"其用心各异，教使之然也"，"好恶，性也。所好所恶，物也。善不善，性也，所善所不善，势也"。就是说善与不善其实更多是形势所塑造的。如陈苏镇所论："此说显然是'性有善恶论。'"（陈苏镇：《〈春秋〉与"汉道"：两汉政治与政治文化研究》，中华书局，2011年，第143页）结合这些来看，告子应该属于不同于思孟学派的另一支儒家。在很多现代人看来，告子这种思想至少比孟子的性善论靠谱：人性都差不多，主要是后天环境，尤其是

"原生家庭"等后天因素的影响。当然，现代人有了心理学、精神分析、幼年心灵创伤等一系列关于"后天环境"影响的研究，这些研究也有其社会价值。但是如果基于这些，就将孟子的性善论视为一种幼稚的认知，其实也是一种误解。

孟子为人性善辩护，其实有一个历史背景，就是战国时期编户齐民制度的普遍确立，逐渐瓦解了早期基层社会中自治能力比较高的村社、宗族等小共同体，人们成为官府乡、里基层组织控制下的原子散沙，实行连坐和鼓励告发，进一步激发了人性中恶的元素。东方齐、魏等国虽然没有搞到秦国商鞅变法后那么严酷，但也都通过这套弱民术强化了政府的汲取能力和军国动员能力，魏国的《户律》《奔命律》要严厉打击商人、赘婿之类，不分给他们土地房屋，甚至将这些贱民直接拉到前线当炮灰填沟壑，这些残酷的军国动员手段，也得到了秦国官吏的欣赏，因此将其抄录在云梦秦简牍中。可以看到，魏国在内的三晋，既是法家思想的起源地，其变法后的制度政策，很多又和"暴秦"能够汇通。魏国的梁惠王对孟子说他东败于齐，长子死焉，仅就这一场马陵之战，魏国就死掉了十万武卒，可见其国家动员强度之高，而背后对应的，正是残酷的资源汲取过程。我们后来熟悉的《石壕吏》一类基层动员和汲取的画面，很容易让人感觉到人性是凶恶的，而不是善的。那么孟子针锋相对，专门大讲人性善，一定和他对基层社会组织的辩护、诉求方式是相互配合的。

孟子诉求中的基层社会组织，是实现西周时期以村社、家族等民众自治小共同体为基础的井田制。后人对井田制误解极大，以为是豆腐块形状的"土地国有"，笔者曾在《孟子与三代时期的小共同体治理》(《孔子研究》2020年1期)中指出，井田既不是"国有"也不是"私有"，而是一种类似西欧封建时代的土地保有关系，所谓"公田"按照瞿同祖的分析是"和英国封建社会所谓公田（Lord's demesne）相仿佛"（瞿同祖：《中国封建社会》，商务印书馆，2017年，第93页），通过封建效忠和保有的方式，土地从周王一层一层被保有到基层的自治村社，西周铜器《季姬方尊》中，记载基层组织是"厥友廿又五家"，"友"在周代指有血缘关系的族人，因此这是一个以家族组织为纽带的村社。这些基层村社，不是战国秦汉那种"皇权下县"以后乡、里管辖下的编户齐民，而是有自组织能力的小共同体，其中绝大多数以血亲关系为共同体纽带。

《孟子·滕文公上》描述这种自治小共同体的面貌是"乡田同井，出入相友，守望相助，疾病相扶持"，他们有血缘或模拟血缘的亲密关系"友"，在日常生活中高度互助，井田的共同耕作与收获也是这种互助的重要部分，在遭遇疾病或灾害的时候，小共同体成员之间是互相援助，而不是像编户齐民那样互害。这种小共同体互助的画面，是一种历史的真实，《诗经·小雅·大田》："雨我公田，遂及我私。彼有不获稚，此有不敛穧，彼有遗秉，此有滞穗，伊寡妇之利。"描述周代基层村社中，秋收以后会在田中留下一些谷穗，给没有壮劳力的寡妇，这是很典型的小共同体的内部互助，是养成我们一般人熟悉"善"这种概念最适宜的场所和平台。

我们智人这个物种确实有凶残的一面，但智人的基因与心智相伴随演化了二十万年，这二十万年的漫长演化过程中，其实通过优胜劣汰绑定的基因类型是最适应在"邓巴数"规模范围内的一个小群体内生存的，即维系在一百五十人左右规模的部落圈子内。在最大邓巴数这个范围内还能拼命作恶的基因，其实大多是被淘汰掉了。在这个小共同体内，智人的大脑可以有效维持紧密的友谊、关系与合作，并形成"兔子不吃窝边草"的机制。

对于这个一百五十人规模共同体以外的其他人群，智人可能会表现出凶残和攻击性，但在这个群体内部，则讲究各种善意，这是漫长的二十万年演化和基因选择的结果，倾向于在邓巴数范围内互害的部落群体，基因更难传递下来。梁山强盗杀人如麻，却要在一百零八人内部讲究结拜为兄弟，讲究"义"这一规矩，一百零八人正好在"邓巴数"范围内，绝不是偶然的。这种攻击"部落"以外群体的古老心理，在现代社会可以被调动起来进行侵略，也可以动员用于保家卫国，其实是一种非常古老和镌刻在基因中的本能。由于超出邓巴数范围，由成千上万人组成更复杂群体进行合作的文明史，只有区区五千年历史，智人的大脑还来不及进化并适应规模这么大的社会组织与协作模式。只有一些极少数天才的大脑，才能处理高度复杂流动、陌生人合作社会的庞大信息，如南朝的王弘可以"日对千客，不犯一人之讳"（《南史·王僧孺传》），每天处理远超过邓巴数的人的大量信息，而且不触犯他们父亲、祖父的名讳，可以想见处理的人物信息量多么惊人；梁、陈时期的大军阀王琳，能够"强记内敏，军府佐吏千数，皆识其姓名"（《南史·王琳传》），一个低贱兵户出身没文化的人，竟能记住自己下属佐吏上千人的名字，也是天赋能力了；等等。北齐的唐邕，据说也可以"于御前简阅，虽三五千人，邕多不执文簿，暗唱官位、姓名，未尝谬误"（《北齐书·唐邕传》）。唐朝的李敬玄，"性强记，虽官万员，遇诸道，未尝忘姓氏"（《新唐书·李敬玄传》），能记住上万人的姓氏。另外唐代的唐宣宗也特别能记住大量陌生人的名字和信息，所谓"宫中厮役给洒扫者，皆能识其姓名，才性所任，呼召使令，无差误者。天下奏狱吏卒姓名，一览皆记之"（《资治通鉴·唐纪六十五》宣宗大中九年），哪怕只是一个普通仆人的姓名与特长，都能熟记于心，且能记下唐帝国众多狱吏卒的名字。此外，古罗马的凯撒，据说也能记下自己的手下每个士兵的面孔和名字。显然，王弘、王琳、唐邕、李敬玄、唐宣宗、凯撒这种能处理远远超出智人部落本能信息的大脑，毕竟只是少数，因此才上了史书，被大书特书作为佳话。而一般普通人的大脑能力，其实和旧石器时代晚期差异并不太大，更常见的情况就是"脸盲"，即不能识别超过自己熟悉最大邓巴数圈子以外的人脸和信息。毕竟，大脑与复杂社会组织协同演化的历史才五千年，人们的思维方式、思维能力和心智情感，仍然是高度基于并依赖于更古老的智人二十万年以来的小共同体结构，或者其各类变体的。

孟子敏锐地观察到，"乡田同井，出入相友，守望相助，疾病相扶持"这种小共同体是"善"最重要的载体或蕴蓄形式，强调性善论的另一面，其实就是要利用好智人"部落心智"的这种古老本能，进而为具有成千上万人的更复杂的文明体量合作来服务，并且规避可能遇到陌生人更容易互害的短板。

人性是高度复杂的，孔子和七十子后学基本不讨论人性的善恶问题，这是因为空谈人性善恶，很容易成为无意义的抽象玄学。善和恶，一定要放到一个共同体结构或语境中才是有意义的。在共同体内杀人，这是罪恶。但如果杀的是共同体之外的侵略者，这又成为本共同体的一种善。在孔子、七十子们百年后生活的孟子，正面对最后的基层小共同体自治遗产处于崩坏和解体的前夜，编户齐民和更高动员能力的军国组织已经呼之欲出。在此背景下，孟子呼吁在一定程度上保护甚至重建西周的"井田"，其实就是要保留"乡田同井，出入相友，守望相助，疾病相扶持"的自治小共同体，给社会基层留下一口元气。那么人性善的学说，恰恰与小共同体的社会结构相匹配，因为人生活在熟人社会，尤其是有自治能力的社区，人们之间的博弈时间线条非常的长，很可能是很多代之间祖祖辈辈之间互世代打交道，那么这种社会结构中作恶的成本就非常高，作恶被摈斥出共同体后还会丧失共同体的保护，这是非常不划算的，因此小共同体内部的人们普遍偏向行善，小共同体是培育"善"的重要蕴蓄形式。反之，韩非子式的性恶论讲父母和儿女之间都互相为恶，这种社会根本不可能妄想什么自治小共同体，石壕吏的皮鞭管束就是其必然命运。

如果人性恶是一种普遍的事实，就像霍布斯笔下那种"每一个人对每一个人的战争"状态，那么最好的结局一定就是无所不管的利维坦。如霍布斯所说"在没有一个共同权力使大家慑服的时候，人们便处在所谓的战争状态之下"。在这种以人性恶为预设的状态下，一个人出门必须带上武器，就寝时要紧闭房门，就算在屋子内，也要将箱子锁上。（［英］霍布斯：《利维坦》，黎思复等译，商务印书馆，2008年，第94—95页）这种人与人之间全然处于性恶论所预设的战争状态，最终当然只能依靠"利维坦"来提供救赎与秩序。但是从历史经验和发生学的角度而言，"利维坦"诞生之前并非如此。即使是史前时代的人们，也是生活在各种家族、氏族、部落等小共同体之中的。在当时，不同族群之间确实存在着残酷的"战争状态"，却并不存在"每一个人对每一个人的战争"这种状态。换言之，在家族、部落等小共同体内部，凝聚起人们的力量并不是人性恶，而是人性善。霍布斯也观察到，"美洲有许多地方的野蛮民族除开小家族以外并无其他政府，而小家族中的协调则又完全取决于自然欲望"（［英］霍布斯：《利维坦》，黎思复等译，第95页）。他其实也意识到，即使是在最"野蛮"的状态下，也有小共同体的存在。可是霍布斯却认为小共同体的内部，是按照"自然欲望"来进行弱肉强食的。然而实际是，按照"自然欲望"搞下去，小共同体会迅速瓦解。在小共同体对抗小共同体的史前时代，只有内部更加"亲爱精诚"的小共同体，才更加具有对外的竞争力。这种远古时代小共同体中对性善的培育，能够得到考古材料的证明。早在荒蛮古老的旧石器时代，人类就开始供养丧失了生存能力的伙伴与老人了。例如，沙尼达尔（Shanidar）遗址中曾发现一名大约40岁的男性尼安德特人，其左眼部分失明，右臂自小就萎缩无用，脚趾骨上有裂缝，膝盖和髁部有关节炎。考古学家指出，如果没有别人对他的帮助和供养，像这种人是不可能活下去的。（［英］科林·伦福儒、［美］保罗·巴恩：《考古学：理论、方法与实践》，中国社会科学院考古研究所译，文物出版社，2004年，第447页）一个完全丧失劳动力的废人，依靠小共同体的保护，居然能够活到史前时代的高寿年龄。这说明即使是在资源极其有限的远古荒蛮时代，小共同体也依然尽力保护内部的弱者与老人，而不是"每一个人对每一个人的战争"。小共同体是培育人们理解"善"知识的最早、最古老的培养皿，有着长达数十万年的历史，伴随着整个智人物种的演化。"善"的知识与经验，以及性善的实践，与小共同体的关系就如同一个硬币的两个面。

在传统小共同体逐渐解体的这个时间节点上，孟子提出了性善论并不是一种"傻白甜"行为，恰恰相反，这是在论述人民有互相行善和自治的能力，不需要官府用鞭子管着。只有搞好了最大邓巴数范围内小共同体的善，在其中训练、养成善和放大善的种子，才有机会将这种善进一步扩大到大共同体和陌生人，或者以"同心圆结构"的方式，一层层向外辐射善意，当然越内核越是浓密，越外层越稀少，更远和更陌生的群体之间能通过贸易往来做生意形成合作就行了。最内核的小共同体，当然就是家庭，是孕育"善"的最初起点。当然，很多人也可以从经验角度找到很多反例，指出家庭存在着"恶"的一面，新文化运动以来的吴虞等人就有不少这类控诉，至于现代网络中这类对"原生家庭"的控诉，更是累牍连篇。但是他们无法反驳，即使是陌生人之间要建立亲密的合作关系，也首先会通过模拟家庭的称谓来实现其关系建构，而不是相反。如果家庭是万恶之源，那么恰恰应该相反，家人之间应该互称"我们是陌生人"，以表达善意，才应该是一个普遍的现象。可是从人类学的视野来看，最常见的，恰恰是陌生人之间会通过模拟家庭来表达善意。如拜把子互相称"兄弟"，把领导称"义父"，把一些人比喻为"母亲"，甚至"朋友"一词最初在西周金文中也是指有血缘的亲兄弟或堂兄弟关系（李竞恒：《论语新劄：自由孔学的历史世界》，第 13—14 页），后来陌生人之间也称"朋友"以拉近关系。人们普遍将没有血缘关系的同辈男性称为"哥"，女性称为"姐"，更长的称为"叔叔""姨"这类模拟家庭成员的称谓，会迅速拉近距离并感受到善意。哪怕一个匪徒在喊出"弟兄们"的时候，这一模拟家庭成员的称谓也会迅速拉近其成员的向心力。人们将自己毕业的学校称"母校"，甚至商业广告也会宣称让你感觉到"回家"或"家的温暖"，而不是宣称"感受到陌生人待遇的温暖"或者"感受到陌生人社会的边界感"。现在网络上为了流量和套近乎，都将陌生人称为"家人们""兄弟们"，也是典型的通过模拟家庭成员关系来拉近关系。这种陌生人之间以模拟家庭关系实现合作、互相感受到善意，具有极其古老的历史渊源，且广泛见于世界各地，表明家庭这种小共同体，一定是酝酿"善"最初的起源，然后才向外流溢出去的，成为构筑更外围不同圈层，直至陌生人大共同体的一种资源。

这一古老且普遍的历史现象表明，人类历史文化的绝大多数语境下，仍然是将家庭视为善这一价值的根本来源。可以推断，史前时代开始，家庭这一最核心的小共同体，就是培育善的基石，随后以此为基础外推到氏族，再外推到部落。进入文明时代，则将其向国家、族群甚至"天下"进行外推和外延。孟子强调人性本善，其实就是要立足于小共同体的这一古老智人本能，让大共同体不要突破其应有边界，再以同心圆圈层的方式将善意层层外推，去实行规模体量巨大的复杂社会合作，将小共同体为本位培养出来的善意，一层层向外流溢。如果小共同体得不到保护，那么大共同体之间的善也得不到，相反，只会导致陌生人之间充满恶意的各种肆虐行为。性善论的潜台词是，人们有组建小共同体，并以小共同体自治来实现治理的能力，而不需要天降石壕吏，拿着鞭子像防贼一样，用鞭子管着。

古儒认为忠君并不很重要：兼论《忠经》辨析

实际上原始儒学是将家人这种小共同体关系作为最高本位的；将对君主的效忠被视为一种有条件的契约关系，并不是最高价值的。孔子说"君使臣以礼，臣事君以忠"（《论语·八佾》）。由于春秋时期贵族血缘关系主导的政治开始瓦解，君和臣之间的关系很多都是流动和变化的，陌生人之间重新以"委质"的方式建立起的新契约关系，这和与父母的绝对关系完全不同；因此，君要以尊重臣人格的方式对待臣，臣才会对君效忠，否则什么都别谈。孟子讲"君之视臣如手足，则臣视君如腹心；君之视臣如犬马，则臣视君如国人；君之视臣如土芥，则臣视君如寇雠"（《孟子·离娄下》），这意思和孔子所说的是一脉相承，即君如果不把臣当人对待，臣一定会把君当仇敌，关系是互相的。在先秦历史上，君不善待臣而招致报复的情况很多，如《左传·襄公二十五年》"公鞭侍人贾举，而又近之，乃为崔子间公"，又如《左传·庄公二十八年》记载：鲁君子般鞭打围臣荦，荦因此怀恨，后就谋杀子般。所谓"抚我则后，虐我则仇"，虽是伪古文，但讲得很有道理。徐复观指出，孟子所说这段话，体现了"君臣的关系，是相对的关系"，"儒家以各种说法，要把人君的地位向

下降；要使君臣的关系建立于互信之上"。（徐复观：《两汉思想史》第一卷，华东师范大学出版社，2001年，第67页）

顾炎武说："古者人君，于其国之卿大夫皆曰'伯父''叔父'，曰'子大夫'，曰'二三子'。不独诸侯然也。《曲礼》言：'列国之大夫入天子之国曰"某士"，自称曰"陪臣某"，然而天子接之犹称其字。'"（《日知录》卷四）《诗经·大雅·假乐》中说"之纲之纪，燕及朋友"，《毛传》就解释说"朋友，群臣也"，这些宗法血缘中的庶子之类，形成了嫡长子之君最初的"群臣"。在早期的宗法血缘时代，君臣关系本就源自血缘，家族的嫡长子作为君，他长辈庶出的伯父、叔父之类，最初就是一个血缘共同体的自然状态，后来再引申为对臣的一种敬称，将没有直接血缘关系的臣，也称为比较平等的"二三子"，甚至跨越一级，诸侯的臣去见周天子，周王也会用称呼平辈的"字"去称呼他们，而不是直接喊对方的名。当时的君臣关系，既有血缘上温情脉脉的联系，也有模拟血缘的那种相对性，以及尊重和善待。

在原始儒学看来，血缘父亲从来是比君主重要得多的。出土战国儒书郭店楚简《语丛一》简80—81云"友、君臣，无亲也"，简87云"君臣、朋友，其择者也"，庞朴就说当时把君臣关系看作和朋友是一伦的，所以"忠"的关系，也是"为人谋而不忠乎，与朋友交而不信乎"，是一种忠信，即为朋友考虑和讲义气，而不是无条件地"君要臣死臣不得不死"（儒家典籍从来没有"君要臣死臣不得不死"这种观念，这种说法其实源自明清时期的民间小说，见吴钧：《"君要臣死，臣不得不死"是谁说的》一文）。郭店楚简《六德》中说"为父绝君，不为君绝父"，就是说为了父亲的利益可以和君主绝交，但不能为了君主利益而和父亲绝交。吕思勉指出，《礼记·曲礼》中的"父母存，不许友以死"，这里的朋友就是君主，即父母活着的时候，没必要做到"死节于君"。（吕思勉：《读史札记》上，《吕思勉全集》第九册，第200页）

这个道理在汉代以后仍然被继承，东汉人特别推崇"孝"，不是那么讲"忠"，社会上流行的价值观是给予为父报仇的孝子、孝女极高评价。有学者对两汉文献进行了综合梳理，发现当时95％的文献都没有把忠君放到比较重要的价值维度，忠君观念当时在社会上并不是普遍的。（李振宏：《两汉社会观念研究——一种基于数据统计的考察》，载《史学月刊》2014年1期）到了三国时代，这一道理仍然受到强调，曹丕问群臣："君父各有笃疾，有药一丸，可救一人，当救君邪，父邪？"邴原悖然回答"父也！"（《三国志·魏书·邴原传》注引《邴原别传》）如果在父亲和君主之间只能选一个，那么一定只能是父亲，这是不需要讨论的问题。这个时期人们推崇《孝经》，而没有听说过什么《忠经》。李密《陈情表》告诉晋武帝，自己要先对祖母刘尽孝，才能侍奉皇帝，这在当时是天理应当的观念，皇帝也认为没什么不妥。

魏晋六朝以来，发生"高贵乡公"之类的血案，以至于皇帝都不好意思谈"忠君"，晋明帝听了王导详细讲述司马昭和高贵乡公被弑的事后，羞愧得"覆面著床曰：'若如公言，祚安得长！'"（《世说新语·尤悔》）皇帝都为权力来源的合法性而羞愧，显然是无法号召社会来"忠君"的。当时社会上人们都是讲保家，讲孝亲，根本谈不上什么忠君，琅琊王氏的王谧见到桓玄取代东晋，就漠然地帮桓玄篡位，见刘裕赶走桓玄，又站在刘裕一边。萧齐取代刘宋，王俭之类又与萧齐合作，对皇朝更替很是漠然，只在乎家族本身的利益，根本谈不上什么"忠君"。如唐长孺所言："在门阀制度下培养起来的士大夫可以从家族方面获得他所需要的一切，而与王室的恩典无关，加上自晋以来所提倡的孝行足以掩饰其行为，因此他们对于王朝兴废的漠视是必然的，而且是心安理得的。"（唐长孺：《魏晋南朝的君父先后论》，《魏晋南北朝史论拾遗》，中华书局，1983年，第247页）赵翼论"六朝忠臣无殉节者"，就选取了当时对于旧王朝最忠诚的司马孚、徐广等人为例：司马孚对曹魏自称纯臣，但并不妨碍在晋朝当安平王、太宰、都督中外诸军事；徐广自称晋室遗老，但也担任刘宋的中散大夫；至于谢朓，忠于刘宋拒绝交出玉玺，最后还是担任南齐的义兴太守；王琨为刘宋的灭亡而哭泣，但最终担任南齐的侍中；马仙琕为南齐而苦战，自称忠臣，最终仍然降服于梁武帝，自称失去了主人的狗，期待得到新主人的饲养。这些都是仅仅表达了一些有限忠君的态度即可以被视为忠臣的人。赵翼认为："盖自汉魏易姓以来，胜国之臣，即为兴朝佐命，久已习为故然。其视国家禅代，一若无与于己，且转藉为迁官受赏之资。故偶有一二耆旧，不忍遽背故君者，即已啧啧人口，不必其以身殉也。"（《陔余丛考》卷十七）王鸣盛也谈南齐末年的袁昂、马仙琕，说袁昂为吴兴太守，抵抗梁武帝，大谈节义，但最终还是做了梁朝的吏部尚书，马仙琕也最后投靠梁武帝，而梁武帝也"笑而美之"。所谓"六朝人节义，类此者颇多"（《十七史商榷》卷六十《袁昂马仙琕》）。在这样的时代，家族共同体才是根本，人们对于"孝"颇为认真，而对于"忠君"，概念非常淡漠，精神上反而更接近原始儒学一些。南朝到唐朝《孝经》地位极高，东晋元帝、孝武帝、梁武帝、唐玄宗都为《孝经》作注，孝亲的价值高于忠君是皇帝也难以否认的，皇帝的期待，只能是"移孝作忠"，即承认孝才是本体，忠只是孝的次生产品，当然，能得到一个次生产品已经很满足了。

古儒的精神认为，家人在内的小共同体价值，高于君主的地位。但这种价值观，从君主和法家的角度，是值得批评的。《韩非子·五蠹》中就痛骂儒家，说"夫父之孝子，君之背臣也"，说这些儒者只讲孝，不忠君。君权发展到极致，一定会形成亲情的对立面。放眼中国历史，皇权最放心的人，恰恰是没有家庭、亲人的宦官，宦官作为一个无依无靠的原子个体，只能依附于皇权。古代奥斯曼帝国则使用"耶尼切里"（Janissary）军事奴隶制，从巴尔干基督教那里征收"血税"，将当地儿童从家人那里抢走，变为苏丹的奴隶，其中一些会被训练为官吏，甚至成为大官。这些"耶尼切里"没有家人，作为原子个体，也只能依附于苏丹的君权。"他们被切断与家庭的关联，只对奥斯曼国家效忠，没有行会、派别、自治协会，一起忠诚献给统治者"（［美］弗朗西斯·福山：《政治秩序的起源：从前人类时代到法国大革命》，2015年，第200页）。亲情与小共同体，是君权的对立面。没有亲人、家人，作为一个原子个体的宦官、"耶尼切里"们，恰恰是君权最喜欢的。按照这个逻辑，不难理解中国主流传统中《孝经》大行其道，而"忠"一般很难和"经"联系起来的现象。

但奇怪的是，后来就冒出来一部《忠经》，《忠经》还特别强调对君主效忠比对父母行孝更重要，其《保孝行章》就大谈"君子行其孝，必先以忠。竭其忠则福禄至矣"，用大白话说就是爹亲娘亲不如皇上亲，要对爹妈好那就得先对皇上效忠才行，这逻辑实在古怪。其《天地神明章》还宣称，"人之所履，莫大乎忠"，注释宣称"覆载之间，人伦之要……无有大于忠者"，就是说人类生活在这个宇宙之中的最高最大价值，就是对皇上效忠，没有其他比这个更大的道理。

据清代四库馆臣《四库全书总目提要》的说法，《忠经》号称是东汉马融写的，郑玄做了注，但《后汉书·马融传》和《郑志》里面都没提到过这本书及其注，甚至更晚的《隋书·经籍志》《旧唐书·经籍志》《新唐书·艺文志》也都没有提到这本，所以"其为宋代伪书殆无疑义"。《忠经》这部伪书的确漏洞百出，如其中大量引用梅本伪古文《尚书》，有《大禹谟》《太甲》《毕命》《伊训》的"惟精惟一，允执厥中""一人元良，万邦以贞"等。清朝以来的考据学，加上现在清华简的出土材料都证明了东晋以来的所谓《古文尚书》，其实是伪书。《忠经》大量引用这些伪古文，恰恰证明它根本不是东汉的材料，是东晋以后才有的产物。

其实清代四库馆臣说《忠经》是宋朝人伪造出来的书，是基本正确的，如果要再具体一点，应该就是北宋前期的产物。因为晚唐和五代十国时期的君主，其实早就沦为儿戏一般的存在，像朱温被赐名朱全忠，却一点也不忠，两次叛主，还灭了唐朝，这种人叫"全忠"，可谓是对"忠"的最大讽刺。在五代人看来，谁能打谁就是皇上，所谓"天子宁有种邪？兵强马壮者为之尔"（《新五代史·安重荣传》），而像冯道这种为了保境安民，而"事四朝，相六帝"的人，在当时是非常正面的形象。但随着宋朝秩序的建立和稳定，人心都希望将忠君作为一个稳定大共同体的方案，以防止五代乱世的重现，欧阳修在《新五代史·一行传》中就痛斥五代风气是"君不君，臣不臣"，将君视为重建大共同体秩序的一个重要象征符号。

宋初人搞出《忠经》这样的东西，从当时的角度去看，也是可以理解的，毕竟五代十国的战乱教训太过于惨痛。只是效忠于一个以家庭血缘为纽带的小共同体，但是却拒绝维护天下的秩序，看众生受苦，甚至参与对自己家人以外之人的戕害，这也是极其不仁的。在五代乱世，吃人是常态，所谓"人肉贱于狗"（《旧五代史·李茂贞传》），"取妇女、幼稚为军粮"（《资治通鉴·后汉纪》），"日以兵钞怀、孟间，啖人为食"（《旧五代史·李罕之传》），"左右有犯罪者，召其妻子，对之脔割，令自食其肉，或从足支解至首，血流盈前"（《旧五代史·刘信传》）之类悲惨的景象不绝于史笔。由于代表了重建天下秩序的"君"能够让人们免于霍布斯式恐怖战乱的痛苦，因此对君忠诚其实就是对天下秩序的忠诚。

回到宋初的历史语境，编造《忠经》的作者其实也有良苦用心，但其问题是发力过猛，将"忠"推向了最高真理的高度，反而显得局促。但在经历了宋初之后的宋代士大夫，对于忠君和限制君权这二者之间的分寸就拿捏很好，一方面用"共治天下"来限制皇权，不至于让"忠君"一边倒地皇权独大，一方面也通过《新唐书》《新五代史》《资治通鉴》等历史的书写，让人们意识到作为天下秩序的"君"这一象征符号的重要性，在二者之间达成平衡。

独立于君权的专业性

原始儒学时代，从孔子开始，就注意到了社会分工和职业的专业性问题。孔子就对弟子樊迟说，在种庄稼方面"吾不如老农"，在种菜专业方面"吾不如老圃"（《论语·子路》），即使是种庄稼、种菜这些工作，也是存在专业性的。当然，孔子认为治理者不应该舍本逐末去研究种地、种菜这些专业技巧，而应该训练自己生态位的专业能力，即崇尚礼、义、信的能力，如果能做到这些，建立一个提供良好公共服务，以及公序良俗的社会秩序，那么"四方之民襁负其子而至矣"。换言之，不同生态位的角色，应该具有不同的专业技巧，以及思维方式的训练。

孟子见到齐宣王，曾讲了一番话，即君主不是万能的，不要什么都事无巨细去亲手指挥，要尊重专业人士的专业性。《孟子·梁惠王下》记载，孟子说要修建"巨室"这种大型宫殿建筑，一定要找到"工师"这种专业土木工程专家才行，命令工师去找巨大木料。工师找来了巨大的木料，齐王看了很开心，说建造大殿就是需要这种巨木当柱子。结果发现，工师命令手下的匠人把巨大木料给一点点斫小，齐王一下子就愤怒了，好不容易找来的千年金丝巨大楠木，一根值一亿元，拿来做柱子好威风有面子，居然被工匠给毁了，这是典型的"不胜其任"，饭桶啊。为什么要听饭桶工师的，不听寡人我这么英明的方案？孟子提到，工师是从小就学土木工程的专业人士，齐王以外行领导内行，要求"姑舍汝所学而从我"，放弃专家意见听领导的话，这最后会怎么样？

关于"工师"这一身份，见于战国印信，其多有"攻（工）师"玺印，如"东武城工师""工师之印"等。（罗福颐主编：《古玺汇编》，文物出版社，1994年，第26页）在齐宣王生活的齐国，官营手工业最基层组织的技术长官就是"工师"，而行政职务则为"轨长"（孙敬明：《从陶文看战国时期齐都近郊之制陶手工业》，《古文字研究》[第二十一辑]，中华书局，2001年，第201页），按此我们可以知道，"工师"属于当时工业、工程单位中典型的技术专家，而"轨长"则是行政领导。齐王要造宫殿，首先想到的不是找"轨长"，而是要找"工师"，这是看重了专门人才的专业性。齐王不去找轨长，显然知道轨长不那么专业，但是齐王又高估了自己的专业水平，对"工师"进行瞎指挥，于是就有了这外行领导内行的一幕。

孟子接下去说，现在有一块价值"万镒"的玉料，即值一万镒黄金的价格。镒的重量有学者据战国平安君鼎推算，为377.125—403.3克不等（丘光明：《试论战国的衡制》，《考古》1982年5期），也有根据战国三晋圜权铭文的"镒"，认为是297.69克的。（黄锡全：《介绍一枚新见多字圜权》，《出土文献》[第八辑]，中西书局，2016年，第51—52页）关于战国"镒"的重量，观点和结论不同，在此不拘泥细节，就算作比较低的估算为300克黄金，按照现代汇率也是上了十亿元的，孟子这个比喻是形容这块玉料极其珍贵。如此珍贵的玉料，孟子说那也得找专门的玉器匠人把它雕琢出来，而不是让齐王去瞎指挥这件玉料的细节应该怎么雕琢。人家雕好了，你去取走宝物就行了，这就是尊重专业人士的独立性。余英时先生指出，此处体现了孟子主张"专家政治"，"虽以国君之尊也不应对臣下横加干涉"。(《反智论与中国政治传统》，《历史与思想》，台北联经出版事业公司，1976年，第5—6页)

在历史上，君主刚愎自用，不听从"工师"一类专业人士意见的妄举，往往导致灾难。如南朝梁武帝为了攻取淮河流域的寿阳城，要建造巨大水库去进行水攻。《梁书·康绚传》记载，在造巨大水库之前，曾经"使水工陈承伯、材官将军祖暅视地形，咸谓'淮内沙土漂轻不坚实，功不可就'。上弗听，发徐、扬民率二十户取五丁以筑之"。参与工程地理勘察的祖暅，是大数学家祖冲之的儿子，其家学正是数学、计算和相关专业技术。《南史·祖冲之传》附《祖暅传》记载，说他"少传家业，穷极精微，亦有巧思。入神之妙，般、倕无以过也"，就连古代的鲁班这类最伟大的工程师，也赶不上祖暅的业务水平。陈承伯和祖暅这些专业人士都表示，在这种不坚固的地方建造巨大水库不可行。但是梁武帝根本不听这些专业人士的意见，固执己见地派出"役人及战士，有众二十万"，工地上死者堆积，苍蝇蛆虫昼夜横行，后来加上严寒，又是"士卒死者十七八"。北魏的尚书右仆射李平早就看出，这个巨大的"淮堰"是不靠谱的工程，一定会"不假兵力，终当自坏"。果然不出所料，大水库造好后不久，伴随着淮河水的暴涨，"堰坏，其声如雷，闻三百里，缘淮城戍村落十万余口，皆漂入海"(《资治通鉴·梁纪四》)。梁武帝的刚愎自用，不但害死了大量造淮堰的军民，而且还导致淮河流域十多万无辜民众死于洪水。不但如此，梁武帝还把罪责怪到祖暅身上，将其下入监狱。不但外行领导内行，搞出灾难，最后还顺手坑掉内行，可谓反面典型。梁武帝不但要干涉工程学，而且有时还化身医学权威。据《南史·梁元帝纪》记载，他的儿子萧绎曾经"初生患眼，医疗必增,武帝自下意疗之,遂盲一目"。面对儿子的眼病，梁武帝化身医生，亲自指导治疗，最终导致萧绎瞎了一只眼睛。对于这一医疗事故，梁武帝辩称已在梦中知晓萧绎是一位"托生王宫"的独眼和尚。他的医术水平不受质疑，因为这都是佛家因缘。

中国古代的军事领域，也往往要求君主尊重将领在军事业务方面的独立与专业性，不要以君权而横加干涉。冯唐曾告诉汉文帝："臣闻上古王者之遣将也，跪而推毂，曰'阃以内者，寡人制之；阃以外者，将军制之'。军功爵赏皆决于外，归而奏之。此非虚言也。臣大父言，李牧为赵将居边，军市之租皆自作飨士，赏赐决于外，不从中扰也。委任而责成功，故李牧乃得尽其智能。"(《史记·张释之冯唐列传》)冯唐指出，上古和先秦时代的君主，对于将领的军事业务完全给予充分信任与自由。出征之前就告诉将领，寡人只管理都城的大门以内，大门以外的广袤世界，都由将军您全权指挥。战国时期赵国名将李牧，就完全享有对军事业务的自由决策权，包括"军市之租"等经济账目，完全不受任何君主的干扰，因此可以充分发挥自己在军事上的专业能力，屡获战功。韩信也曾总结刘邦的胜利原因，说刘邦的军事能力最多只能指挥十万人，而自己能指挥的人数是"多多益善"。但刘邦作为君主，并不需要越级到将领的生态位去和将领比拼军事的专业技能，所谓"陛下不能将兵，而善将将"(《史记·淮阴侯列传》)。君主指挥和利用好将领即可，具体军事技术领域则交给将领，不要越俎代庖。在军事专业技术领域，以君权意志完全压倒将领所有空间的典型反面例子，就是宋太宗亲授阵图政策。宋太宗雍熙四年（公元987）五月，宋太宗"出御制《平戎万全阵图》"，"亲授以进退攻击之略"。（《续资治通鉴长编》卷二十八）出于对武将的不信任，宋太宗亲自设计作战布阵图，完全不考虑职业军人和具体战争的现实状况，以君权干预和胡乱指挥遥远的战场，导致一系列糟糕的战局，以及对后世的不良影响。据《宋史·王超传》记载："咸平、景德中，赐诸将阵图，人皆死守战法，缓急不相救，以至于屡败。诚愿不以阵图赐诸将，使得应变出奇，自立异效。"职业军人王德用告诉宋仁宗说，一直到宋真宗的时期，都还在执行宋太宗的阵图政策，让职业军人机械地"死守战法"，导致屡战屡败。如果能尊重职业军人在战场上的自由性与灵活性，达到"应变出奇"，自然就能取得良好效果。

在后世中国的政治思想与实践中，多有继承孟子这一传统，要求君主尊重执政专业人士，尤其是士大夫群体要求不受到君权的非理性干预。在儒家的政治观念中，君主的角色常常以"无为""恭己以正南面""垂衣裳而天下治"之类静默北辰星的姿态而出现，或者担任礼仪和德性的表率。程颐在《论经筵第三札子》中提出"天下治乱系宰相，君德成就责经筵"，君主是国家元首，宰相是政府首脑。天下治理，都是政府和宰相的工作，与君主无干。君主的重要任务，是通过经筵的学习，提升道德修养，成为一个礼仪象征。余英时先生在《朱熹的历史世界》中认为，程颐的这一要求，除了将天下治乱的专业性交给宰相，也包含了缩短君臣之间政治距离的含义。（余英时：《朱熹的历史世界：宋代士大夫政治文化的研究》，生活·读书·新知三联书店，2011年，第226页）而这一观念则遭到了乾隆的批判，因为乾隆坚决主张乾纲独断，凌驾于一切专业问题之上，甚至连最琐碎的新满文词汇，他都要横加干预，如汉文《尔雅》中的"蒙颂"，硬是被他生造出一个mosike的满语词出来。至于不守格律乱作汉诗，在字画上胡乱盖印等行为，都不外乎君权凌驾于一切专业规矩之上的狂妄。对语言、诗词、艺术等专业规矩尚且践踏，那么其对于可能分割君权的政治专业性诉求有多么反感，就可想而知了。

　　西方君主也有想跨界把自己触手伸向专业领域的尝试，如1608年11月10日英王詹姆斯要求大法官准许国王从法院拿走一些案件来裁决。国王认为，法律以理性为基础，法官有理性，自己也有理性，因此也可以裁决。但这一要求遭到了大法官爱德华·柯克的拒绝："陛下对于英格兰国土上的法律并没有研究，而涉及陛下之臣民的生命或遗产、或货物、或财富的案件，不应当由自然的理性，而应当依据技艺性理性和法律的裁判来决定。而法律是一门需要长时间地学习和历练的技艺，只有在此之后，一个人才能对它有所把握。"（［美］小詹姆斯·R.斯托纳：《普通法与自由主义理论：柯克、霍布斯及美国宪政主义之诸源头》，姚中秋译，北京大学出版社，2005年，第48页）英格兰的法律，由于涉及历史上无数地方性判例和各类混杂不清经验，其复杂性和专业性的门槛其实高于成文法典的地区，法律人需要接受长期的训练，熟悉大量判例和具体案件才能承担该职业。国王所说仅靠自己有"理性"，显然是远远不够的，属于一种妄自尊大。孟子若见到柯克大法官回怼詹姆斯大王，一定会抚掌称善，点上一个大大的赞，因为柯克面对君权的僭越，守护了司法的专业性防线，就像孟子所说的"工师"一样，他们守护好自己的专业领域，拒绝任何外行以权力的名义对内行横加干涉，而不是外行去指挥内行。

各个不同生态位的角色，其实需要各种不同的专业训练和分工。《淮南子·主术训》中说："古之为车也，漆者不画，凿者不斫，工无二伎，士不兼官，各守其职，不得相奸，人得其宜，物得其安，是以器械不苦，而职事不嫚。夫责少者易偿，职寡者易守，任轻者易权，上操约省之分，下效易为之功，是以君臣弥久而不相厌。"就是描述包括士人、工官等专业之职，都有详细的专门技术分工，甚至具体到掌管造车的技术部门。负责上漆的不负责绘画，各司其职，保障其不同的专业技巧，分工协作，这样才能长期保障君臣之间治理合作的协调。并且认为，"君人之道，其犹零星之尸也，俨然玄默，而吉祥受福"，即君主的专业角色，应该像祭祀中扮演神或祖先的"尸"这一角色一样。像个泥菩萨沉默不语，则可以得到吉祥与好处。传统古典华夏标准的君主角色，虽说更倾向于"恭己以正南面"的礼仪性角色，但也是需要很多人格和思维方式训练的。以宋仁宗为例，宋人也都知道，宋仁宗"百事不会，只会做官家"，是个非常合格的职业君主。对于一个宋朝式标准君主的"君德"，他应该遵守"祖宗之法"，各类"条贯"，除了垂拱而治的礼仪性角色，还需要平衡好"简出睿断"的一面。而垂拱而治和"简出睿断"角色之间，其实是比较矛盾的，这就要求很高的平衡能力与灵活掌握的尺度。（吴钧：《宋仁宗：共治时代》，广西师范大学出版社，2020年，第495—502页）所以"只会做官家"这一专业，其实需要的训练和要求也非常之高，除了经筵等教育提供的经史之学训练，其中还涉及大量难以诉诸文字学习的默会知识。换言之，君、臣也都具有各类不同的生态位专业训练要求，都不是简单粗暴越界就能扮演好的。

　　甚至作为"臣"一方的各类职业角色，需求的训练和专业性又各不相同。一些专业职位，古人认为其专业性最好由家族传承，以"工匠精神"的方式将家族口耳相传的默会知识与职业精神传承下去。所谓"苟官世其家而不美其绩，鲜矣；废其职而欲善其事，未之有也。若刘累传守其业，庖人不乏龙肝之馔，断可知矣"（《南齐书·崔祖思传》）。夏朝的豢龙氏家族，就是负责世代养鳄鱼的官职，如果他们的家族职务能够传承，夏王也就能够随时吃到鳄鱼肉。类似的，商朝有世代制作酒器的"长勺氏"小官家族，有负责掌管制造陶器的"陶氏"小官世家，"殷民六族"和"殷民七族"，很多都是类似有专属职业性的技术性小官家族。《智鼎》铭文"王若曰：'智！命汝更乃祖考司卜事'"（《集成》02838），记载了一个世代负责掌管占卜的技术官员家族。又如史官，西周《史墙盘》铭文中（《集成》10175），记载了一个史官家族，连续七代人连续担任史官的家族技术业务传承。史家司马迁，也是继承了父亲司马谈的史官家学，担任太史令官职，将其业务发扬光大。很多史官家族，世代以史官的职业操守、职业道德进行传承，如著名的晋国董狐，齐国的太史三兄弟与南史氏，为了秉笔直书甚至一家献出生命，这种精神往往可以通过家族的家风进行传承。王安石《答韶州张殿丞书》中就说："自三代之时，国各有史，而当时之史，多世其家，往往以身死职，不负其意。"孟子就主张通过家族传承，"仕者世禄"，"所谓故国者，非谓有乔木之谓也，有世臣之谓也"。（《孟子·梁惠王下》）封建时代，通过家族传承的官职，往往能比较好地继承发扬具有工匠精神特点的专业性、职业性，独立于君权之外。但其弊端，则是不利于平民精英的上升，因此在汉代、宋代两次平民化崛起的过程中，以家族传承方式保持专业技术的模式逐渐边缘化。

汉代人理解的宰相专业角色，是"宰相者，上佐天子理阴阳，顺四时，下育万物之宜，外镇抚四夷诸侯，内亲附百姓，使卿大夫各得任其职焉"（《史记·陈丞相世家》）；或是"三公典调和阴阳""宰相不亲小事"（《汉书·丙吉传》），都表明汉代宰相的专业角色，不是具体去掌握或管理钱粮、账目、刑罚的细节，而是从宏观甚至略带神秘宗教色彩的调和阴阳角度，去协助天子进行治理，维持宇宙的平衡和秩序。具体的事务，则交给具体的卿大夫去完成。到唐代，宰相都有调理阴阳的色彩，如杨再思为宰相时，长安水灾，牛车夫抱怨说"宰相不能和阴阳"；久视二年春下大雪，王求礼认为"宰相燮和阴阳，而季春雨雪，乃灾也"；杜景佺说"臣位宰相，助天治物，治而不和，臣之咎也"；苏环担任宰相，也说"宰相燮和阴阳，代天治物"。（《新唐书·杨再思传》《新唐书·王求礼传》《新唐书·杜景佺传》《新唐书·苏环传》）而宋代的宰相，却从抽象坐而论道或协调阴阳的角色，变得更加务实，王禹偁在《待漏院记》中说宰相肩负着"一国之政，万人之命，悬于宰相"，包括程颐所说"天下治乱系宰相"，很多时候作为决策者，是需要决策者思维的养成和训练的，都需要一定的专业性。宋代人自己也认为，唐代宰相有和君主"坐而论道"的身份色彩，而宋代宰相拥有了更多具体的政治决策权，因此"每欲从容讲论治道，但患进呈文字频繁，所以不暇及"。唐和五代负责和皇帝坐而论道的部分，转移到了代表士大夫道统的经筵讲官那里。（邓小南：《祖宗之法：北宋前期政治述略》，生活·读书·新知三联书店，2006年，第222页）而君主也需要尊重这种专业性，厘清自己角色的专业，维持好与宰相及其他大臣各自角色的边界。

儒学是鼓励平民模仿做贵族的学问

中国历史上有两波贵族社会瓦解和进入平民社会的浪潮，第一次是从春秋晚期到秦朝、西汉早期，第二波便是著名的"唐宋变革论"描述的晚唐五代以后进入了真正近世的平民社会，其影响一直至今。春秋晚期到秦朝，不是上古以来的老牌贵族都基本被铲除了吗？那怎么到"唐宋变革"时期又要重新走出"贵族社会"？实际上，中古时代的贵族士族，是汉代以来儒学为了重建社会，从当时平民精英中新造出来的，深刻影响了此后一千年的历史。有人会问，说贵族有啥了不起的，秦始皇面前大家都平等了，为啥又要重新造出来？不平等，开历史倒车吗？实际上，前现代社会的生产水平、物资流通能力都很低下，要依靠一套纯官僚系统"一竿子"覆盖到农村各地基层的最末梢，由于统治成本太高，因此只能使用"秦政"一类的方法，让基层彻底散沙化、利用人性恶鼓励其互相揭发、连坐、互相盯梢的方法，才能以有限的成本依靠基层官僚或半脱产的各类半体制基层人员，甚至很多服"吏役"的人，对社会进行管制，建立秩序并汲取资源。在这种体制下，没多少"贵族"空间，相当于所有人"平等地"给秦皇当奴才，而这种"平等"其实也不太平等，由于没有产权关系，高级奴才虐杀低级奴才反而比贵族更随心所欲，所以秦始皇陵周边山任窑址、赵背户居赀之类的"低级奴才"修墓人尸骨坑就特别壮观且残酷。一直到西汉早期，仍然是这样一种非贵族化的"平等"社会，汉景帝阳陵、汉武帝茂陵旁边都是堆积了上万具的尸骨。

汉儒重建社会，其实是鼓励平民精英模仿早期的贵族，建立宗族等有自组织能力的小共同体，再覆盖到乡里，成为地方上的凝结核，把秦和西汉以来那种垂直皇权一竿子捅到底的结构给部分架空起来。赵翼在《廿二史札记》中就发现，"汉初布衣将相之局"，而"东汉功臣多近儒"，建立了西汉的一帮君臣基本是秦朝时候的平民和小吏，因为秦铲除了几乎所有传统贵族。而建立起东汉的一帮人则是以儒风传家的豪族，这些新出现的豪族，便是汉儒重建社会后出现的地方新凝结核。顾炎武在《裴村记》中曾谈过亲身经历，对基层大族、豪族之类的凝结核功能，给予了很高评价："予尝历览山东、河北，自兵兴以来，州县之能不至于残破者，多得之豪家大姓之力，而不尽恃乎其长吏"；"夫不能复封建之治，而欲借士大夫之势以立其国者，其在重氏族哉，其在重氏族哉！"（《顾亭林诗文集》卷五）实际上，贵族在历史上有一项重要功能就是执行地方自治，托克维尔在《旧制度与大革命》中也对传统贵族在地方上治理的功能，给予了积极的评价，并认为法国大革命的灾难，至少有一项重要原因在于中央集权化的过程中剥夺了贵族对地方的治理权，过去法兰西贵族在地方上，需要"确保公共秩序，主持公正，执行法律，赈济贫弱，处理公务"（［法］托克维尔：《旧制度与大革命》，冯棠译，商务印书馆，2012年，第73页）。贵族们是"多少世纪中一直走在最前列的阶级，长期来发挥着它那无可争议的伟大品德"，但法国王权的崛起和中央集权剥夺了贵族的地方治理权，贵族沦为了被巴黎豢养的金丝雀，人们只相信各种鼓吹抽象原理和"理性"的文人，而这些沉溺在抽象观念中的文人根本没有治理经验，导致了一系列的灾难。贵族社会当然是不平等的，但在近代工商业市民社会崛起之前，贵族对于社会治理的积极功效仍然是不可被替代的，它使社会免于各种秦政的荼毒。

中国历史上最早面临贵族社会瓦解，是在春秋晚期，所谓"栾、郤、胥、原、狐、续、庆、伯，降在皂隶"（《左传·昭公三年》），大量的老牌贵族家族没落，平民开始登上历史舞台，这是孔子生活时代的背景。在过去，地方的治理、文化的传承依赖于各地的贵族家族，但随着这些家族的没落和瓦解，如何从平民中选拔精英，让他们去肩负过去贵族承担的工作，就成了摆在眼前的紧迫事务。孔子打破过去封闭在贵族圈的"王官学"教育，将贵族知识传授给平民精英，就是重建了华夏民族的造血机制，从平民中不断造出新的贵族，他们掌握着组建小共同体和进行地方治理的能力，这样再混乱，社会也不会解体。孔子的学生，很多是平民出身，如"子贡、季路，故鄙人也"（《荀子·大略》），即子贡和子路是平民出身，像颜回这种虽然出身颜氏，却是非常贫穷的没落贵族，生活状态是"一箪食一瓢饮"，其实也是平民了。余英时在《士与中国文化》中指出，这一时期常出现"士庶人""士庶子"，表明低级贵族"士"和平民"庶人"之间的界限已经非常模糊。（余英时：《士与中国文化》，上海人民出版社，2013年，第78—79页）在银雀山汉简《禁》篇中，也有"士庶人不麛不卵"（银雀山汉墓竹简整理小组：《银雀山汉墓竹简（贰）》，文物出版社，2010年，第208页），其文本形成的战国时期，士庶人之称当为一种流行词语。应该说孔门弟子，其实大

托克维尔，强调贵族在地方治理上的积极意义

部分都属于"士庶人""士庶子"这类阶层，甚至孔子本人，其出身其实也是这个阶层的。士庶人的出现，显示了贵族知识文化向平民精英流动的过程。萧公权指出："孔子非抑旧贵族而使下皂隶，实乃提升平民而令上跻于贵族也。就此论之，孔子固不失为旧制度之忠臣，亦同时为平民之益友。"（萧公权：《中国政治思想史》，商务印书馆，2017年，第58页）这里的"旧制度"就是指封建和贵族的时代。孔子并不反对封建和贵族的旧制度，但又重视打破缺口，给精英平民留出机会，让他们能接受贵族的军

事和文化技能，尤其是继承一些传统贵族的价值观念，既是保留火种，也是参与给华夏文明造血的机制。这种平民精英与贵族之间的"外形模糊，界限不清"，正是托克维尔所赞许的英国社会平民中产阶级与贵族联合起来，其贵族社会文化具有开放性的特质。（［法］托克维尔：《旧制度与大革命》，冯棠译，第130页）

西汉儒者重建社会，鼓励平民模仿过去的贵族，给自己造姓氏。田余庆先生指出，应劭《风俗通》佚文《姓氏》及王符《潜夫论》的《志氏姓》中就记载了很多汉代出现的新世家。"内容与先秦的《帝系姓》《世本》等专记帝王诸侯大夫谱系者有所不同，多有两汉时形成壮大起来的宗族。"（田余庆：《秦汉魏晋史探微》，中华书局，2012年，第84页）西汉文景时期出现的仓氏、库氏，汉朝忽然出现的鞠氏、濮阳氏、沐氏、薄氏、博氏、郭氏、职氏、邺氏、集氏、袭氏等，都是秦朝平民家庭，他们在汉代自己搞出姓氏，然后形成了世家大族。仪征胥浦101号西汉墓出土竹简《先令券书》"公文年十五，去家自为姓，遂居外"（《文物》1987年1期），很生动地显示了西汉时期平民自己创造姓氏"自为姓"的情景。先秦时代只有贵族才有姓氏，"百姓"最早是指贵族，《尚书·酒诰》中把这些贵族称为"百姓里君"。徐复观先生发现，在西汉中期以后，平民普遍都有了姓，而姓的普及，对于族的重建是重要的。"无族之家，孤寒单薄，易于摧折沉埋。有族之家，则族成为家的郛郭，成为坚韧的自治体，增加了家与个人在患难中的捍卫及争生存的力量。"（徐复观：《两汉思想史》第一卷，第192页）在此之前，普通平民都只是黑娃、狗蛋之类的名字，如云梦四号墓出土秦木牍中的家书，秦兵的名字分别叫"黑夫""惊"，黑夫按现在叫法就是"黑娃"，"惊"可能就是他母亲生他时候受了惊，就拿来当作名字，总之没有姓，而且名字很随意。汉初凤凰山汉简中也是"不敬""獲从""畜""豹""熊""醉"之类的奴婢名字，以及"击牛""野""厌冶""立""越人""胜""虏"之类的农民名字，几乎没有姓。而经过汉儒的努力建设，西汉中晚期的普通民众，都开始模仿先秦贵族，建立了自己的姓氏。如在居延汉简上所见普通士兵名字："李延寿""周万年""赵延年""李寿""张彭祖""薛去疾""周千秋""王安世"之类，这些名字会让我们现代人感到更加熟悉。早在两千多年前，中国平民就模仿贵族，全面普及了姓氏，这在人类史上是极其独特的现象。

欧洲、日本和朝鲜平民普遍获得姓氏这一过去贵族才有的事物，要迟至十九世纪了。以德国一些平民姓为例，由于平民不知道姓氏为何物，因此十九世纪开始在平民中推广姓氏的时候，很多人干脆拿自己职业作为姓氏，非常随意，如Muller是磨坊主，Schmidt是铁匠，Schneider是裁缝，Fisher是渔夫，Weber是纺织工，Wagner是车轮工匠，Becker是面包师。在日本，要到1870年颁布《平民苗字容许令》、1875年颁布《平民苗字必须令》，平民才广泛获得姓，和欧洲一样，他们对造新姓氏非常随意，住在井边的叫井上，住在山旁边的叫山口，养狗的叫犬养，田边有水池的叫池田，住在松树下的叫松下，诸如此类。1819年从日本萨摩漂流到朝鲜的安田义方在笔谈中自称"以庶民之类，无姓无实名者，我日本通例也"（［日］安田义方：《朝鲜漂流日记》卷一）。在朝鲜半岛，平民也是长期没有姓氏，朝鲜李朝时期，"两班"贵族拥有姓氏。到19世纪，朝鲜半岛平民开始普遍使用姓氏，最终1909年韩国颁布《民籍法》，将姓氏覆盖到全体国民，这已经是20世纪早期了。古代中国的敌对人群匈奴，其平民一样是没有姓氏的，《史记·匈奴列传》说匈奴"其俗有名不讳，而无姓字"，《汉书·匈奴传》中说"单于姓挛鞮氏""其大臣皆世官。呼衍氏，兰氏，其后有须卜氏，此三姓，其贵种也"，即匈奴只有最高首领单于家族和特别高贵的贵族首领才有姓氏。《魏书·官氏志》记载"代人诸胄，先无姓族"，即拓跋鲜卑也没有姓氏，一直到"至献帝时，七分国人，使诸兄弟各摄领之，乃分其氏"，即分国人之后，鲜卑贵族才最早搞出了姓氏。《周书·异域上·獠传》记载说，南北朝以来南方汉中到巴蜀的獠族群落，也是"俗不辨姓氏，又无名字，所生男女，唯以长幼次第呼之"，不但没有姓氏，甚至只是以长幼顺序作为代号来称呼人。《隋书·西域传·附国》中也说，巴蜀西北岷江上游地区的西南夷人群"其人并无姓氏"。此外，根据朝鲜人"燕行录"的记载，满洲人原本也没有姓氏，但是入关之后逐渐模仿汉人平民，也开始搞出自己的姓氏，如果母家是汉人，就用母家的汉姓，"否则别作姓氏"（［朝鲜］吴道一：《丙寅燕行日乘》，《燕行录全集》第29卷，东国大学校出版部，2001年，第178页）。

　　纵观世界范围，古代平民基本都是没有姓氏的。即使是最古老的"世界文明古国"古埃及，人们也是没有姓氏的。即使父母身世显赫，古埃及人也只能是将父亲或母亲之名，与自己之名加以连接。但是没有姓氏这种家族共同体的符号。（李晓东：《古埃及传记文献研究》，商务印书馆，2022年，第32—33页）中国的西汉中期以前，尤其是普通民众，也是这种情况。《新唐书·张说传》中就记载，武则天曾经问张说："中国上古时期是否没有现在那么多的姓氏？"张说回答说："古未有姓，若夷狄然。自炎帝之姜、黄帝之姬，始因所生地而为之姓。其后天下建德，因生以赐姓，黄帝二十五子，而得姓者十四。德同者姓同，德异者姓殊。其后或以官，或以国，或以王父之字，始为赐族，久乃为

姓。降唐、虞，抵战国，姓族渐广"，最终是"下及两汉，人皆
有姓"。即中国上古时期和周边族群一样，所有人都没有姓。后
来从黄帝、炎帝开始创造姓氏，贵族家族们开始拥有了自己的姓
氏。贵族们的姓氏，要么来自世袭的官职，要么来自自己封国的
国名，要么来自爷爷的"字"。一直到了两汉时期，民间才普遍
建立起姓氏。顾炎武就指出"古之得姓者，未有不本乎始封者
也"（《日知录》卷二三"氏族"条），即拥有封地的贵族，才能
获得氏和姓。"百姓"这个概念，最早是指贵族，指众多（上百）
有姓的贵族群体。如梁启超所言"百姓为贵族专称"（梁启超：
《中国上古史》，第88页），杨树达言"百生之非庶民如今语之
义"（杨树达：《积微居金文说》，上海古籍出版社，2006年，第
335页）。而广大的平民，一直到汉初，都是没有姓的。从《尚
书·尧典》开始，"平章百姓"就是上古贵族的特权，而随着平
民模仿贵族获取姓氏，久而久之，"百姓"便成为了汉语中平民
的称呼，这一方面固然是上古贵族在秦以来消亡的历史，而另一
面，这也是中国平民很早就模仿贵族化了的一个印迹。当然，汉
代以来平民新造的姓氏，也和先秦贵族文化中的姓氏有明显差
异，因为周代贵族是男子获取封地以后建氏，女子称姓，而汉代
建立的姓氏，也就是我们现代人仍然在使用的姓氏，则是顾炎武
所说"自秦以后之人，以氏为姓，以姓称男"（《原姓》，《顾亭林
诗文集》卷一）。

　　有现代学者认为，国家出于征税、兵役和管理的需要，热衷
于创造和推广姓氏。（辉格：《群居的艺术：人类作为一种物种的
生存策略》，山西人民出版社，2017年，第109—111页）但其所
举例子，主要是日本明治维新、凯末尔之后的土耳其，以及伊朗
巴列维王朝等近现代国家的例子。这种解释，其实只能说是说对

了一半，即近代民族国家以来的政府基于现代科层管理的要求，近代国家国民平等观念的出现和流行，以及包括税收、兵役、司法等各方面的需要让民众建立姓氏。但是，在漫长的前现代社会中，世界各地的"国家"对此都兴趣不大，即使是十二、十三世纪的英国为了征税，也只是在档案中稳定了"旁名"，而不是让平民建立贵族一样的姓氏、纹章和家谱。如果"国家"天然喜爱创造姓氏，那么就无法解释商鞅变法以后的秦国，一直到秦朝灭亡的一百五十年漫长时间中，有如此强大税收和兵役管理动机的"国家"，却从来没有在民间推行过姓氏。没有姓氏的名，加上具体的郡、县、乡、里、爵位的身份登记，对政府来说已经是足够精确了。而民间搞出姓氏，恰恰是一种小共同体的自组织资源，这和"不分异者，倍其赋"的秦制精神，是完全相违背的。中国平民获得姓氏，恰恰是儒家学说被去罪化，废除了《挟书令》等秦制后，儒家进入民间生活，积极参与重建社会，将模仿贵族文化的种子撒播向全社会之后的结果，而不是什么"国家"的积极推行。

　　当然，汉代国家还是鼓励官员作为新贵族建立姓氏的，张家山三三六号墓出土汉文帝时期竹简《功令》中，就对有"汉以来功劳"的官员，提供了记录其功劳和官爵的标准格式，其中的一项登记内容就是"姓某氏"（彭浩主编：《张家山汉墓竹简[三三六号墓]》上，文物出版社，2022年，第97页），就是要求这帮有功劳官爵的新贵，建立自己的姓氏，这是一种有官爵者的特权。《史记·高祖功臣侯者年表》中，就有这样的痕迹，如芒侯"昭"没有姓，但《集解》指出在《汉书》的年表中，他的名字就有了"髟"这个姓，"髟"的意思是"多须发"，这位"昭"很可能就是根据自己头发胡子茂密这一特点，在封侯后建立起自己"祢"的姓氏。又如棘丘侯"襄",《索隐》说他是"史失姓",将其假设为有姓的。但其实真实情况应该是,这位"襄"在秦朝跟随刘邦在芒砀山当群盗的时候,本来就和当时一般黔首一样,压根是没有姓氏的。又如煮枣侯"赤",《索隐》指出在《汉书》年表中作"革朱",革音棘,上古音都在见母职部,以棘为姓。这位"赤",应该是后来搞出了自己的"棘"姓。另外据《汉书·百官公卿表下》又记载有"煮枣侯乘昌",王先谦《补注》引钱大昕,说乘昌是革朱的孙子。(〔清〕王先谦:《汉书补注》贰,上海古籍出版社,2012年,第932页)但是"革"和"乘",上古音分别在见母职部、船母蒸部,声钮和韵部都比较远,因此并不是通假字。这就意味着,煮枣侯这个家族,可能进行过两次姓氏登记,第一次登记为棘,也通假为革。后来又再次登记为"乘"姓。这种姓氏的不稳定性,恰恰是新获取姓氏人群的特点。汉代的一些官僚精英,有时甚至以自己的官职作为姓氏,"孝文时,吏居官者或长子孙,以官为氏,仓氏,库氏则仓库吏之后"(《汉书·王嘉传》);"尉"这个姓,也是"秦、汉置尉候官,其先有居此职者,因以氏焉"(《北齐书·尉景传》)。

从这些材料来看,汉代国家是鼓励新贵建立姓氏这些高大上特权的,而不是鼓励平民去建立姓氏。如果是国家基于征税、兵役、劳役等原因而推广姓氏,那么恰恰应该是首先在编户齐民中先推广姓氏才对。但历史材料恰恰相反,汉代国家最初是在享受各类特权的封侯、军功爵官僚集团中推广姓氏这种高大上的东西。从凤凰山汉简等材料来看,汉初文景时期的底层民众依然和秦朝一样,使用单字名。西汉中期以后社会上普通平民获取姓氏,是伴随着儒学在社会上传播后的结果,即平民们也模仿这些高大上的符号,也"贵族"了一把。

前面所说仪征胥浦出土西汉竹简《先令券书》中的平民"自为姓"现象。在海昏侯大墓中出土了竹简《卜姓》一篇，其中提到了戴氏、高氏、董氏、任氏、张氏、王氏、石氏、李氏、史氏、朱氏、周氏、韩氏、陈氏、魏氏、荣氏、淳于氏、公孙氏、射氏、虞氏等众多姓氏。（*赖祖龙：《海昏竹书〈卜姓〉〈去邑〉初释》，朱凤瀚主编：《海昏简牍初论》，北京大学出版社，2021年，第268—278页*）这些姓氏分别被归纳于八卦中，每个卦对应着一堆姓氏。如乾卦就对应着戴氏、高氏、董氏、任氏、卫氏，其爻是於氏、范氏、石氏、吕氏。显然，这是通过占卜来指定或确定一个姓氏的方法。实际上，汉代人获取姓氏的方式，除了用仓氏、库氏或者车氏之类职务，或者以"第五"等居住地获取，一些儒家人士还有通过占卜来获取姓氏的方式。先秦贵族就有通过占卜来确定一个即将被纳入到贵族群体的低级身份者姓氏的方式，《礼记·曲礼上》记载："买妾不知其姓，则卜之。"一个贵族从没有姓氏的低级身份女性中获得一名妾，可以通过占卜来给她建立起一个低级贵族姓的符号。汉儒多讲"吹律定姓"，就是通过吹奏音乐，通过音来占卜出一个姓氏。（*《白虎通·姓名》*）《孝经援神契》一类的汉儒纬书，也热衷于吹嘘"圣王吹律定姓"，即远古贵族是通过音律占卜来建立自己姓氏的。汉朝著名的易学家京房，本来是姓李，后来因为搞"吹律定姓"，就改成姓了京。（*《汉书·京房传》*）而且有意思的是，海昏竹简《卜姓》中八卦的卦序，正好也是京房八宫卦卦序的原型。从这种联系也可以推测，这种以占卜建立姓氏的卦，与京房"吹律定姓"之间具有演化与联系。海昏侯学过儒学，退位时都还能引用《孝经》来为自己辩解，其墓中随葬有《齐论语》等儒书。他的墓中也随葬《卜姓》，很可能也是汉儒通过占卜来给人建立姓氏的一种书籍。从这也能看出，汉儒在社会上推广姓氏的情况。

按照法国学者库朗热的研究，古罗马时代的平民们是通过模仿当时的贵族家族样式而学会了组建自己的氏族（［法］库朗热：《古代城邦：古希腊罗马祭祀、权利和政制研究》，谭立铸等译，

西方贵族的家谱，1603年英格兰和苏格兰王室家谱树

第90页），那么我们可以说汉代的中国平民精英们，是通过模仿儒家古籍中记载的先秦贵族价值观，来建立起他们新的自治小共同体。中国平民在世界范围内，最早获得姓氏，这是非常奇特的现象，是儒学渗入民间重建社会和造血机制的产物。我们很多时候对此不敏感，恰恰是因为不识庐山真面目，只缘身在此山中，蒙蔽了自己的双眼。

我们熟悉的中国平民形象是人人有姓氏，重视家庭价值、喜欢传宗接代、喜欢搞家谱，每个人都觉得自己家庭像是有"王位"需要继承一样，而且哪怕是个农民也要把朋友家尊称为"贵府"。一些"启蒙"以后的知识分子或受过"高等教育"的人，对此嗤之以鼻，觉得这些都是土得掉渣的东西，觉得这是愚昧落后和loser（失败者）价值观。实际上，如果从世界史的维度来看，中国平民的这些趣味都具有非常贵族化的倾向，在世界范围内非常独特。以姓氏和家谱为例，在世界范围内这都是贵族才能享有的特权。在古代夏威夷岛，几条酋长的统治世系，可以追溯到二十代以上，有专人负责背诵这些祖先世系。"普通平民不许记录他们的世系，禁止他们接近最高酋长记载贵族世系的专职人士，这使得酋长和平民之间形成了截然分明的隔离界限。"（陈淳：《文明与早期国家探源：中外理论、方法与研究之比较》，上海书店出版社，2007年，第246页）就是说，拥有祖先世系的记录，只能是贵族特权，平民不得拥有祖先世系。这些贵族酋长自己也喜爱背诵、歌唱这些祖先的谱系："凡贵族都以门第自豪，他所豢养的歌人也就把恩主的世系背得烂熟。'背诵酋长们的世系使他们感情上得到极大的满足。'"（［美］罗伯特·路威：《文明与野蛮》，吕叔湘译，生活·读书·新知三联书店，1984年，第202页）《旧约》《黄金史纲》《蒙古秘史》《蒙古源流》之类的，都是这种"某生某"的形式，记录贵族祖先的谱系。类似地，古英国《盎格鲁撒克逊编年史》将王室世系追溯到《旧约》祖先，欧洲贵族还有专门的"家谱树"来记载贵族家族的谱系，如著名的哈布斯堡家族，英格兰和苏格兰王室也各有自己的家谱树，此外如巴尔努埃沃、本德尔图尔科、美第奇等家族也都有家谱树。古代玛雅贵族的祖先谱系，也跟《旧约》类似，一直追溯到神话时代的祖先。我国西藏地区《青史》《红史》也记述吐蕃时代，以及阿里、蒙古等不同王统贵族的祖先谱系。我国西南地区的彝族，其黑彝贵族，也都以背诵祖先谱系为荣，多能背诵出几十代的谱系，甚至几百个祖先的名字。而平民，则没有这种祖先谱系。

中国平民通过姓氏、家谱和模仿古代贵族家风，出现了一系列的新贵族，如钱穆先生所言："魏晋南北朝下迄隋唐，八百年间，士族门第禅续不辍，而成为士的新贵族。"（钱穆：《国史大纲》，第561页）中古时代这些新贵族的祖先，很多在秦汉时代还是普通平民，最典型的就是东晋宰相庾亮的家族，《后汉书·郭太（泰）传》记载庾亮的祖先庾乘："庾乘字世游，颍川鄢陵人也。少给事县廷为门士。林宗见而拔之，劝游学官，遂为诸生佣。后能讲论，自以卑第，每处下坐，诸生博士皆就雠问，由是学中以下坐为贵。"庾乘最初只是一个门卫，但在郭林宗的鼓励下学儒，最后成为大学者，并以这种贵族家风传家，最终成为新的贵族世家。琅琊王氏最早的祖先王吉，在汉代身份也不高，"汉有荫子制度，大官之子不必在郡作吏。所以其父祖最多是地方掾吏，甚或未仕。王吉出仕似乎全凭自己的才学与品德，因为'好学明经'，获得一个吏，吏的地位甚低，何况又是在郡国里做吏"（毛汉光：《中古大士族之个案研究：琅琊王氏》，黄宽重、刘增贵主编：《家族与社会》，第171页）。尽管最初出身低微，但凭借对先秦贵族知识"明经"的深入研究，并将其与家风融为一体，最终慢慢上升为有声望的士族，并在东晋南朝以来成为限制皇权，凝聚社会、传承文化方面最重要的贵族家族。东晋宰相谢安的家族陈郡谢氏，祖先在汉代都还是普通平民，后来到汉末或曹魏时期，也是通过学儒模仿贵族，逐渐脱颖而出。

　　唐宋变革之后，汉末以来形成的中古时代"新贵族"离开历史舞台，进入了平民社会，宋代儒家的处理方案是鼓励平民全面模仿贵族。如果说中古时代是以一个班级出十几个尖子生的方式来保持班集体的平均成绩年级排名的话，那么宋儒的方案就是让全班同学都达到及格分数甚至七十分，以此来保持这个班集体的年级排名。宋儒鼓励平民模仿古代贵族，兴建宗庙——古代帝王和大贵族才能享有的祖庙，如张载鼓励平民像古代的下层贵族一样，祭祀三代的祖先，程颐、朱熹甚至主张平民可以祭祀五代以来的祖先。此外，宋儒将家谱文化向社会全面推广开来，随着纸、印刷术、识字率的普及，古代贵族文化渗入到普通农民的家庭。宋代开始，普通的中国人潜意识中都以贵族标准要求自己，给父母立墓碑上，使用"先妣先考"这种殷周时代商王、周王、大贵族才使用的称呼，在家里珍藏祖先的家谱，甚至有像先秦诸侯一样供奉多位祖先神位的家庙，多收获了几担谷子就要送子弟去读书，读的全是上古贵族治国的方案，如《尚书》；也有上古贵族圈子内说黑话的切口，如《诗经》；还有贵族吃饭穿衣等礼仪风范细节的《礼记》等。在日常生活中，平民也以上古贵族"君子"这个称谓来标榜自己的品位，动辄讲出"君子爱财，取之有道"。如果考上科举，就要当"大人"——也是上古贵族的称呼。在潜意识中，由于每一个农民将自己的家视为城堡，自己相当于城堡的领主，因此将朋友家的农民院子称为"贵府"，一位有"家谱树"的领主，当然会对自己的"王位"自豪，希望将"王位"传递下去。宋代以来中国平民的这种贵族化倾向，反映的恰恰不是loser和土鳖，而是贵族文化的普及和下渗。

这种遍地"贵族"的趣味，在世界范围内是极其罕见的，其流风余韵延续至今，当看到一个普通农民或贩夫走卒在街边讲自己家有家谱，并请教陌生人"你贵姓"，讲自己奉行"君子爱财，取之有道"的价值观，并将一个农民院子称为"贵府"时，其实仔细看去，这分明是一个以潜在贵族标准自居的人在说话。在了解到这个背景后，如果再有人问"你家难道有王位要继承"的时候，你就可以告诉他，我家确实有"王位"要继承。我们这个民族，就是由上亿个"有王位要继承"的古老小共同体凝聚和组成的。

天命和民意

　　天命观念最初是周人提出来的，商朝的天帝是商王室的祖先神，商王族的统治合法性就源自他们是神子神孙，纣王在周人崛起并严重威胁到商朝的情况下，仍然非常自信地表示"呜呼！我生不有命在天！"(《尚书·西伯戡黎》)他自信是因为他是合法的天帝子孙，其神子神孙的高贵血统，注定了要受到天帝保佑。但牧野之战和周公东征分别消灭了纣王和武庚，"生不有命在天"的合法继承者消失了，周人便提出了天命转移的观念，所谓"皇天上帝改厥元子"(《尚书·康诰》)，作为方国联盟盟主的天子，如果不能很好履行自己盟主的职责，保护各方国成员们的利益，天帝便会放弃对盟主家族的保佑，转而选择另一家族将其取代，而不是只有一家神子神孙永恒坐庄。周人提出"皇天无亲，惟德是辅，民心无常，惟惠之怀"(《尚书·蔡仲之命》)，天帝没有血缘亲属，他选择的天子是模拟的父子关系，不再是商代理解的真实血缘，天命不断变动，选择有德的家族成为天子。这种选择，又和变化莫测的"民心"发生了联系。周人在政治思想上提出新的"天命"概念来取代殷商古老的太阳神王族信仰，将先王与上帝分开来，周人的"天"不再是神秘莫测的巫术超自然神力，而是具有"德"这种政治伦理判断的神圣仲裁。（张光直：《中国青铜时代》，第306—307页）这样，就产生了以下逻辑：正因为周人遵守德性，所以重视德性的上天才会支持周王战胜了残暴的殷商，周王自然获取了"皇天无亲，惟德是辅"的天命合法性。正如卡西尔（Ernst Cassirer）所说："人们不再靠巫术的力量而是靠正义的力量去寻求或接近上帝。"（［德］恩斯特·卡西尔：《人论》，甘阳译，上海译文出版社，1986年，第129页）

甲骨、金文中的"民"字，郭沫若说是被刺瞎眼睛的"奴隶"，还说近代广东的"盲妹"就符合"民"的最初含义。这种说法，其实没啥道理，就像他解释甲骨文的"众"字，是太阳下面一群"奴隶"在劳动，也是没有根据的。因为"众"在商代社会地位并不低，商王迁都都要咨询"众"的意见，"众"是商代社会的主体人群，并不是什么奴隶。甲骨文中"众"字写作🔲（《屯南》4489）或🔲（《合集》28），是日字下面三个人，丁山就认为字形代表了"受日神保护的民众"（丁山：《甲骨文所见民族及其制度》，中华书局，1988年，第38页）；晁福林认为这个字形是"在火塘旁共同居住生活的众多的人，即殷商时代的氏族成员"（晁福林：《补释甲骨文"众"字并论其社会身份的变化》，《中国史研究》2001年4期）。无论是强调生活共同体，还是受日神保护的共同体，都是有一定身份的。同样，"民"字最初应该是人身体形象的描绘，和"人"字类似，人就是民，民就是人，就是本族的普通群众，周代的民也就是商代的众。"有关'众'的卜辞还可以认为是主要反映了殷代平民阶级状况"（朱凤瀚：《商周家族形态研究》，天津古籍出版社，2004年，第125页）。《尚书·洪范》中记载商王治国，除了谋及卿士，也要谋及"庶民"。甲骨卜辞中记载，"共众人立大事于西奠"（《合集》24），

就是民众也参与商定国家大事。庶民一词当为西周词语，虽然
《洪范》文本也经历过周人修订，但其治理精神中也有民的参与；
民对于各种政策有自己的话语权，其实是商代的历史。民的地位
并不是什么"奴隶"，而是殷周时期一般宗族组织中的平民成员，
和"众"其实是一回事，也即民众。

虽然商代的民有话语权，但这种话语权和卜龟、卜筮这些
代表神意的话语权是并存的，并不是说民的意志就是神意的体
现，当时还没产生这样的观念。在周人这里，"民心无常，惟惠
之怀"已经和天命转移之间发生了联系，《尚书·召诰》中召公
提出"王以小民受天永命"，也是通过治民的德政，而获取天命
的保佑。民众在悲苦之中，会"保抱携持厥妇子，以哀吁天"，
带着老婆孩子，一起悲哀地向上天哭泣。而天也能听到民众的
痛哭，"天亦哀于四方民"，周人的上天对民具有同情关怀之心。
"乂民，若有功，其惟王位在德元，小民乃惟刑用于天下，越王
显。上下勤恤，其曰我受天命。"如果治理民众具有显著成就，
民众的面貌便会呈现给天，君王便能获取"天命"的合法性；如
果搞得"诞惟民怨"，那便会导致"天降丧于殷"（《尚书·酒
诰》）。西周时期这种观念便在积累酝酿，周人进一步发展了它，
《国语·楚语上》说"民，天之生也；知天，必知民矣"，必须通
过民的意志来洞晓天意和天命。"夫民，神之主也，是以圣王先
成民而后致力于神"（《左传·桓公六年》），这是将民事的重要
性，放置到神之上，民意的重要性甚至超越了神意。《左传·襄
公三十一年》引西周文献《泰誓》"民之所欲，天必从之"，也是
在继承和肯定西周以来以民意为天意的思想。陈来先生指出，春
秋时期继承周代并发展出的"先民后神""人为神主"思想，是
把西周"皇天无亲，惟德是辅"的精神推展开来，从而导致了有

关"神"的性格、意志的重大变化。（陈来：《古代思想文化的世
界：春秋时代的宗教、伦理与社会思想》，生活·读书·新知三
联书店，2002年，第62—66、第116—122页）

儒家学说在此基础之上，进一步发展了天命和民的思想关
系，《孟子·万章上》一篇中，孟子也曾引用《泰誓》的另一著
名格言"天视自我民视，天听自我民听"，意思是民众听到的、
看到的就是上天听到和看到的，民众的意志就是上天的意志。在
这一段中，孟子讲虞舜部落继承唐尧部落成为了当时"夷夏联
盟"的执政盟主，虞舜能取得这样的成就，是因为他具有各种美
德，能保护"夷夏联盟"各氏族、部落的利益，所以"天下诸侯
朝觐者，不之尧之子而之舜；讼狱者，不之尧之子而之舜；讴歌
者，不讴歌尧之子而讴歌舜，故曰天也"。意思是，各部族酋长们
纷纷找虞舜请他提供当时习惯法的司法服务，纷纷找虞舜请他提
供秩序和保护，并认同虞舜部族的盟主地位，这种酋长们的选择，
就是"天意"。在此，孟子所说的"民"，是包含了贵族酋长和普
通氏族平民在内的共同选择，因为在当时小共同体社会下，贵族
酋长和氏族平民之间其实更多是有共同利益的，二者之间也有一
些或多或少的血缘氏族纽带关系，甚至商周时期，低级贵族和平
民之间的血缘联系也都是存在的，二者并不是后人想象的你死我
活的矛盾关系。因此酋长们拥戴虞舜，也就是天意之民拥戴虞舜。

《孟子·万章上》引孔子之言说"唐虞禅，夏后殷、周继，
其义一也"，就是说"夷夏联盟"的禅让和汤武放伐，本质上是
一回事。汤武放伐也是因为夏桀、商纣不能再履行方国联盟盟主
的角色，从而通过大会诸侯于亳、孟津大会这种酋长、方国大
会，重新选举盟主。大会上酋长、方国君长们的选择意见，也就
是"民"和"天意"的展现。禅让和汤武放伐，本质上都是民和
天意的主题。

禅让和汤武放伐其实是一回事

孟子经常谈到上古时期的禅让制度，战国时代禅让之说颇为流行，甚至因为禅让搞出燕王哙之乱。《孟子·梁惠王下》："齐人伐燕，胜之。"即燕王哙将燕国王位"禅让"给相国子之，结果是"子之三年，燕国大乱，百姓恫怨"（《战国策·燕策一》），引发了国内政治秩序的崩溃瓦解。燕国的太子平和将军市被商量，并邀请齐宣王一起攻击子之。但在齐宣王发兵之前，太子平就已遭到失败，"将军市被死，已殉，国构难数月，死者数万众，燕人恫怨，百姓离意"。在此背景下，齐宣王自然接过了燕国太子平的旗帜，号称要为燕国报仇消灭子之这名篡权者。

禅让制度很显然不是过去人们想象的"尚贤"那么简单，也不是韩非子或《竹书纪年》乃至曹丕"舜禹之事，吾知之矣"之类阴谋诡谲的想象。近代以来很多学者也揭示了禅让背后有贵族选举制这一历史背景。钱穆先生指出："当时尚未有国家之组织，各部落间互推一酋长为诸部落之共主"，"此如乌桓、鲜卑、契丹、蒙古，其君主皆由推选渐变为世袭，唐、虞时代之禅让，正可用此看法"（钱穆：《国史大纲》上册，第12页）。徐中舒先生也说："不仅夫余、契丹有推选制度，就是蒙古族和满族也曾经

有过推选制度"，"元朝在宪宗以前，立皇帝，还是由忽立而台
大会推举的"，"要是根据民族学的研究和前述契丹、夫余、蒙
古族和满族的推选制度来看，我们认为所谓禅让制度，本质上就
是原始社会的推选制度"（徐中舒：《论尧舜禹禅让与父系家族私
有制的发生和发展》，《先秦史十讲》，第6—7页）。裘锡圭先生
也认为，"广泛流传的禅让传说很可能的确保留了远古时代曾经
实行过的君长推选制的史影"（裘锡圭：《新出土先秦文献与古史
传说》，《裘锡圭学术文集》卷五，第270页）。近代以来的学者，
多有指出禅让其实是具有贵族选举制的这一背景。

　　杜勇先生认为，五帝时期是一种贵族国家联盟，"在尧、舜
部落联合体中，四岳、共工、皋陶、禹、契、弃等人实际都是来
自不同部落国的首领，同时兼任联合体的高级职务"（杜勇：《中
国早期国家的形成与国家结构》，第38页）。需要注意的是，当
时能参与选举和获得被选举资格的，至少必须是"夷夏联盟"各
部族的酋长身份，而不是普通平民。所谓舜是耕于历山的"匹
夫"之说，只是战国以来传统贵族制解体，平民寒士阶层造出的
传说。与此类似的还有伊尹只是媵臣、傅说只是罪犯、太公为朝
歌屠夫之类。由于舜的身份是有虞部落的贵族，因此才有资格参
与被选举。在后世的想象中，尧禅让给舜，而没有传位给自己的
儿子丹朱，舜传位给禹，而没有传位给自己的儿子商均，那么
丹朱、商均就沦为了平民。但实际上，"夷夏联盟"最高君长是
有双重身份的，他既是本族的酋长，也是"夷夏联盟"的君长，
"夷夏联盟"君长的选择本身就是西部、东部数量大致对等的酋
长们推举产生的。《史记·五帝本纪》记载说："尧子丹朱，舜子
商均，皆有疆土，以奉先祀。"所以，尧禅位给舜，他的儿子丹
朱还是继承尧陶唐部落酋长的君位，舜禅位给禹，他的儿子商均

还是继承舜有虞部落酋长的君位。

从程序上来说，禅让要遵守两个条件，第一是下一任"夷夏联盟"君长必须在"夷夏东西"的不同方产生，比如现任"夷夏联盟"君长属于西部集团，那么下一任联盟君长的候选人就一定得在东部集团中产生，反之亦然。第二是候选人必须享有在酋长圈良好的口碑，尤其是能够根据各部落之间都遵循的习惯法，提供司法裁判的服务，以及承担公共工程或有军事征伐的功绩等。传世文献和出土文献中，都反映了这些情况的信息。《史记·五帝本纪》记载，舜被推举为尧的继承者，乃是"众皆言于尧曰""岳曰"的结果，当时尧不同意让鲧去治水，但是四岳、"百姓"可以"强请"，帝尧也只能服从这些酋长会议的意见。"百姓"一词，古语中并非平民，贵族才有姓氏。梁启超说"百姓为贵族专称"（梁启超：《古代百姓释义》，《中国上古史》，第88页），百姓在金文中又作"百生"，如杨树达先生所说"百生或与诸侯连言，或与里君连言，百生之非庶民如今语之义，又可知矣"（杨树达：《积微居金文说》，第335页）。所以能决定"夷夏联盟"政策的这些百姓，其实和四岳一样，都是当时的各族酋长。舜能赢得这些酋长的拥戴，获取良好口碑，一方面是因为其身份，他作为上上任联盟君长有虞遢的后人，具有天然优势，另一方面也因为他具有统治者的威仪、宗教神秘力量，以及根据古老习惯法调解建立治理秩序的能力。

《五帝本纪》记载，舜"宾于四门，四门穆穆，诸侯远方宾客皆敬"，舜具有统治者的威仪，酋长们对其人格感到认同。"尧使舜入山林川泽，暴风雷雨，舜行不迷"，这是舜所具有的神秘主义力量的展现。古人认为山林川泽是鬼神的居处，暴风雷雨也是鬼神所掌控的力量，舜能够在超自然力量的考验中淡定从容，正是因为拥有鬼神庇佑，以及他本人也掌握了超自然力量的非凡人格与技能。这些能力，在当时神守时代是天然统治合法性的展现。"诸侯朝觐者不之丹朱而之舜，狱讼者不之丹朱而之舜，讴歌者不讴歌丹朱而讴歌舜"，这段记载中尤其值得注意的是，舜给"狱讼者"提供根据习惯法的调解。

远古时期涉及氏族成员或部族之间的纠纷时，当时人会寻找口碑良好、德高望重的首领依据习惯法进行仲裁或调解。柳宗元在《封建论》中谈到："争而不已，必就其能断曲直者而听命焉。其智而明者，所伏必众，告之以直而不改，必痛之而后畏，由是君长刑政生焉。"（〔唐〕柳宗元：《封建论》，《柳河东集》上册，上海人民出版社，1974年，第44页）正是描述上古习惯法由"能断曲直"的君长耆老们裁决。梁启超先生也曾谈到，上古之时"诸部落大长中，有一焉德望优越于侪辈者，朝觐、讼狱相与归之"（梁启超：《古代百姓释义》，《中国上古史》，第89页），也言及狱讼之事会寻找德望较高的部落首领进行裁决。《三国志·魏书·乌丸鲜卑东夷传》记载，乌丸部落"常推募勇健能理决斗讼相侵犯者为大人"，能调解决斗和诉讼的威望之人，就可以被推举为"大人"。在过去的凉山地区，一个黑彝哪怕原本并无名气，倘若能成功调解几桩诉讼纠纷，名声便会很快传播于家支内外，人们有急事便愿意上门求助。（易建平：《部落联盟与酋邦：民主·专制·国家：起源问题比较研究》，社会科学文献出版社，2004年，第496页）舜由于掌握了当时习惯法的丰富知识，并且具有公正的德性，其裁决让双方酋长都感到满意和信服，因此其他氏族首领都愿意找他来裁决诉讼和调解纠纷，舜的名气就越来越大。（李竞恒：《试论周礼与习惯法》，《天府新论》2017年6期）"狱讼者不之丹朱而之舜"，这也是酋长会议最终推举舜成为"夷夏联盟"君长候选人的重要因素。

《孟子·万章上》记载说："朝觐讼狱者不之益而之启，曰：
'吾君之子也。'"就是大禹死后各地的酋长们仍然服膺夏后氏家
族积累的良好口碑，仍然寻找启为他们提供司法仲裁。孟子说
"启贤，能敬承继禹之道"，明确表示启在大禹的培养下完全继承
了担任联盟首领的各项能力与人格。《山海经·海内南经》记载：
"夏后启之臣曰孟涂，是司神于巴，人请讼于孟涂之所。"夏后
氏在司法仲裁服务方面的良好口碑，已经形成一种家族品牌，大
禹的儿子启在这方面的业务十分繁忙，甚至他的大臣孟涂也被指
派，类似中世纪英格兰王室巡回法庭一样，到方国、诸侯处提供
司法仲裁服务。而东夷酋长在这方面的竞争中，显然是表现不如
大禹家族的。虽然皋陶本人作为擅长司法仲裁的东夷君长，被选
举为大禹之后的"夷夏联盟"君长候选人，但他本人死得较早，
下一任被推举的候选人伯益在这方面的能力较弱，因此未能获得
竞争的胜利。禅让的背后，其实是伴随着一系列的酋长竞争行
为的。

《史记·夏本纪》记载说："帝舜荐禹于天，为嗣。十七年而
帝舜崩。三年丧毕，禹辞辟舜之子商均于阳城。天下诸侯皆去商
均而朝禹。禹于是遂即天子位，南面朝天下。"大禹成为"夷夏
联盟"君长的前提，必须是获得"天下诸侯"的认同，这本身就
是一种选举。大禹担任联盟君长期间，继续遵守"夷夏联盟"轮
流执政加酋长选举的制度，他在晚年选出了皋陶和伯益。《夏本
纪》记载说：

　　　帝禹立而举皋陶荐之，且授政焉，而皋陶卒。封皋
陶之后于英、六，或在许。而后举益，任之政。十年，

> 帝禹东巡狩，至于会稽而崩。以天下授益。三年之丧
> 毕，益让帝禹之子启，而辟居箕山之阳。禹子启贤，天
> 下属意焉。及禹崩，虽授益，益之佐禹日浅，天下未
> 洽。故诸侯皆去益而朝启，曰："吾君帝禹之子也。"于
> 是启遂即天子之位。

大禹推举了皋陶、伯益，但皋陶先死，今本《竹书纪年》说皋陶死的时间是大禹受禅后的第二年。由于大禹又推荐了候选人伯益，但伯益在酋长圈内又没有足够的口碑和声誉；因此酋长们还是继续认同夏后氏家族的口碑，相当于推举了启继续担任联盟的君长。当然，到了启这个时期，已经是禅让和天子之位世袭的过渡阶段。过去大家受《礼记·礼运》所谓大同天下为公的影响太深，以为世袭的小康就是低于大同的，是大同的一种下降。但实际上，在禅让时代，各部族内部的酋长或君位继承方式本来就是世袭的，世袭本来就是众酋长贵族们最熟悉的继承方式。唯一的区别，是"夷夏联盟"最高君长之位，由众酋长们推举在酋长圈内产生。那么如果酋长们对某一个部族治理和领导水平及其家族口碑达到了很高的信服，那么让这一部族继续担任联盟首领，也是一种可行的选项。

《孟子·万章上》说这是"天与之"，其实众多酋长人心所向的支持，就是一种"天意"的显现。当然，启能够继续担任联盟首领，也还伴随有武力支撑的这一因素，所谓"有扈氏不服，启伐之，大战于甘"，战胜不服的部族，最终恩威并施，实现了"天下咸朝"，建立起夏王朝。启的胜利，当然不排除武力支撑这一背景因素，但绝大部分酋长们是支持夏后氏继续担任盟主的，最根本的原因还是在于大禹建立有巨大的功业，并成为夏后氏部

族的家族品牌代言人。上博楚简《容成氏》说启"攻益自取"，直接赤裸裸地破坏推举规则和打击自己父亲任命的继承人，这在万国林立的时代是比较困难的，因为完全靠武力和恐怖破坏游戏规则，只会给其他竞争者提供口实。

经济篇

"哀哉鳏寡"：首先拯救最无助的原子个体

在古代社会，社会救济主要依赖家族、乡党等小共同体，而人一旦在小共同体领域出现缺失，成为没有父母、配偶、子女的原子个体，虽然也可能得到更外围共同体如村社之类的救济（如《诗经·小雅·大田》"此有不敛穧，彼有遗秉，此有滞穗，伊寡妇之利"就描述了周代村社共同体将田地中的稻穗留给寡妇，这就是村社共同体对不幸个体的救济方式），但是，丧失了亲人意味着成为了血缘意义上的原子个体，在当时看来是属于最悲哀的类型。在孔子的时代，没有兄弟的司马牛为此忧虑不已："人皆有兄弟，我独亡！"这些不幸者没有"家"，是最悲哀无告的群体。孟子谈到，有四种人最悲惨，所谓"老而无妻曰鳏，老而无夫曰寡，老而无子曰独，幼而无父曰孤。此四者，天下之穷民而无告者"（《孟子·梁惠王下》），即老年没有配偶、儿女的男性、女性，以及幼年没有父母的孤儿，他们没有自己的家人共同体，以社会边缘人和原子个体的身份悲哀地生活，是这天下最需要帮助却没有话语权的"穷民"。孟子指出，周文王实行仁政，一定是先从拯救这四种最无助的弱者开始。顾炎武曾据《诗经》《越绝书》等文献考证，"有妻而于役者，则亦可谓之鳏"，"有夫而独守者，则亦可谓之寡"。(《日知录》卷三十二《鳏寡》) 按照此说，"鳏寡"还包含了因为服役而被迫分离的人们，他们也是需要得到救助和呵护的人群，也是一种"穷民无告者"的类型。

这四种"穷民"，古人一般省略作"鳏寡"二字代之即可，对于鳏寡不幸的怜悯与关注，在早期华夏时代就是一个重要话题，并一直持续着。周初的《尚书·康诰》中就强调了"不敢侮鳏寡"，不许欺凌这些无告的弱者。类似的语言，也见于西周时期的《毛公鼎》铭文，所谓"毋敢……侮鳏寡"(王辉：《商周金文》，文物出版社，2006年，第262页)，表明这是西周时期政治观念中常见的思想。类似的表述，还见于其他一些西周青铜器铭文，如周宣王时期的《四十三年逨鼎》铭文说"虽有宥纵，乃侮鳏寡，用作余一人咎，不肖唯死"(李零：《读杨家村出土的虞逨诸器》，《中国历史文物》2003年3期)，李学勤将其读为"乃敢侮鳏寡，用作余我一人咎，不雀死"，意思是欺凌鳏寡者，将"不保官雀（爵）而死"，不但会丢官，还会丢命。(李学勤：《眉县杨家村新出青铜器研究》，《文物》2003年6期)

在清华简《摄命》中也记载，周孝王在册命仪式中告诫领主贵族，一定要做到"亦勿敢侮其童，恫瘝鳏寡，惠于小民"(李学勤主编：《清华大学藏战国竹简［捌］》，中西书局，2018年，第110页)。"恫瘝"即《尚书·康诰》中的"恫瘝乃身"，即《孔传》所说"如痛病在汝身"。整句话的意思，就是周王要求领主不能欺辱鳏寡和孤儿，要将他们的痛苦视为自己的痛苦，只有这样才能保护好自己的属民。降至东周时代，照顾鳏寡的思想仍然得到继承，山东滕州庄里西村出土东周编钟铭文有"哀矜鳏寡"之句。(山东省博物馆编：《山东金文集成》，齐鲁书社，2007年，第104页) 这件编钟，也就是"司马楙编镈"，铭文云

"曰古朕皇祖悼公，严恭天命，哀怜鳏寡"（张振谦：《司马楸编镈考释》，《古文字研究》[第二十八辑]，中华书局，2010年，第342页）。这位东周贵族赞美自己的祖先悼公具有恭顺天命的美德，其中重要的品质便是哀怜和照顾鳏寡。显然，他想表达的潜台词还包括，自己也继承了"哀怜鳏寡"这一古老的家族美德。

从这些周代的金文和竹简材料来看，对于以鳏寡为代表的那四类"天下穷民"的悲悯与关照，是自早期华夏文明以来一个非常重要的政治、伦理主题，上至周王下至士大夫也都在努力践行对鳏寡的哀怜与照顾。孟子主张行仁政要首先拯救鳏寡之民，并且宣称这是周文王之政，显然不是自己脑洞大开的产物，而是对此前漫长历史价值的继承与发扬。孟子要用王政的力量来拯救最无告之民，这就意味着，在原始儒学中，关于福利和救济手段的思想，其实已经包含了必要的国家手段这一内容。原则上来说，原始儒学主张小而强的政府，大量领域被交给各类小共同体，如家族、宗族、村社、乡党之类。在孟子的想法中，通过"乡田同井，出入相友，守望相助，疾病相扶持"（《孟子·滕文公上》）的小共同体互助手段，基本是可以实现互助与社会救济的，国家的触手不需要介入其中。但凡事皆有例外，对于孤儿、鳏寡之类丧失了"家"这一根本核心共同体立足点的边缘人，他们其实已经沦为了某种原子个体，虽然能得到外围村社共同体"此有滞穗，伊寡妇之利"的帮助，但仍然是高度脆弱和无助的。在这种特例下，这些"无告穷民"就需要王政，即国家必要救济手段的介入。

实际上，从后世史书来看，汉代以来朝廷对孤贫不能自存者进行不定期的救济，成为了一种习惯。诸史的"本纪"部分，这种情况十分常见。从《汉书·文帝纪》以来对"百姓鳏寡孤独穷困之人"的"振贷"开始，给"鳏寡孤独不能自存者"赐给谷物之类成为一项长期不定期的制度习惯，见于各代史和帝王诏书。对于鳏寡的救济，也一直是历代发政的重要内容，如西汉于定国的治理就"务在哀鳏寡"（《汉书·于定国传》）；北周时苏世长上书周武帝，"为国者不敢侮于鳏寡"（《新唐书·苏世长列传》）。发展到宋朝，这种从孟子和原始儒学思想中发展出的国家对鳏寡孤弱的救济，开始衍生出发达的国家福利制度，也因此导致了带有"现代性"的福利病。北宋以来普遍设立救济孤弱的养济院、慈幼局、施药局、居养院、安济坊之类大量官办福利机构，可以说在儒学人道主义精神下发展出的宋朝救济体系，这是世界上最早的"福利国家"，其动机当然是值得高度肯定的良善。但是和现代社会一样，经由官僚机构层层过手都是油水的各种福利制度，很容易成为官僚或相关代理企业的"项目学"套钱手段，做成利益寻租链条，宋朝福利制度就已经初显端倪。"诸县奉行太过""縻费无艺""资给过厚"之类情况十分常见，增加了税收负担，即所谓"常平所入，殆不能支"，甚至导致"不养健儿，却养乞儿"的民谚嘲讽，用现代话语说就是"养懒汉"。所以，国家或官僚机构对福利的介入过深，也是存在陷阱的。

通过孟子的思想和宋代的实际情况来看，对于"哀哉鳏寡"的救助，除了传统各种小共同体的救助之外，肯定也需要一定国家力量的介入，即孟子所说"文王发政施仁"，但是这种介入又需要审慎和明确的限度，警惕其可能存在的"项目学"陷阱，一旦过头也是过犹不及的。那么国家救济必要限度的规模，应该大致按照怎样的比例设置较为合适？如果按照一些"奥派"的观点，连"守夜人"规模的小政府国家设置也是多余的，甚至连警察和公共安全秩序这些都可以用私企"安保公司"之类来进行替代，人们通过向各类私企"公司"购买安保等在内的商业服务就可以了。这种思路的出发点，固然为了避免官僚机构的弊端，以及官僚机构的各类寻租利益链条，是为纳税人的钱包着想，却忽略了无力购买各类"商业安保服务"的那些诸如"哀哉鳏寡"之类的人群。一些"奥派"可能会说，这是基于财产权的"正义"，不同人有不同结局，你无权为了拯救"哀哉鳏寡"去侵犯别人的财产，这样最后一路走下去一定是强权官僚制。

如果脱离现实历史经验，将这个作为一道纯粹的智力游戏论述，只要加以精致化，不但可以自圆其说，而且也不能说没有道理。但如果进入历史语境就会意识到，原子个体意义上的"财产权"预设是站不住脚的，智人二十万年以来的"自发秩序"恰恰是属于某种共同体的，早期时候属于某个家族或部落，近五千年来则出现了超越血缘部落组织之上更复杂的共同体，如早期国家和族群，近几百年还出现了"民族国家"这种庞大体量的共同体。共同体的安全及对内部弱者的救济，从历史经验和二十万年以来演化出的智人本能情感来说，都是带有公共性的，不是简单的两个原子个体之间的关系。孟子不需要像罗尔斯那样，首先预设"无知之幕"，也不需要假设出诺奇克那样沙漠中只有一汪泉水，然后启动洛克限制条款之类的玄思，他的论述其实更多基于一种历史经验的朴素现实感和常识感。当然，我们也可以假设，对"哀哉鳏寡"的救济如果更多通过各类小共同体，肯定成本更低、效率更高，这一点笔者也表示同意。但即使是在传统社会，也有很多类似司马牛处境的人，所谓"人皆有兄弟，我独无"，李密说自己童年作为一个"茕茕子立，形影相吊"的孤儿，其凄凉孤苦也是普遍存在的。传统的小共同体，虽然也有宋代四明"乡曲义庄"之类资助家族外人群的救济机制，但主要还是以

"范氏义庄"之类救济本宗族血缘人群的为主，因此即使是在早期国家的周文王时代，也要通过一定国家手段的介入来救济同属于华夏人群的一些"哀哉鳏寡"，那么就必然涉及收税的问题。

孟子主张的国家规模，并不是以最低税率为最善。《孟子·告子》中，白圭就主张一个极小规模税收能力和规模的国家，即以"二十取一"来征税。孟子主张的税收能力比白圭方案高一倍，主张"什一而税"。他批评那些类似现代"奥派"的观点是"貉道"，"貉道"即回归到国家出现之前的部落状态。据学者考证，"貉"是靠近北方燕地的胡人部族，又称"蛮貉""夷貉""四貉"等，代指周边非华夏的散乱族群。（林沄：《说"貉"》，《史学集刊》1999年4期）在西周《貉子卣》铭文中，记载周王赏赐给貉人一个首领"貉子"三只鹿。（《集成》05409）这表明，"貉"这样原始扁平的部落状态，虽然也有小范围的首领，却没有真正发育成熟的国家机制。

在"貉"这种水平的部落状态下，"无城郭、宫室、宗庙、祭祀之礼，无诸侯币帛饔飧，无百官有司"，没有城市，没有必备和常设的国家科层组织，确实不需要哪怕是最原始形态的政府机构。实际上，若要国家对"哀哉鳏寡"进行救助，就一定需要相应的"有司"机构，因此"二十取一"的极小税收水平是不够的。只有税收能力和国家组织更复杂一些的那种小而强的政府，才能履行对外保障共同体安全，对内履行最基础一些国家职能的义务。即使是哈耶克也认为，"一个运行中的市场经济，要求国家方面有些参与活动"；"只要政府的活动属于能与运行中的市场相容的活动，那么，市场还可以容许政府进行更多得多的活动"。（［英］弗里德里希·奥古斯特·哈耶克：《自由宪章》，杨玉生等译，中国社会科学出版社，2012年，第352页）福山也指出："即使最坚定的自由市场经济学家也会毫不迟疑地承认，政府要在提供纯粹公共物品上发挥作用。除了新鲜空气和国防，公共物品还包括公共安全、法律制度和公共健康。"（［美］弗朗西斯·福山：《政治秩序与政治衰败：从工业革命到民主全球化》，毛俊杰译，广西师范大学出版社，2015年，第48页）《礼记·明堂位》记载："有虞氏官五十，夏后氏官百，殷二百，周三百。"这表明尧舜、三代时期的治理，也是需要最起码公共官僚组织的。而且伴随着共同体规模的扩展，以及社会结构的复杂化，公共管理机构也呈现出相应的扩大。显然，孟子主张通过"百官有司"对孤儿寡老的救济，就符合政府提供必要"公共物品"的这一基本要求，可以覆盖最无助者的公共安全和公共健康。

孟子认为，国家的财政汲取能力太孱弱，或者太强，都是病态的："欲轻之于尧舜之道者，大貉小貉也；欲重之于尧舜之道者，大桀小桀也。"如果像索马里之类的失败国家，或者像以前香港九龙城寨一类地方，无政府状态，连基本国家机构都没有，遍地部落或帮派林立，自然也谈不上什么"政府财政汲取"问题，但这只是"貉道"而已，谈不上良好治理（虽然索马里、九龙城寨之类无政府的地方也存在经济增长），或至少与"善治"之间差距是甚远的。而反之，若财政汲取一旦超过了"什一而税"之类的小政府偏轻限度，便又会导致汲取力过强问题，养出臃肿和叠床架屋的各类机构，降低社会与经济的活力。掌握适当的中庸状态，是一门高超的艺术。

父亲角色、婚姻、家庭和市场经济是文明的基石

先秦时代的学者就意识到，在遥远的"上古"时期，还没有父亲这种角色。《庄子·盗跖》中就认为"神农之世，民知其母，不知其父"。《吕氏春秋·恃君》中说"昔太古尝无君矣，其民聚生群处，知母不知父。无亲戚、兄弟、夫妻、男女之别，无上下、长幼之道，无进退揖让之礼"。即"上古"时期没有父亲的角色，因此没有稳定的对偶家庭，以及相应产生的各类亲人之间的伦理。吴飞教授说在《仪礼·丧服经传》《商君书·开塞》《路史》，以及汉代的《焦氏易林》《白虎通·号》《论衡·齐世》《河图挺佐辅》等文献中都记载了上古"知母不知父"的情况。（吴飞：《人伦的"解体"：形质论传统中的家国焦虑》，生活·读书·新知三联书店，2017年，第163—166页）作为一种集体记忆，以及对先秦时代"野人"之类的田野观察，都意识到父亲角色是伴随着文明发育而产生的，这是先秦两汉以来人们的一种共识。

《后汉书·循吏传》中也以田野观察的视角注意到，当时南方的骆越之民"无婚嫁礼法，各因淫好，无适对匹"。这种没有稳定对偶的状态，显然也不会产生父亲这种角色。通过文明的规

训、教化，自然界生物性的男性，变为了履行家庭和社会责任的父亲，并因此形成了稳定的家庭。稳定的家庭结构中，血脉传承更为清晰，能鼓励父亲角色更积极地投入对家庭和养育的责任。在父亲的积极参与下，子女的存活概率更高，稳定的亲子关系，提供了更长的陪伴子女的时间。父亲作为文明这一极的角色，需要更长时间进行教育和积累各种知识，包括狩猎、武艺、农耕，乃至管理一个部落之类的大量"默会知识"，并且以原始"家学"的方式传授给子女。借用奥地利经济学派的术语，父亲角色产生于对偶家庭，以及在此基础之上形成的父系祖先共同体想象，其实是超强克服了时间偏好的产物。

在没有父亲角色的时代，人们考虑的时间维度更短暂，往往伴随着片刻或短期的激情而做出判断。而父亲角色的产生，以及稳定家庭、家族的延续，使得时间的线条变得超长，人们的投资、博弈模式也倾向于考虑更久远的未来。这时，储蓄就变得更有价值。人们储蓄谷物、饲养牲畜，而不是立刻将其消耗于激情的吃喝。通过储蓄，子女们获得稳定的财产继承，私有财产的延续让人们能够"有恒产者有恒心"，克服时间偏好，养成积累未来的美德。无论是勤劳工作储蓄财富，还是通过行善积累家族的口碑，这些都是养成文明的基础。

子女与母亲的血脉亲情是自然而然的，不需要通过文化想象加以论证，而父亲却是文化建构和想象力的产物。通过"父系"来想象共同体，既需要超越时间的想象能力，也需要抽象的文化建构。这种模式，可以将过去注定要相忘于江湖的人群，抟成一个想象的共同体，产生密切的分工协作。这种家族组织一旦生成，在周边遍地都是"知母不知父"的散沙化人群中，注定了具有极其强大的优势。很多考古材料可以显示，最早建立稳定对偶家庭秩序的，也就是最早的贵族阶层。他们不但通过父系创造了想象并维持共同体的手段，而且创造了最早的姓氏。"姓"的"生"是一个表音符号，"姓"字上古音在心母耕部，"生"字上古音在生母耕部，齿音叠韵，发音基本相同，所以"姓"字不是望文生义地解读为"女性所生，代表母系"，其"女"只是标注父系家族中的女性才用"姓"，家族的男子则使用"氏"。姓的"生"只是一个表音符号，"姓"只是区分同源的父系家族成员之间不通婚的这个功能。所以，"姓"完全是父系的。通过父系的姓氏，又产生了漫长的家谱，通过复杂漫长的家谱，可以将关系很遥远的不同家支联系起来，形成更为庞大的动员合作能力。因此可以看到，早期的贵族往往禁止平民建立姓氏，不允许他们建立家谱，如在古代夏威夷，"普通平民不许记录他们的世系，禁止他们接近最高酋长记载贵族世系的专职人士，这使得酋长和平民之间形成了截然分明的隔离界限"（陈淳：《文明与早期国家探源：中外理论、方法与研究之比较》，上海书店出版社，2007年，第246页）。而在很多人津津乐道的泸沽湖摩梭人那里的"走婚"其实并没有那么"甜蜜"。在永宁地区，建立稳定对偶婚姻是土司老爷和有能力缴纳结婚税之人的特权，而土司老爷则乐于见到平民们"走婚"：没有稳定的父亲和家族组织。

　　从考古来看，早期时代很多人是没有稳定对偶家庭的，知母不知父是常见的现象。如齐家文化临洮瓦家坪遗址 K82.5 墓中，埋葬着一个成年女性，她的胸下是一个婴儿，以及一个七八岁的儿童遗骸。齐家文化的青海民和喇家 F4 弃居葬墓，也埋葬着一个单独的女性，怀抱幼儿埋葬。（李新伟：《再论史前时期的弃屋居室葬》，《考古》2007年5期）这些单独与自己孩子一起埋葬的单身母亲，正是早期时代"知母不知父"的生动写照。在夏家店大甸子墓葬中，也没有对偶夫妻合葬墓，并且多有母亲和幼儿同埋葬的现象，如M30墓是母亲与两个幼儿合葬，M205是母亲与一个幼儿合葬，M358是母亲随葬一个儿童，M675母亲和儿童合葬，M787母亲与两个婴幼儿合葬，M1246则随葬一幼儿。（中国社会科学院考古研究所：《大甸子：夏家店下层文化遗址与墓地发掘报告》，科学出版社，1996年，第228—231页）在古代西南夷的石棺葬中，也不见对偶的夫妻合葬墓。他们没有稳定的对偶婚姻，男女之间流行类似泸沽湖畔摩梭人的"阿注"关系，反映在石棺葬中，"便都是单人葬，看不到夫妻合葬"（罗开玉：《川滇西部及藏东石棺墓研究》，《考古学报》1992年4期；罗开玉：《四川通史》第二册，四川人民出版社，1993年，第217页）。云南江川李家山的平民墓也全部是单人墓葬，其中M34还是一位单身母亲和孩子的合葬墓（张新宁：《云南江川县李家山古墓群第二次发掘》，《考古》2001年12期），也显现出当时"西南夷"社会中平民知母不知父的现象，即《后汉书·南蛮西南夷列传》中"党母族"情况的写照。在进入早期文明之后，贵族有稳定的对偶夫妻合葬，平民却仍旧没有稳定的对偶葬。如殷墟大司空M303、M225夫妻墓东西并排，相距2米，并排合葬，均为殷墟四期，上层有夯土建筑共压（中国社会科学院考古研究所安阳工作队：《殷墟大司空M303发掘报告》，《考古学报》2008年3期），这一贵族墓葬，有明确对偶关系。孟宪武指出，殷墟有三分之二的墓主生前没有法定配偶，真正一夫一妻的家庭不多，因为多数人还过着不稳定的对偶婚和乱婚状态，所以死后没有专一配偶一起埋葬。（孟宪武：《殷墟南区墓葬发掘综述：兼谈几个相关的问题》，《中原文物》1986年3期）也有学者指出，稳定对偶婚姻"异穴合葬"的现象在殷墟并不多见，整个先秦时期都是以

男、女单身葬为主要埋葬方式。（杨宝成：《殷墟文化研究》，武汉大学出版社，2002年，第80—83页）

从这些信息综合来看，商代平民阶层仍然主要是过着没有稳定对偶婚的状态，而贵族阶层则显示出较为稳定的对偶家庭。换言之，商代贵族家庭是有清晰"父亲"这个角色的。《史记·殷本纪》中的商王家族谱系，以及甲骨卜辞中所呈现的商王家族谱系，乃至甲骨中所见其他的贵族家谱迹象，如宾组卜辞中四片有世谱特征的甲骨，有"子""曰"等内容记载家谱的父子世系关系（崎川隆：《宾组甲骨文分类研究》，上海人民出版社，2011年，第184页），又如著名的"商三句兵"家谱铭文等，记载了祖、父、兄在内的谱系，其中祖一辈的名字有八个，父一辈的名字有六个，兄一辈的名字六个。这些都显示出，当时贵族以父系这一文化想象的方式构建共同体组织的能力。虽然当时古老氏族社会的联系尚未完全解体，但是甲骨卜辞中商王家族子弟将生父的同辈兄弟，即叔伯们也都称"父"和诸父。此外，殷墟的商王与王后也是分别埋葬在各自不同的家族墓地中，"这大概与氏族的血缘纽带尚未完全解体有关"（中国社会科学院考古研究所安阳工作队：《1976年安阳小屯西北地发掘简报》，《考古》1987年4期）。无论如何，商王室和其他贵族家族中，都是能明确各自的生父，且越往后越是以父死子继为主，兄终弟及的情况在减少。而祭祀中，对于亲生父亲的祭祀也更为隆重。这也就表明，商代王室、贵族阶层文化中"父亲"的角色变得越发清晰，而与之相对的则是面目模糊的平民阶层，其中主流的生存处境仍是知母不知父。

到了周代，平民阶层的情况变化不大，而贵族阶层的文明程度则进一步演化提升。当时所谓"礼不下庶人"，即贵族阶层通过文明的"礼"，保持着父亲和稳定对偶婚家庭结构，而平民阶层则继续知母不知父。如山西临猗程村晋墓，第三等级的平民墓中，极少发现夫妇并穴合葬墓。"这说明夫妇并穴合葬这种葬俗并没有在较低的社会阶层中流行"（中国社会科学院考古研究所等：《临猗程村墓地》，中国大百科全书出版社，2003年，第258页）。学者指出，相比于商代，周代贵族的夫妇合葬墓情况更为普遍。（张明东：《商周时期合葬墓的考察》，《古代文明》第7卷，文物出版社，2008年，第185页）这也表明，随着礼乐文明的发育，"礼"所承载的文明成果，更普遍地覆盖了当时贵族阶层的家庭，稳定而明确的对偶婚姻，以及父亲的角色，是周代文明进一步发育的重要成果。在这一背景下，其实也有助于更深刻地理解，为何自幼丧父的孔子，要在母亲颜徵在去世之后，先在五父之衢大张旗鼓行殡礼，然后将她埋葬到防山，与父亲合葬。（《史记·孔子世家》）因为通过这一行为，才能公开展现自己是贵族孔氏的孩子，不是没有父亲的"野人"阶层，是有明确父母合葬墓的低级贵族——士。

实际上，"丘生而叔梁纥死"，作为孤儿，孔子从未见过自己的父亲。实际对他影响最大的，恰恰是有着自然血脉联系的母家，即姥爷颜襄、母亲颜徵在这些母家人。孔子的学生中，有"孔门八颜"，即颜路、颜回、颜幸、颜高、颜祖、颜之仆、颜哙、颜何。其中颜路很可能是他母亲的侄儿，即孔子的母家表兄弟，而颜回作为颜路之子，也就是孔子在母家的侄儿。孔子对颜回的感情，很多时候也是与母家的深厚情感交织在一起，而颜回也将孔子视为父亲一样亲近的人。从自然情感而言，孔子其实和母家人关系最为密切，但他深知文明阶层不能只知其"质"，不知其"文"。"尔爱其羊我爱其礼"，父亲虽然遥远，却是礼和文明的象征。如果没有父亲这一符号，他将停留在知母不知父的这一层次。因此，孔子选择了公开将母亲与父亲合葬，宣示了自己是陬邑大夫叔梁纥的继承者，并继承和延续了父亲的"孔"氏。通过父系想象共同体的渊源，也因此可以追溯到古代宋国君主，乃至更为遥远的商王室，并一直追溯到古老神话时代的帝喾等人物。孔子的认祖归宗，恰恰打开了一条鼓励平民阶层模仿贵族，走出知母不知父，而像贵族一样建立明确父亲家庭的道路。孔门不但大量招收平民精英子弟，而且向他们传播贵族知识，后世之儒也鼓励平民学礼，成为文明人，成为合格的父亲，模仿贵族建立姓氏和家谱、家庙。对父亲符号的确立与认同，便是跃向文明的重要跳板。

通过明确父亲角色和家庭的文化构建，进而为共同体和私有财产的发展提供了积累的基础。家庭是私有制的基础，私有制又是文明的重要基石。只有在这个基石之上，储蓄和发展未来才是有意义的。正是在私有制的基础之上，"爱有差等"的原则才能发挥出不同圈层共同体的交互作用。私有制其实并不是杨朱那种原子个体理解的"私"。在私有制社会，在家庭内部，实行的其实还是各种形式的财产共有。西欧传统的长子继承制，保留了家族财产的完整，虽然次子只能领取兄长提供的年金，或甚至没有财产只能外出闯天下，但家族的财产，也并不是长子这个原子个体的"私有"，长子只是在祖先、后代这个血脉共同体之中的代管人，财产仍然是属于共同体的。与之相比，中国人更倾向于分产，诸子之外，宋代法律中"女得合男之半"，女儿也能得到继承家产的权利。儒者一方面鼓励不分家，形成更多层次财产分布的宗族共同体，或通过建立"范义庄"一类的家族共同财产信托，以及华南地区常见的"族田""祭田""学田"之类，保有多种形式的小共同体共有财产。私有制的含义，主要是面对代表大共同体的公权时，要具备的防卫机制。即不能以大共同体或陌生人社会的各种名义，去侵害家庭、家族之类的小共同体财产权。私有制面对公权，体现为"私"，而在小共同体内部，却又多呈现为各种温情脉脉的"公"。即使是被一些人诟病为撕下了传统社会温情脉脉面纱的英国维多利亚时代，在市场经济和工业化高度发展的同时，家庭价值仍然坚挺，是提供温暖和逃避社会残酷的港湾。约翰·潘恩（John Howard Payne）在1822年所作那首《家，甜蜜的家》，在英语世界流行了一百多年，其中歌词："家，家，甜蜜、甜蜜的家！天下没有比家更好的地方。"这首歌的流行，恰恰表明当时市场经济的高度发展，并没有摧毁家庭价值，反而更加凸显了家庭作为小共同体之"私"在保护人们时的积极作用。

现代西方国家官僚建立的各类看似在保护单身母亲的福利补贴政策，却在加速传统家庭的瓦解，以及巩固"知母不知父"的养育模式。托马斯·索维尔指出，在20世纪30年代，31%的黑人孩子是由未婚女性生下来的，而20世纪90年代这一比例上升到77%。"在1970年末，大多数黑人孩子仍由双亲抚养；可到了1995年，只有三分之一的黑人孩子是由父母共同抚养的。此外，许多社会问题都和家庭中父亲的失位高度相关，这既体现在黑人家庭中，也体现在白人家庭中，但是黑人家庭的问题更多，因为黑人家庭中父亲的失位现象更普遍。"（［美］托马斯·索维尔：《被掩盖的经济真相：辨识最平常经济现象的真实与谬误》，丁德良译，中信出版社，2008年，第165页）到2015年，美国本土77%的黑人孩子，出生于单身妈妈家庭，"知母不知父"已经成为了一种普遍现象。正如索维尔所说，美国的黑人家庭尽管熬过了奴隶制时代，却在福利制度下瓦解。关不羽兄也指出："既然单身母亲们的经济需求可以依赖福利系统，那么只管生不管养的男性也不必辛苦承担丈夫、父亲的责任。对感情关系厌倦之后，'出去买包烟就消失了'，切换成街头'悠闲度日模式'。没有长期目标和家庭责任的得过且过，黑人男性的犯罪率畸高并不意外。而他们的后代，父亲缺席的孩子，缺乏对社会秩序的敬畏，没有健全的伦理观念和家庭责任感，大概率延续父亲的足迹，开启新的循环。"（关不羽：《美国单身无业母亲年福利收入超15万，"甜毒"正在摧毁底层黑人》）因此可以看到，家庭、父亲角色才是文明的基石，而现代进步主义意识形态和官僚寻租的结合，以"甜毒"的方式瓦解着自古以来的小共同体、文明本位。

　　家庭、父亲角色是文明基石，在此基础之上发育出的私有制，也是一种保护小共同体的文明基石。在私有制的基础之上，尤其是随着工商业经济的进一步发展，各地陌生人之间就需要丰富的交流合作。而这时，以私有制为基础的市场经济便得以孕育发展，通过以财产权为基础的多种博弈、合作等商业模式，实现复杂社会下，陌生人之间进行合作的最低成本方式。自由市场经济下，各种不同小共同体之间更有效地进行分工协作。随着市场秩序的扩大，所吸纳群体的进一步增多，分工也得到不断细化，效率上升而成本降低，形成正和博弈效应，人们得以共同受益。在市场经济的协作模式下，人们也学会以超出传统小共同体的方式进行交易与协作。随着生活的提升与商品的丰富，更多普通人能够低成本接触到过去精英的文化、艺术。米瑟斯（Ludwig von Mises）谈道："如果需要论证的话，只需要指出严肃音乐在过去几十年里如何变得流行起来，尤其是在那些在生意场上忙得团团转的人中间流行起来就够了。历史上从未有过这样一个时代，使艺术如此接近这么多人的心灵。"（［奥］路德维希·冯·米瑟斯：《社会主义：经济与社会学的分析》，王建民等译，中国社会科学出版社，2008年，第406页）

在过去的中国，古典书籍极其昂贵，文献中多有"家贫无书"的记载。《北齐书·杜弼传》记载，杜弼祖父为淮南太守，父亲为县令，但仍然"家贫无书"。《颜氏家训·勉学》中就专门强调，"若能常保数百卷书，千载终不为小人"，只要家庭能保有一些珍贵的书籍，就不会发生阶层跌落，而是能一直维持在精英阶层。但是随着进入宋代，市场经济的推动下，商业刻书开始崛起和兴盛，高高在上的古典书籍开始大量进入普通人的生活。苏东坡《李氏山房藏书记》就提到："余犹及见老儒先生，自言其少时，欲求《史记》《汉书》而不可得。幸而得之，皆手自书，日夜诵读，惟恐不及。近岁市人转相摹刻诸子百家之书，日传万纸学者之于书，多且易致。"在此，正是因为"市人"们在商业利益的推动下，引起了古典书籍的迅速普及，大量进入了普通人的世界。在过去的欧洲，斯多葛学派的书籍与洛可可艺术，都仅限于数量有限的贵族精英，普通平民难以企及。但随着市场经济和工业化的发育，生产成本极大降低，普通工人也可以在家中悬挂一幅达·芬奇或梵高画作的印刷品，或者一部工业生产的古典书籍。市场经济让过去高高在上的贵族文化、精英礼乐，得以更为高效地进入普通人的家庭与生活，提升文明社会的平均水位线。

可以说，稳定对偶家庭、父亲角色的产生与婚姻制度，以及在此基础之上产生的私有产权、市场经济，正是孕育出文明社会的基石。

逃墨必归于杨，逃杨必归于儒

大家都很熟知，孟子一直对墨家学派进行批判。墨学主张爱无差等、摩顶放踵，要"利天下为之"（《孟子·尽心上》），其大爱无疆和陈义过高的乌托邦色彩和基督教确实有相似之处，对于涉世未深者，尤其是生活方式很原子化的年轻人，往往特别有吸引力。墨家、基督教，也都是传统小共同体社会逐渐解体，人员高度流动起来、庞大陌生人社会时代的产物。是人性天然对共同体的渴求，在散沙化、原子化时代，发明出来的一种用力过猛的奇怪替代品。

在墨家出现以前的中国，是封建和宗法的社会结构，人们普遍生活在"人人亲其亲、长其长"的小共同体之中，以等差和多层次的丰富结构实现社会合作。而基督教出现和发展之前的希腊、罗马社会，也是遍地由父系家族、宗族为本位，再组建城邦和国家，人人都有家族的墓地和祖先崇拜的圣火，小共同体足以提供养生送死和终极关怀。库朗热在《古代城邦：古希腊罗马祭祀、权利和政制研究》一书中说，古希腊、罗马人信仰的是一种"家庭宗教"，死去祖先也就是凝聚家庭的神。而在遍地小共同体被强王权、强国家崛起打破之后，出现了一系列问题，最著名的就是"司马牛之叹"，所谓"司马牛忧曰：'人皆有兄弟，我独亡'"（《论语·颜渊》），这位没有小共同体的司马牛，感慨自己是一个孤苦伶仃的原子个体，羡慕别人有"兄弟"——宗法社会的"兄弟"还包括堂兄弟、远房堂兄弟等，其实是代指一个大家族，即小共同体。对于司马牛的叹息，子夏提供了一个方案，所谓"君子敬而无失，与人恭而有礼，四海之内，皆兄弟也。君子何患乎无兄弟也？"子夏说你只要做君子，把有共同价值观的陌生人都吸引到身边，那么一样是可以有自己小共同体的。子夏这个方案，当然也不能说错，共同价值观的好友，确实是构筑一种小共同体类型的方案。但如果将这一逻辑无限放大，凌驾于自然血缘等共同体的价值之上，下一步就是各类"大爱无疆"的思潮大行其道。

墨家、基督教这类想要将大量原子化的陌生人形成新的大共同体的努力，往往在发力上缺乏靠谱的边界感，用力过猛的同时，就是在设教一开始就陈义过高，违背了人的自然本性，到后来稍微向自然状态转型，就进而产生出一系列的大奸大伪，甚至大爱无疆的信仰幻灭后，突然变为另一个极端，成为杨朱那种"杨子取为我，拔一毛而利天下，不为也"（《孟子·尽心上》）的彻底自私自我，觉得信仰就是特别虚伪的那种"装"，什么都不信才是真性情的真诚之人。在信仰狂热的时候，觉得爹亲娘亲不如信仰亲，为了信仰和大爱可以去摩顶放踵，被磨成粉末都在所不惜。在大爱信仰幻灭后，就突然跳到另一个极端，为了公共利益，哪怕只是拔下身上的一根毛，这种代价都不愿付出，觉得看透了一切，只要提超出个体利益之外的任何东西，都是在忽悠人。《十日谈》之类的笑话中，特别喜欢谈基督教的神职人员和精英，本来应该发誓为了大爱无疆信仰而放弃个人家庭、私产，献身给宗教的出家人，在信仰幻灭中，践行的却是各种爱钱如命、贪得无厌、买卖官职、豢养情妇、以私生子继承自己官位，并瓜分为"大爱无疆"而设立的教会公共财产等行为。这种现象，从"逃墨必归于杨"的角度，其实很容易理解，这些神职官员作为技术官僚精英，对基督教的最初发心其实是兴趣不大的。瓜分公共财产，扶持自己私生子，其实是想建立正常家庭、拥有家庭正常私有财产这些本能驱动下的产物。但原有"大爱无疆"制度和基本结构又决定了一切原则都陈义甚高，因此向更正常本能转化或靠近的过程，就显得尤其难看和倾向虚伪、虚无。

基督教的最初发心，就带有了为了反家庭等小共同体的大爱无疆、乌托邦趣味，即一群放弃了家庭、私有财产和小共同体的人，为了信仰聚在一起过财产共有的大爱无疆生活，然后盼望末日和升天。《路加福音》称"从今以后，一家五个人将要纷争：三个人和两个人相争，两个人和三个人相争，父亲和儿子相争，儿子和父亲相争。母亲和女儿相争，女儿和母亲相争。婆婆和媳妇相争，媳妇和婆婆相争"。福山在《政治秩序的起源》一书中，专门有"基督教打破家庭观念"一章，"教会有计划地切断将财产传给后裔的各种途径"；"日耳曼、挪威、马札尔（Magyar）、斯拉夫的部落皈依基督教后，仅在两代或三代的时间就见证了其亲属架构的解散"。（［美］弗朗西斯·福山：《政治秩序的起源：从前人类时代到法国大革命》，毛俊杰译，第216、217页）张荫麟谈到"墨家学说的社会的含义和基督教大致相同"，"基督教一千数百年的训练，使得牺牲家族的小群而尽忠于超越家族的大群的要求，成了西方一般人日常呼吸的道德空气"。（张荫麟：《素痴集》，百花文艺出版社，2005年，第182页）张荫麟的判断当然受时代限制的影响，中世纪西方其实很大程度背叛了基督教的原始初心，世俗社会上多是各类小共同体，而教会科层组织中，也是多有"逃墨必归于杨"之类养情妇和私生子的神职人员。西方人"尽忠于超越家族的大群"，其实是比较晚近民族国家时代以后的现象了。张荫麟的两个判断是正确的，一个是墨家和基督教二者性质接近，二是基督教的初始趣味是"牺牲家族的小群而尽忠于超越家族的大群"。吴增定说，基督教最初的心智中"无论是婚姻、血缘、亲情、家庭还是国家、民族、律法等，都没有任何实在的意义"（吴增定：《导读》，尼采：《敌基督者：对基督教的诅咒》，吴增定等译，生活·读书·新知三联书店，2017年，第151页）。在末日和天国降临面前，家庭、财产、法律、国家这些维系共同体的"俗物"，没有多少价值。抛弃家庭、私有财产，捐献给大集体的大爱无疆精神，一心盼望早日升天，才是有意义的。但是末日说了上千年，还是不来，而"俗日子"还得过，基督教必须得和"婚姻、血缘、亲情、家庭还是国家、民族、律法"这些元素相处的同时，很多神职人员也有幻灭的这一面。既然财产共有、破除家庭、去践行大爱无疆、一心盼望升天的原初动机已然动摇，那么瓜分财富、扶持私生子继位之类比较杨朱的事就是自然而然的。与此类似的，法国大革命提出那些"博爱"的大爱乌托邦理想，最后幻灭，人们也从追求狂热博爱变成了原子化的个人享乐："当虚无主义压倒了崇高的信念时，法国人抛弃了他们的公民职责，热衷于退缩到私人空间享受私人生活，个人主义、享乐主义开始横行。"（崇明：《自由的艰难：托克维尔的革命论述》，[法]托克维尔：《论革命：从革命伊始到帝国崩溃》，曹胜超、崇明译，上海三联书店，2016年，第32页）如秦晖所言，当年柬埔寨等地一些曾经满口关心"人类"如何如何的人，在幻灭后成了毒枭去发财或开赌场之类，也是没有什么心理障碍的。

一些启蒙派、奥派人士，对各类乌托邦的大爱信仰、"激情燃烧"和宏大叙事表示不屑，并由此认为，有信仰或有情怀就特别虚伪，从一种原子个体角度谈自私自我，才是真自由真性情，并且将墨家、基督教、各类乌托邦推崇的大共同体和儒家主张的小共同体，都统统称为"集体主义"，而唯一区别于"集体主义"的，也就只有类似杨朱、原子个体那种所谓的"个人主义"了。这种类型的人，在文化方面往往喜欢谈庄子，说庄子是才是真自由个性解放，不虚伪不装，有的还喜欢李贽，说李贽也是真自由真性情；偏经济学方面的，一般喜欢赞同杨朱，并认为"老庄"主张"个人主义"和"经济自由"，而儒家则是"集体主义"和主张"经济管控"，并且一般会推崇安·兰德（Ayn Rand）。对"老庄"和"儒家"的经济观点，这类流行误解十分常见，笔者对此有过辨析，其实经济自由放任一直是原始儒家的重要经济思想，起源早于"老庄"，影响也深远，而且对于欧洲早期近代以重农主义为代表的经济放任思想发生过影响。（李竞恒：《岂有此理？：中国文化新读》，四川人民出版社，2023年，第88—101页）至于"老庄"，其实"老"和"庄"也各不相同，"庄"其实和政治、经济思想关系不多，更偏向生命体悟和审美维度，而老子就其思想而言，反而与法家、黄老的帝王术关系更为密切，是一套很老辣的政治权术，根本不是一些"奥派"想象中的"自由思想"。而至于原始儒学主张的家庭、乡党、村社等小共同体本位，其实也不是这些人想象中的"集体主义"，而是既区别于大共同体、大爱无疆那种"集体主义"，又不同于原子个体的另一种价值取向，是讲究爱有差等，根据亲疏远近确定其权利义务的一种有差等、网状复杂结构的取向。中国古代思想中，爱无差等的庞大墨家集体，以及庞大军国动员的法家，这两种才是"集体主义"精神趣味，西方主张爱无差等的基督教，以及各类现代"大群"本位思想的，才是"集体主义"。

至于他们推崇的安·兰德，其实也是典型现代"逃墨必归于杨"的例子。这位从苏联前往美国的知识分子，厌弃熟悉的乌托邦的同时，推崇"自私的美德"，认为"自私是人类进步的源泉"，并发表《个人主义者宣言》。安·兰德在《源泉》中就塑造了一名爱穷人、爱牺牲、爱义工的基督教大爱"慈善太太"，作为反面形象。安·兰德宣称"对于一个创造者来说，所有与他人的关系都是从属性的"；"他不为他人而存在，他也并不要求他人为了他而存在"；"利他主义当作一种剥削他人的武器"。安·兰德的这些为个人、自私的辩护，很容易让人想起"逃墨必归于杨"的杨朱，拒绝为了"天下"这种"集体"利益而拔下一毛。安·兰德说，历史上那些号召众人以集体主义名义牺牲自己的宣言，最终成为了奴役他人的手段。确实，历史上各种标榜伟大或大爱的集体主义运动，多因陈义过高，导致各种不同的糟糕后果。中国历史上，墨家主张爱无差等、摩顶放踵，但到最后投靠了秦国，与秦政合作，成为秦墨，也是一个例子。（李竞恒：《岂有此理？：中国文化新读》，第378—396页）从这个意义上，安·兰德这种为自私、自我的辩护，当然有其合理性与价值，或者说这就是"逃墨必归于杨"的价值，至少反思和跳出了乌托邦的深坑。跳出后成为杨朱式的"真性情"，厌恶一切大词和集体主义动员，作为一个原子个体生存，害怕任何一点不勇于"自私""个人"，又滑向"集体主义"，遭受算计。因此连亲人和家庭在内的小共同体，都被划为"集体主义"一边，被视为妨碍"自私美德"的。安·兰德本人就没有正常的家庭生活，也没有生养子女，就是说这位"现代杨朱"连家庭这个最小的社会单位，都是不太在乎的。这种高度原子个体的生存方式，当然也算是知行合一了。

但实际上，安·兰德式这种"个人主义""自私美德"的现代杨朱思想，也并没有洞悉现代西方文明的历史源流中，从来没有过这样一种高度原子化的"个人主义"，反而是以丰富的小共同体而著称，尤其是家庭、家族、社区等小共同体及其文化，而且对原子个体式的"自由"是不太客气的。以奠定了美国的北美殖民地社会、文化为例，在马萨诸塞州的文化中，对家庭极其重视，历史学家埃德蒙·摩根（Edmund Morgan）将其称为"清教部落主义"，"每个人都被法律要求与家族居住在一起"，康涅狄格、普利茅斯都禁止任何单身的人"独自居住"。1668年马萨诸塞米德尔赛克斯郡法庭系统搜索城镇，"并把发现的单身男女归入家庭里边"。1672年的郡法庭记载一个叫约翰·利特艾尔的人违反法律，独自居住在一栋房子，他被要求在六周内进入"城里某个秩序正常的家庭里定居"，否则会被收入管教所。从1562年到17世纪中期，英格兰埃塞克斯郡的高等警察局和地区法庭，都会对单身汉、未婚者、独自居住者采取相似措施。而在弗吉尼亚州，则更看重大家族，"在乡村地区形成很多这样的聚居点"，"从17世纪早期开始，弗吉尼亚的大家族也安葬在一起"。"弗吉尼亚的家长把'家庭'一词延伸到所有睡在他屋檐下的人，包括核心家庭、来访的亲戚、穷朋友、家庭教师和神职人员、仆役和房内奴隶，甚至是接受他款待的任何陌生人"。华盛顿就把自己的妻子、仆役、助手、工作人员等都视为自己庇护下的"家庭"，"'家庭'意味着一种权威，是指家里的所有人都让自己处于家长的庇护之下"（［美］大卫·哈克特·费舍尔：《阿尔比恩的种

子：美国文化的源与流》上册，王剑鹰译，广西师范大学出版社，
2018年，第102—103、第373—377页）。

　　这就是说，孕育出独立战争和制宪会议的北美社会，不是那
种遍地宅男式的原子个体"自由"，而是遍地坚韧的小共同体，
而这些小共同体对于原子个体式的生活方式是不太客气的，会采
取一些强硬手段。当然，这些历史从现代人的角度来看，是不太
"政治正确"，但这里需要从历史角度作一个澄清，即孕育了西方
传统古典自由的社会，不是很多人想象中那种原子个体本位，而
是强硬的小共同体本位。胡适留学时就在日记中感慨"盖此邦号
称自由耳，其社会风尚宗教礼俗，则守旧之习极深，其故家大族
尤甚"（《胡适日记全编》1915年2月3日）。这种由大量"故家
大族"为凝结核发育出的社会，既不同于墨家和乌托邦式的"大
群"，也不同于一些人推崇的安·兰德和杨朱式的"个人主义"。
晚清儒家接触到，并表示欣赏的那个普法战争以前的，以英美为
代表的"西方"，其实就是这样的一种由世家、乡绅之类为代表
的小共同体凝结核共治的社会，典型的就是徐继畬在《瀛寰志
略》中推崇弗吉尼亚大家长华盛顿，还推崇英国议会下院的"乡
绅房"，所谓"乡绅房者，由庶民推择有才识学术者处之。国有
大事，王谕相，相告爵房，聚众公议，参以条例，决其可否。复
转告乡绅房，必乡绅大众允诺而后行，否则，寝其事勿论。其民
间有利病欲兴除者，先陈说于乡绅房；乡绅酌核，上之爵房；爵
房酌议，可行则上之相，而闻于王；否则报罢。民间有控诉者，
亦赴乡绅房具状，乡绅斟酌拟批，上之爵房核定"。显然，晚清
儒家欣赏的当时英美治理，并不是安·兰德和杨朱式的"自私美
德"，而是其社会结构遍地存在自治小共同体的"乡绅"、大家长
之类，而众多"乡绅"又组成议会，与君主形成共治天下。其落

脚点，是自治小共同体的精英，有足够的力量和法律保护，能充分参与共治。

顾炎武读《诗经》"言私其豵，献豜于公"，看到原始儒家推崇的"三代"时期，人们先保留私家的猎物，再将剩下的献给领主。对此，他感慨道："各亲其亲，各子其子，而人之有私，固情之所不能免矣，故先王弗为之禁。非惟弗禁，且从而恤之。建国亲侯，胙土命氏，画井分田，合天下之私以成天下之公，此所以为王政。"（《日知录》卷三）原始儒家认为"私"才是一切正义和文明的基石，但这一"私"从历史经验的角度来说，又不是原子个体，而是"建国亲侯，胙土命氏，画井分田"的各类家族、氏族、部落、小邦等各种小共同体，它们以丰富的形式存在，而周王尊重和保护这些小共同体的"私"，不以墨家之类那种"大公无私"的名义去侵犯这些"私"。最后，通过对"私"的尊重，再层层外推，形成了真正的"天下之公"。杨朱们看破了墨家们的"公"是假公，开始追求自己的"私"，但这种原子个体的"私"非常脆弱，而且随时可能又被各类新版本的"大公"所吞噬。因此，真正能保护"私"，并通过"私"去实现正义和"天下之公"的，只能是各类有层次的小共同体形式。

只有从这个意义上，才能更好理解"逃杨必归于儒"，即原子个体式的各类"自由"其实不足以支撑起真正自由的厚度。只有意识到这一点，才会向具有更深厚历史传统的资源回归，尤其是历史资源中那些有利于支撑小共同体的文化价值。国内一些"奥派"理解的"自由市场"，完全是原子个体之间的博弈，博弈方式是高度流民散沙化的，觉得思考问题不按照杨朱式原子个体的"自由市场"，那一定就是乌托邦和"集体主义"思维。如果脱离历史经验，纯粹从抽象角度假想出来几个原子个体式的"企

业家""员工"之类，再按照"理性经济人"来推演他们之间的
博弈、合作，论证财产权和各类抽象权利、义务等，完全不考虑
历史、经验、习俗中的小共同体这类问题，最后一定会得出不靠
谱的结论。国外的奥派经济学家，当然也不直接谈小共同体这类
问题，原因是他们所熟悉的环境中有比较丰富的小共同体资源，
如美国的中小企业中有相当高比例的家族企业背景，如《鸭子王
朝》这种在路易斯安那造猎鸭用具的家族企业。有统计显示，美
国有百分之八十以上企业是家族企业，百分之六十以上的GDP是
由家族企业提供的。由于市场经济中具有丰富的小共同体资源，
就像是阳光、雨露、空气一样的存在；因此就不需要再多加论证
了。在市场环境中，小共同体之间有助于降低各类交易、资源的
整合成本，并克服时间偏好。通过小共同体，"信任会降低生意
成本，会使你更少地依赖律师和契约，甚至无须保险、债券和犹
豫不决"（［美］比尔·邦纳等：《家族财富》，穆瑞年等译，机械
工业出版社，2013年，第160页）。

　　在中国的东南数省，以浙、闽、粤等为代表的地区，有更发
达的家族、乡党等小共同体资源，抱团创业，信任和交易成本
低，因此这些地区反而具有更大的经济力量和社会活力，有众
多的家族企业、乡党小共同体的融资方式，并能在海外具有开拓
发展能力，在中国的经济结构中也扮演着重要的角色。而那些更
原子个人化的地方，得到的恰恰不是更发达的"自由市场"，而
是更官僚化的管制。国内一些有奥派经济学训练背景的学者，有
转向儒或至少对儒产生同情之理解这种现象，正是"逃杨必归于
儒"的生动注脚。

孟子、森林使用权与习惯法

古代的山泽森林中有很多资源，如狩猎的动物及其毛皮，木材、药物、蘑菇、野果、蜂蜜，湖泊中的水产品等，这些原本是天然资源，在古老的习惯法时代，各氏族或部族分别对各自不同区域的山泽森林享有不同的权利，这些不同权利源自漫长历史中各种复杂博弈形成的惯例，并以习惯法的方式得到普遍承认。在进入早期国家时代以后，氏族属民通过向保有山泽森林权利的领主缴纳一定收获，而得到相应的捕猎、采集或捕捞权，如《诗经·豳风·七月》中记载早期周人的农民入山狩猎，"言私其豵，献豜于公"，即将部分猎获献给领主，自己得到剩下的猎物，农民和领主根据不成文的习惯法，分别保有各自对于山泽森林资源的权利。正如学者所说，"在西周分封制度下，山林川泽为不同层次的封君多级占有，并非完全属于国有"（杜勇：《清华简与古史探赜》，科学出版社，2018年，第207页）。

在封建时代，没有谁可以宣称自己有权垄断山泽森林的全部利益。从《诗经》的内容中随处可见，当时普通民众可以比较随意地获取各类山泽资源。如《召南·野有死麇》"野有死麇，白茅包之""野有死鹿，白茅纯束"，猎人男子将山林中捕获的小鹿，用白茅包裹起来，赠送给女子；《周南·兔罝》"肃肃兔罝，施于中林"，猎人将捕猎野兔的网子，隐藏在树林中狩猎；《小雅·采绿》"之子于狩，言韔其弓。之子于钓，言纶之绳。其钓维何？维鲂及鱮"，不但可以在山中用弓箭狩猎，在水泽中也能自由钓鱼，捕获到三角鳊、鲢鱼等水产品。此外，《诗经》中也大量记载了民众采集山林中的蒌、荼苢、薇、苹、榛、苓、漆、栗、苌楚、菽、杞等森林资源。在封建时代，"猎人矫健的身影穿梭于山林之间，妇女一边吟唱一边不停地采集，大自然丰富的资源为人民提供了生存所必需之物"（*李春利：《两周时期采邑制度的演变》，中国社会科学出版社，2016年，第99页*）。

周厉王曾经尝试扩大王权，将封建时代层层保有的山泽森林权垄断为国王所有，并任命荣夷公实行"专利"。当时的《微繺鼎》铭文提到了"籍司九陂"，《逨盘》铭文也提到"司四方虞林，用宫御"，即王室控制山林水泽的巨大利益。清华楚简《芮良夫毖》中记载领主芮良夫向厉王抗议，杜勇指出："山林水泽之利本来为各级封君共享，厉王革典变成独占天地百物之利"；"实施专利政策，不仅极大损害了王畿内外各级封君的实际利益，也严重影响到国人的生计"。（*杜勇：《清华简与古史探赜》，第209—210页*）因此，周厉王的"专利"行为，最终遭到了各级贵族阶层的反击，他们将其驱赶出去，又恢复到封建习惯的传统轨道上去，由众人共享这些自然资源。

其后几百年，随着周代的"礼崩乐坏"，封建时代的习惯解体，代之而起的是孟子生活时代强大的王权和财政汲取体系。体现在山泽森林权上，就是王权垄断的扩大，封建私权的坍塌。《孟子·梁惠王下》记载，齐宣王向孟子询问："周文王时代的王家猎苑有七十里，而我的王家猎苑只有四十里，但为何民众觉得周文王的猎苑太小了，而我的猎苑太大了?"孟子回答说，周文王的猎苑，"刍荛者往焉，雉兔者往焉，与民同之"，领主和普通农民都可以进入采集木材或狩猎，按照古老习惯享有各自的权利。但是齐王的猎苑，别人到里面杀一只鹿，也等同于杀人罪，会被处死刑。做个不太恰当的比方，虽然都叫"皇家"的，齐王的猎苑真是皇家的，而周文王的猎苑更类似"英格兰皇家科学院""加拿大皇家骑警"这种挂了个特许状的羊头而已，其实和"皇家"没多大关系。而齐宣王垄断的山林之禁，则完全是君权垄断，禁止民间触碰和分享其中的任何资源，所谓"郊关之内有囿方四十里，杀其麋鹿者如杀人之罪，则是方四十里为阱于国中"。民众在君主圈禁的垄断山泽中狩猎到麋鹿，居然等同于杀人的死罪，这一片君主垄断的林囿，相当于遍布了处处能陷人于死地的陷阱。

春秋晚期的齐国，已经开始对山林水泽实行管制。晏子就曾批评说"山林之木，衡鹿守之；泽之萑蒲，舟鲛守之；薮之薪蒸，虞候守之；海之盐蜃，祈望守之"（《左传·昭公二十年》），即从山上的林木柴草，到水泽、海边的植物、贝类资源等小东西，也都被官府派出专人进行管控。杜预的注释说："言公专守山泽之利，不与民共。"这种君主为了私利而破坏古老习惯法的行为，也正是春秋时期"礼崩乐坏"的一个组成部分。进入战国时代以后，情况没有变得更好，反而更加糟糕。从战国的齐国官印来看，有"亡麇""麋鹿之禁"等印章（陈光田：《战国玺印分域研究》，岳麓书社，2009年，第50—51页），显然当时齐国设立有专门掌管国有猎苑的官职，对山泽的动物资源实行"专利"。当然齐国与商鞅变法后的秦国比，又显得要文明一点了，因为齐王是圈占四十里，而《商君书·垦令》直接规定要"壹山泽"，即将山泽森林的资源全部收归国有。如此，"恶农、慢惰、倍欲之民无所于食"，即皇上把这些全部收归国有不但有经济利益，而且那些不好好给皇上耕田的农民，再也没有去处和逃避的地方，只能老老实实耕田和打仗。只要还有自由的山林水泽存在，就仍然可以有伯夷、叔齐那样独立人格的人们，可以逃入山中，哪怕挨饿采薇，也不会成为秦王"利出一孔"统治下的耕战士兵。"壹山泽"的意义，不但可以让君主垄断全部的自然资源，而且涸泽而渔地夺走人们寻求自由的最后道路。韩非子早就说"夫好显岩穴之士而朝之，则战士怠于行阵"（《韩非子·外储说左上》），那些躲入山林的"岩穴之士"，游离于君权的控制之外，如果不将其驱赶出来，成为耕田打仗的编户齐民，那就是对君权的潜在危害。

龙岗秦简《禁苑律》中就规定，"诸禁苑为彔，去苑卌里禁，毋敢取彔中兽，取者□罪"，严格禁止任何人触碰皇家的山泽森林资源。（刘信芳、梁柱编著：《云梦龙岗秦简》，科学出版社，1997年，第29页）在岳麓秦简中，秦皇更是粗暴地宣布对山林进行圈占，公元前221年秦皇给丞相发布了一篇"制"，说现在灭了六国，朕亲自到了洞庭的湘山、屏山，看到"其树木野美"，于是命令"其皆禁勿伐"（陈松长主编：《岳麓书院藏秦简[伍]》，第57页）。现在网络上一些小清新半懂不懂地想象，以为秦皇这是一种"保护环境，禁止滥伐"的政策，而根本意识不到这是一种超级皇权的"专利"制度。这篇"制"的意思其实是，以前普通平民可以在湘山、屏山上砍柴、砍树修房子，现在都不允许了，这些大树都得留着，属于皇家专有，树长大了要给皇上专用，造阿房宫的大殿柱子之类。说白了，就是秦皇根本不把新征服楚地的百姓当人看。

　　对于战国时期开始出现的这一波对森林的"专利"，孟子提出强烈反对，在他看来，对于山泽森林的使用，要给贵族和平民留下空间，而不是皇家独享。皇家独享的山泽森林，一座座山头就像是一个个陷阱，民众稍有不慎在某处荒山猎获到兔子，或者野外湖泊捕捞到水族，都会触碰到法网，这是下等的与民争利行为。对于山泽森林的使用，孟子主张尊重古老的习惯法，我们熟知的那一段"数罟不入洿池"和"斧斤以时入山林"（《梁惠王上》）其实就是在描述周代社会对山泽森林资源使用的不成文习惯法，这类周代的描述也见于《逸周书·大聚》《文传》等篇，以及后来的齐国法律《守法守令等十三篇》等，多有"川泽不入网罟""山林非时，不升斧斤""春三月，山林不登斧"之类的记载。日本学者工藤元男就指出，这些内容是当时早就存在的习惯法。（［日］工藤元男：《睡虎地秦简所见秦代国家与社会》，［日］广濑薫雄、曹峰译，上海古籍出版社，2010年，第344—345页）孟子强调了什么时候能网鱼，什么时候能进森林砍树这一大段，其实就是倡导将对山泽森林的使用恢复到封建时代那种"共享"的画面，其实是对古老习惯的尊重。用孟子的话说，就是"泽梁无禁"，民众可以随意到水泽中捕鱼，即朱熹所说"与民同利，不设禁也"，没有王家的"专利"垄断。

　　英国历史上，约翰王也曾经和中国的周厉王一样"专利"，体现在森林控制上，他也是将森林权利转移到国王手中。在贵族反抗约翰王之后，签订的《大宪章》第47条，就明确规定"所有本朝所圈之禁苑将立刻解禁"（陈国华译本，商务印书馆，2016年，第48页），这和西周贵族取得的成就是一样的。除了《大宪章》，当时还专门有《森林宪章》，1217年与《大宪章》一起颁布，确保山泽森林之权不被"专利"，"它限制了国王对英格兰各地大片林地享有的权利，允许平民百姓在这些森林里放牧牲畜、挖掘水渠和从事其他关键的农业活动。在此之前，森林法极其严苛，受到土地所有者们的极大怨恨"（［英］丹·琼斯《金雀花王朝：缔造英格兰的武士国王与王后们》，陆大鹏译，社会科学文献出版社，2015年，第237页）。孟子的思想，与"森林宪章"之类相通，开放森林权，对于贵族和平民都有共同利益。孟子对于世家贵族，一向给予高度评价，将他们称为"乔木""巨室"，并提出"为政不难，不得罪于巨室"（《孟子·离娄上》）。因为他知道，在战国那种超级王权崛起的背景下，贵族和平民之间恰恰具有更多共同的利益。

孟子谈社会分工与市场

孟子生活的时代，神农学派的许行反对社会分工，率领几十个弟子跑到滕国，穿破麻布衣服、自己打草鞋、织席子、种田，一副自给自足，拒绝社会分工的画面。这时楚国有陈相、陈辛两兄弟，本来都是儒家陈良的弟子，跟着陈良学了几十年儒，结果老师死后就叛变了，拿着农具从宋国跑到滕国去，见到许行搞自耕自足，无比欣赏这套，于是放弃儒学拜许行跟着他学。（《孟子·滕文公上》）

许行拒绝社会分工，从打草鞋到种田都要尽量亲力亲为，这一学派，钱穆认为是南方楚国的墨家，是禽滑釐的弟子（钱穆：《先秦诸子系年》，第408—409页）；梁启超认为许行是墨家和道家之间的学派，类似"现代俄国劳动政府"（梁启超：《先秦政治思想史》，上海古籍出版社，2014年，第122页）；徐中舒认为认为许行代表了"南方农村公社的观念"，《汉书·地理志》中说江南没有大富豪，酋长也参与耕作（徐中舒：《先秦史十讲》，第12—14页）；杨宽认为许行这派，体现了"农家和法家的抑商主张"（杨宽：《战国史》，上海人民出版社，2016年，第160页）。许行这派喜欢赞美村社、劳动、自给自足，对城市和商业交换，以及必要的行政组织充满抵触。陈相、陈辛跟着陈良学儒，都是陈氏，很可能是有点血缘关系的同族，属于降到了民间的没落贵族，但又有点血缘性的"南方农村公社"生活经验，所以看了许行这套后觉得是理想主义升级版，立刻就皈依了。

陈相作为刚加入许行门派的"狂热皈依者"，就去找孟子辩论，说滕国有"仓廪府库"这套行政税收组织，就是在盘剥民众。孟子说，许行一切都要亲力亲为，那他戴的帽子是自己纺织出来的？陈相说，许老师的帽子是拿自己种的粮食换来的。孟子问，那为啥不自己纺织帽子？陈相说，这不是精力不够，自己纺织就妨碍耕田了。类似的，许老师用的铁农具、做饭用的陶器瓶瓶罐罐，也都是用自己种的粮食换来的。孟子说，看来许老师也不是啥都能亲力亲为，还是得参与社会分工啊，那么社会的组织结构发展到一定程度，一定就会出现"大人之事"和"小人之事"，换我们现在话说就是要出现专门的管理职业。

这种专业的管理职业，按照孟子的说法，起源于文明诞生前夜的治水时代。当时黄河流域发生猛烈洪水，大禹率领各部落进行"疏九河，瀹济漯，而注诸海；决汝汉，排淮泗，而注之江"的巨大复杂公共工程，此后中原没洪水了，才能耕田种粮食。这时大禹忙得三过家门而不入，就算想自己耕田，那也是不可能的。换言之，如果这个时代不产生最原始的税收和公共服务、管理职业，是根本不可能治理洪水的。大禹之后，出现了后稷这样的农官，契这样的司徒民政官，必要的管理科层组织建立了起来，作为一个小政府服务于大社会，有其存在的必然性，而不是什么盘剥民众。

孟子的这个论述，让人想起了古罗马史学家李维（Titus Livius）在《自建城以来》第二卷中的一个比喻，当时罗马平民

觉得罗马的"劳心者"在占自己便宜，集体出走了，后来元老院
找来一个擅长言辞的平民叫墨涅尼乌斯·阿格里帕去解释，他就
说国家相当于一个完整的人体，有胃有嘴巴有四肢，各部分看到
只是胃在接受供养，觉得不公平，于是嘴不接收送来的东西，牙
齿拒绝咀嚼，以为这样可以制服胃，最后发现整个身体都陷入了
极度的消瘦。这时候身体各部分才发现，胃不仅仅是接受抚养，
它还吸收营养，把食物消化后形成的血液均衡地输送到各个部位
的血管里面。听了这个，罗马平民们便改变了以前的看法。（**[古
罗马] 提图斯·李维：《自建城以来 [第一至十卷选段]》，王焕
生译，中国政法大学出版社，2009 年，第 85 页**）我们站在现代
社会当然无法赞同古代的贵族制，但托克维尔也详细讲过古代社
会，贵族并不是吃白饭的盘剥者，他们其实肩负了社会治理、凝
聚地方小共同体、为属民提供庇护等多种义务和工作，法国君主
搞中央集权剥夺贵族权力的同时，其实也瓦解了各地方的自治能
力，最终导致不谙实际治理的沙龙文人议政和一系列灾难。

　　因此，孟子说的"大人之事""劳心者"，或者古罗马人比喻
的"胃"，其实都是在表达，社会需要分工，除了一线的生产劳
动，也需要一些人脱离直接生产，用他们的管理能力、德性、专
业知识去凝聚以小共同体为本位的社会自治，并在此基础上形成
良好的社会公共服务，这门职业就是"大人之事"。在这个意义
上，中国和西方的古典智慧是相通的，而不是什么"中西文化
差异"。

　　除了社会公共服务需要分工出来，孟子认为商业市场的交
易，也是需要分工合作的。杨宽在《战国史》中提到，神农家和
法家一样，有抑制商业的主张。许行这位神农家教育下的陈相就
认为，理想状态是市场上所有商品价格相等，轻重相等的丝绸和

麻布也都价格等同，这样就算五尺高的小朋友到了市场，也不会受到欺骗，这就会实现社会正义。孟子针对这种人为干预市场价格的谬论，提出这是乱天下的观点，如果大鞋和小鞋子都同一个价格，谁还去生产大鞋子；如果丝绸原料和麻线原料轻重价格一样，谁还来生产丝绸。道理很简单，如果要像许行那样，一切自给自足，尽可能排斥市场交易，如果一定要交易，就得实行严格的价格管制，这一定会导致最后人们都买不到自己需要的商品，价格管制的结果是一切物资都短缺。可以说，儒者孟子在这是为自由市场辩护的，权力之手不要去制定价格，以为自己能"调控市场"。

　　从历史来看，一些古代文明的晚期，是特别热衷于价格管制的。恰恰是无所不在的管制，降低了这些文明的自治能力与社会活力，最终走向衰败。哈耶克就指出，早期的古埃及实行了较为自由的经济制度，但这一趋势后来被破坏，导致其十八王朝实行了无所不在的管控。哈耶克还认为，古罗马的衰落是因为从公元2世纪起实行了价格和市场管控的结果，国家"扩大了它对经济生活的控制"（［英］弗里德里希·奥古斯特·冯·哈耶克：《致命的自负》，冯克利、胡晋华等译，中国社会科学出版社，2011年，第33页；［英］弗里德里希·奥古斯特·冯·哈耶克：《自由宪章》，杨玉生等译，第247页）。古埃及晚期对价格管制可以具体到什么程度？当时埃及政府规定，每个工人的标准配额是十个面包和定量啤酒，一个士兵每十天发放3.75公斤小麦和2.25公斤大麦，高级官员配额五百个面包。（［英］塞缪尔·E.芬纳：《统治史：古代的王权和帝国——从苏美尔到罗马》，王震、马百亮译，华东师范大学出版社，2014年，第201—203页）神农家许行，如果看到古埃及晚期事无巨细的价格管制和配给制，可能会抚掌称善，孟子看到则会大大地摇头。

　　许行之外，孟子还批评过齐国一位以"廉洁"著称的叛逆贵族陈仲子。据《孟子·滕文公下》的记载，陈仲子的哥哥陈戴，有上万钟粮食的俸禄，但陈仲子认为他这是不义之财，不用他的钱，远离哥哥和母亲，独自到"於陵"这个地方去居住。於陵，据学者考证，位于现在的山东邹平县的古城村周围，至今仍然有残存城墙和战国砖瓦陶片。（张光明：《齐文化的考古发现与研究》，齐鲁书社，2004年，第49页）在於陵，陈仲子亲自织草鞋，妻子纺麻绳，以此为生。有时会饿得三天没饭吃，看不见也听不见，爬向井边被虫子吃坏了大半的李子树，勉强吞食一点破李子，然后才能睁眼和恢复听力。有一天他回家，妈妈杀了一只朋友送给他哥哥的鹅来吃，他对此颇为不屑，结果后来知道是他哥哥的，就出去呕吐鹅肉，表示自己廉洁，不吃不义之食。这样一位有精神洁癖的"廉士"，梁启超认为他属于"遁世个人主义"的道家，与齐王同氏，表明是当时显赫的大贵族，其思想"与杨朱一派正相反，然其为极端的个人主义则一也"（梁启超：《先秦政治思想史》，第121页）。

　　这位陈仲子的思想，应该是混杂了道家和神农学派甚至墨学的，和前面所说那位许行非常相似，都是亲自劳动，拒绝社会分工，并且认为当官获取俸禄是罪恶。孟子就反问，说你既然这么廉洁，那你住的房子是道德品质很高的伯夷所修建，还是道德品质很差的盗跖所修建；你吃的粟米饭，也得研究下是伯夷种的粟，还是盗跖种的粟。显然，在孟子这里，社会既然存在分工，就根本不必考虑给你建房子的人道德如何，你吃的米是谁种的这类问题，真要道德洁癖到变态，那就只能"蚓而后充其操者也"，即变成一条吃土的蚯蚓，成天吸风饮露，才能做到绝对的"干干净净"。

　　显然，孟子认为陈仲子的哥哥陈戴才是对的，做官领取俸禄，本身就是一种社会分工的职业角色而已，并不是什么"不义"。根本不需要像许行那样亲自种田，或者像陈仲子这样亲自织草鞋，才叫"廉洁"。像张俞那首著名的诗《蚕妇》"昨日入城市，归来泪满巾。遍身罗绮者，不是养蚕人"，其思维就是许行、陈仲子之类的墨家、神农逻辑，亲自养蚕的人才能穿蚕丝纺织的衣服，拒绝一切社会分工，并认为城市的社会分工和商品交易会让自己"泪满巾"，完全不考虑养蚕人通过养殖行业和市场行为，将蚕丝变为商品换取财富，不是养蚕的人不需要养蚕就穿上了罗绮，同时也让养蚕人获得了货币，可以购买其他各种丰富的商品，社会分工最终实现了共同获益这一事实。越是分工细的社会，越是成熟与发达，人类进入文明时代，就是因为农业革命后多余的粮食能养活更多人口，让更多人能做不同职业，甚至产生了专门以知识为生的知识分子。如果孔子、佛陀、苏格拉底们都像许行、陈仲子一样成天忙于种田、纺织，一切亲力亲为，也就不会有文明社会伟大而璀璨的思想诞生了。

　　谈到社会分工的思想，很多人也会想到亚当·斯密及其《国富论》，其中那个通过分工造针极大提升了生产效率的例子非常著名，即十个工人的小工厂，如果把造针的细节分工成不同环节，则他们一天可以生产出48000多根针；而如果这十个人，每一个都自己完成整个工序，他们一天最多造出不到20根针，甚至一根都造不出。根据罗斯巴德（Murray Rothbard）的研究，斯密这项造针分工的例子，来自一本1755年的法国《百科全书》。罗斯巴德认为，斯密的缺陷在于对身边正在发生的工业革命等新情况一无所知，不能从更新的角度，尤其是国际贸易的角度阐述社会分工的重要性，而是从更陈旧著作中的法国小工厂寻找例子。（［美］默瑞·N.罗斯巴德：《亚当·斯密以前的经济思想：奥地利学派视角下的经济思想史》，张凤林译，第689—693页）斯密未能从更现代的工业、国际贸易角度阐述社会分工的重要性，固然略有遗憾，但其思想传播的贡献，也需要尊重。孟子谈社会分工的必要性、合理性，以及对工商业的辩护，其义理与这些近现代思想是颇有异曲同工之妙的。孟子如果生活在现代，其论述社会分工的例子，一定还会包括身边最新的科技革命、商业模式等话题。在这个意义上，笔者认为现在关注"传统文化"的人士，倒是可以多关注罗斯巴德建议的，比如身边工业与技术的最新领域和国际贸易等现代社会、经济活动。

孟子与自由贸易

　　孟子主张自由贸易，反对官府对自由贸易的管制和破坏。在《孟子·梁惠王下》提出治国需要"关市讥而不征"，在《尽心下》中，他提出"古之为关也，将以御暴。今之为关也，将以为暴"，意思是古代建立关隘，是为了保护社会，而不是为了多收税，他主张对民间商业不收关隘税。这一点与英国《大宪章》第13条，免除各市、区、镇、港的关卡税，皆享有免费通关权的主张是一致的。（《大宪章》，陈国华译，第33页）

　　在商贸道路上设立关卡，孟子认为其功能限于稽查犯罪即可，而不是用来收税，增加贸易负担。从考古资料来看，当时关卡商业税的负担不小。如包山楚简《集箸》简149记载了十个邑、四条水道日常都要收取"关金"（朱晓雪：《包山楚简综述》，福建人民出版社，2013年，第374页），可见当时官府不但在陆地上收取关卡税，在水路上一样要榨取一笔。1957年安徽寿县出土楚王颁发给鄂君启的车节和舟节，都有错金铭文，车节铭文云"得金节即毋征"，"不得其节即征"，意思是鄂君启这种特权者拿着楚王颁发的"金节"这一凭证，在通过关卡时就能享有不征税的特权，舟节铭文云："见其金节毋征，毋舍桴饲；不见其金节则征。如载马、牛、差以出内关，则征于大府，毋征于关。"
意思也是水路关卡上，凭借特权金节可以免除征税，但如果运载
牛、马出关则由大府征税。显然，鄂君启这种特权者是极少数，
绝大部分的普通商旅、百姓无论是走陆路还是走水路，经过各国
关卡都是要遭受盘剥的。所谓"平民百姓不似鄂君启之权贵，通
商行旅是要遭到重重关卡征敛的"（杜正胜：《古代社会与国家》，
台北允晨文化实业股份有限公司，1992 年，第 600 页）。在张家
山汉简《算数书》中，记载了战国末或汉初的关卡收税算术题，
说商人带着盾、狐、狸、犬出关，要缴纳租税"百一十一钱"，
百姓如果背着米出关，要经过三个关卡，"三税之一"（张家山
二四七号汉墓竹简整理小组：《张家山汉墓竹简 [二四七号墓]》，
文物出版社，2006 年，第 136—137 页），即三分之一的份额都
要被榨取，可见民众和商旅的沉重负担。而特权者并不缴纳通关
税，这是非常不公平的。

　　对于沉重的关卡之税，战国时期的思想中有批评的声音。如
上海博物馆楚简《容成氏》是一篇带有儒家思想倾向的出土文
献，其中就专门讲到了美好的大禹时代"关市无税"，不征收关
卡税，而到了夏朝末年的桀王则相反，"以征关市，民乃宜怨"
（马承源主编：《上海博物馆藏战国楚竹书 [二]》，上海古籍出版
社，2002 年，第 263 页）。孟子生活在这一时代大背景下，自然
会对沉重的关卡税提出批评。孟子的主张就是，各个关卡，无论
贵族还是普通商人，都统统不收税，藏富于民，保护自由贸易。
梁启超先生对这一主张的评价"儒家言生计，不采干涉主义"
（梁启超：《先秦政治思想史》，第 190 页）可谓一语中的。孟子
认为，只要能更好地保护民间商业，废除沉重的关卡税，就会
"商贾皆欲藏于王之市，行旅皆欲出于王之涂"（《孟子·梁惠王

上》），天下的百姓、商人都希望来这个低税率和保护自由贸易的国家，行走在畅通无阻的陆路和水道上，市场则会进一步繁荣，国家经济发展了，对国家长远建设才有好处。

在孟子看来，超出维持政府基本运作之外的经济汲取行为，是属于偷盗性质，窃取了民众和社会的财富。《孟子·滕文公下》记载宋国大夫戴盈之对孟子说，马上取消阻碍自由贸易的关卡税，以及将税率降低到"什一"，这事好是好，但急不得："我计划先降低一点税率，等来年有机会再做到。"对此，孟子嘲讽说："今有人日攘其邻之鸡者。或告之曰：'是非君子之道。'曰：'请损之，月攘一鸡，以待来年，然后已。'如知其非义，斯速已矣，何待来年？"孟子将维持政府基本运作之外的额外经济汲取行为，比喻为偷鸡。你虽然减少了偷鸡的量，从每天偷一只降低为每个月偷一只，但性质没有任何改变。如果要改变，那就请洗心革面马上改。很显然，孟子认为政府规模不宜太大，但力量必须够强，是一个偏小而强的政府，其经济汲取范围，划定在一个必要的边界内即可。

《孟子·公孙丑上》记载了孟子的商业思想："市廛而不征，法而不廛，则天下之商皆悦而愿藏于其市矣。关讥而不征，则天下之旅皆悦而愿出于其路矣。"对于"市廛而不征，法而不廛"有不同说法，如杨逢彬《孟子新注新译》认为是"在市场，拨出房屋储藏货物，却不征税，如果滞销，依法收购，不让它长久积压"（杨逢彬：《孟子新注新译》，第96页）。如果是这个解释，那么孟子显然成了主张经济管制的人，让政府负责兜底收购滞销货物，那么结果必然是形成寻租链条，很多人通过各种操作不停把低价烂货拿去让政府兜底收购，形成各种灰色利益链，这显然是不符合经济规律的。有学者认为，这句话的意思是对商人不征收货物税，只收仓库税，市场内居民能免除力役和地税，那么他们会乐意成为市民。笔者认为，对这一段解释比较合理的就是朱熹引用张载的注释"赋其市地之廛，而不征其货；或治之以市官之法，而不赋其廛"，"廛"是市场中的商业用地（邬勖：《秦汉商业用地制度初探：以出土文献为中心》，《江西社会科学》2015年7期），意思就是对市场商业用地只征收一点商业用地税就行了，不用征收货物税，此外要用市场法律提供守夜人最低秩序，而不再征收其他多的税赋。这种低税收和良好公共服务的状态，能吸引到各国的人都前来参与市场活动，促进经济的繁荣。很多人一直有误解，认为"贱商"是儒家传统，这其实是对汉朝以后那种儒法混合制度后果的误解。先秦原始儒学一直到西汉尊儒的贤良文学们，其实都是为商业和更自由的市场进行辩护的。倒是儒学的敌人法家，反而慧眼如炬，看出儒家和商人才是一个阵营，都是妨碍国家耕战的。商鞅就说"豪杰务学《诗》《书》，随从外权；要靡事商贾，为技艺，皆以避农战"（《商君书·农战》），一眼看破学《诗》《书》和从事商业者，是更接近的群体，且妨碍秦制的建立。

　　哈耶克曾谈到，远古以来的人无法理解商业活动的实质。由于他们看到商业"贱买贵卖"，因此将其视为一种可怕的魔法。西方柏拉图与亚里士多德，都对商人表示蔑视。（［英］弗里德里希·哈耶克：《致命的自负》，冯克利等译，第101—102页）西方的两希传统中镌刻着蔑视商业活动的基因，柏拉图在《理想国》中嘲讽从商"是些身体最弱不能干其他工作的人干的"。哈耶克说，"在古希腊，当然主要是斯巴达人，即那些最强烈反对商业革命的人……在柏拉图和亚里士多德那儿，我们便可发现一种向往恢复斯巴达行为方式的怀乡病"（［英］哈耶克：《致命的自负》，冯克利等译，第31页）。此外，耶稣则把商贩驱逐出圣殿，并认为富人升天比骆驼穿过针孔更难，早期基督教的基本盘是奴隶和贫民，并实行财产共有，敌视商业与致富。与之形成对比的是华夏的孔孟之道，孔子、孟子那里从来没有对商人、商业或财富行为的讥讽，相反，孔子经常熟练使用商业术语，并主张富而好礼、富而后教，原始儒学的贤人中更是出了儒商子贡，而到了孟子这里仍然强烈地为自由贸易进行辩护，这种对市场的态度，是原始儒学的重要属性之一。

儒家重视商业与自由贸易的思想，在近代传播到欧洲，并对主张自由贸易政策的法国重农学派曾产生过积极影响。如魁奈（Francois Quesnay）就曾通过西卢埃特受到过"中国哲学家的书籍"影响，并且颇为崇尚儒家思想，而西卢埃特是在1687年从孔子的著作中获取到了关于"听从自然的劝告"，"自然本身就能做成各种事情"的观点，由此联想到以天道观念为基础的中国"无为"思想，有助于对西方自然法的研究。英国学者赫德森认为魁奈的自然秩序思想就是中国主张君主"无为"的观念，日本学者泷本诚一认为法国重农学派的自由放任观念与中国思想相同，我国学者侯家驹也曾指出"我国儒家经济思想启发了西方自由经济思想"。谈敏指出，儒家主张的无为，以治理为目的，尤其讲究德治，这对于魁奈当时正在积极寻求一种新的经济原则，以此取代他所坚定反对的国家干预型重商主义政策来说，显然产生了很大启迪作用。综合考察来看，"重农学派的自由放任原则，实际上主要是中国儒家的无为思想之变形"（谈敏：《法国重农学派学说的中国渊源》，上海人民出版社，2014年，第212—214页）。

谈到这一点，就必须了解西方近代以来流行的那种国家管制经济的思想。早期近代的西方有一个重商主义的时代，"重商主义"这个词很可能让一些读者误解，以为这是国家很重视商业，其实重商主义这个词，即 Mercantilism 恰恰相反，指国家特权对经济事务各个领域的管制，尤其是各个行业的垄断专利产生巨大的利益求租、寻租空间。所以秦晖先生说，Mercantilism 这个词与其翻译为"重商主义"，还不如翻译为"控商主义"更为合适。

在十六、十七、十八世纪欧洲的控商主义时代，国家把经济领域的各行业"垄断专利"包租给协助君主收税的商人集团，这种"商人"比较类似我们中国人熟悉的明清盐商，拿到国家授予运销食盐的特权获取巨大利润，而不是自发市场行为的产物。在控商主义时代，一个欧洲国家的几乎所有领域的垄断特许权都能授予给一些人，哪怕像生产扑克牌这么简单的产业，都能够被授予某人，让他垄断全国扑克牌的生产。既然他合法垄断全国扑克牌的生产，那么自然不要期望有特别精美的扑克牌产品，而且价格不会太便宜。如果竞争者私下做出了更漂亮、更有创意、更便宜的扑克牌，他便可以合法将其作为"违法商人"加以打击。S.T.宾多夫在《都铎英格兰》一书中描述说，都铎王朝时期的英国，具有扑克牌生产垄断权的官商，可以闯入任何一家商店，搜查没有"合法"盖章的扑克牌，并传唤店主到法庭。他可以随意消灭任何竞争者，可以随意确定任何产品的价格，并被授予随意搜查的特权。而一个有权垄断生产黑火药的人，则可以在任何人家里挖掘，因为含有硝酸的土壤是他的生产原料。

通过对于特权的授予，产生了大量的设租和寻租空间，如国家一方面禁止搞赌博，另一方面一旦某人拿到开设赌场特许状，便可以合法营业，赚得盆满钵满，并合法打击其他"地下"的竞争者。国家给予这些特许权的官商管辖权，如一份英国 1603 年的清单就包含三十六项包租特权，其中三分之一是允许垄断者对他人进行罚款，詹姆斯一世甚至把罚款权也包租了出去。在1636年，两个特许人就分别获得了规定呢绒行业工资的特权，以及监管技术条例的垄断权。规定工资特权有什么好处呢？假如我有呢绒行业规定工资的特权，那么我就定一个比较高的"行业内最低工资标准"，听起来也是在为大家谋福利，然后一些业内中小企业成本过高负担不起就完蛋，我还能随时搜查你是不是"非法用工"并罚款，盆满钵满地垄断，自然能负担自己的工人工资"标准"，灭了竞争者自然不需要太考虑产品质量升级，赚钱就是了。垄断监管技术条例，什么标准自然是特许权人说了算，不符合我这个的竞争者也都完蛋，偷偷搞升级的都是违规，逮住罚款就是了。想竞争？门都没有。想质量？凑合着用吧！

　　这样搞下去的结果，就是一个斯图亚特王朝时期的典型英国人，应该住在用特许垄断标准的砖块建造的房子里，窗户上安装着特许商供应符合其"标准"的玻璃，靠垄断的煤炭或木材取暖，炉子是特许人用特许标准的铁造出来的，他的墙上挂着特许呢绒业规定工资和价格生产出来的挂毯，睡在特许棉花纺织管制标准商寻租生产的床单上，用特许权允许生产的梳子梳头，用特许权"合法"标准的肥皂洗脸，用特许供应商的合法淀粉浆洗衣服，吃特许权生产者提供的黄油、特许的鱼、特许的谷物，用按照特许垄断行会标准制造的玻璃杯，喝特许垄断标准的酒，拿起一副特许"合法"盖章的扑克牌进行娱乐。如果他的人生能够如意，他也要成为一个拥有垄断专利的包租人。

　　在波旁王朝时期的法国，对经济强加的众多商业限制中，最重要的部分就是对生产、贸易强制执行"质量"标准。拥有垄断管制"质量"标准的行业，新产品、新技术、新方法都遭到以"不符合质量标准"为由的打击。如十七世纪初期出现更高效率的织布机，最初只是用来生产面向小众贵族奢侈品的丝绸产品，后来一旦被用于生产面向大众市场的亚麻布，其新技术的效率一下子就显现出来。但是这显然动了特许商的奶酪，于是这些获得垄断特许"合法质量标准"手工纺织特许商，就去说服著名的控商主义之父科贝尔（Jean-Baptiste Colbert），以伟大的捍卫产品质量标准的名义，禁止织布机用于生产丝绸之外的任何纺织品。

　　这位控商主义之父科贝尔本尊，就热衷于授予各种垄断、补贴等特权，他还建立起一套检查、测量的标准，对于任何不符合某行业特许"标准"的"劣质产品"都要进行巨额罚款，甚至吊销其营业执照。在十七世纪末，有裁缝和服装经销商推出了质量更高的编织纽扣，但这一产业创新又妨碍了拥有纽扣制造业特许权的纽扣制造商会，特许商会愤怒地要求政府对自己这种符合唯一"质量标准"的制造者提供保护，打击效率更高的"奸商"。管制的呼声得到了回应，法国政府对新型编织纽扣的生产、销售，甚至使用者都强制征收罚金，并搜查居民房间，乃至在街头逮捕使用这种新型纽扣的人。法国的控商主义特许权包租，甚至严重阻碍了本国在十八世纪的工业革命，因为法国特许权垄断商产业链要求政府打击新型纺织品，法国政府从1686年到1700年彻底禁止新型纺织品的进口和国内生产，甚至对这些纺织品的消费进行打击。最终获益的既不是法国，也不是民众，而是拥有包租产业链的特权商。

　　介绍这一历史背景，只是想强调对经济、贸易的自由态度，抑或是管控态度，其实和"中西方文化"无关。欧洲产生过漫长的经济管控思想，而中国先秦也产生过经济自由思想，并在一定程度上对近代产生过积极的影响。

恒产恒心：克服时间偏好

奥地利经济学派有一项"时间偏好"（Time Preference）的理论，讲现在消费与将来消费的边际替代率，说简单点就是探讨储蓄给将来，还是马上就消费。马上就消费，就是有更强的时间偏好，反之就是时间偏好更低。如汉斯-赫尔曼·霍普（Hans-Hermann Hoppe）就曾经在内华达大学的课堂上提到同性恋有更高时间偏好，因为没有子嗣作为未来的储蓄。实际上，人类文明的诞生本身就是克服时间偏好的产物，因为从人的天性来说，都倾向于马上享受得到的事物；而将其进行储蓄留给未来，则需要克服本性，克服那种根深蒂固"爽一把就死"的原始本能。克洛德·列维-斯特劳斯（Claude Levi-Strauss）谈到，原始采集社会的人群一旦捕获猎物，会毫不加节制地大快朵颐。"只要试试每天吃野蛮人平日所吃的食物，马上可以了解饥饿的感觉；在此情形下，能够尽情大吃一顿，不仅仅是令人觉得填饱肚子，简直是令人觉得进入了幸福极乐之界。"（［法］列维-施特劳斯：《忧郁的热带》，王志明译，生活·读书·新知三联书店，2005年，第414页）在智人演化的漫长历史中，将捕获的猎物立刻大快朵颐地吃掉，才是最古老、最根本的生物本能。而克服这种强烈古老生物本能的过程，需要克服巨大的心理与生理压力。抓住一只小羊；抓住一只野鸡，忍住将其立刻吃掉的本能，而是将其饲养，从而让未来获得更稳定的蛋。忍住马上就将其吃掉的本能，把它养大，未来就能获得稳定的奶和羊毛，而农业和储存粮食更是训练了人克服时间偏好的能力，大量物质的储蓄也让一些人可以脱离农业劳动，产生了复杂的社会分工，进而促进了文明的诞生。实际上，农业的诞生有效促进了人类克服时间偏好的能力，因为在狩猎采集社会，人们会倾向于将猎物和果实快速食用，而不是用以储蓄。而农业社会，必须克服时间偏好，忍着饥饿也要守着田里的谷物，留下一些储蓄作为来年的种子。如果收成好，就会建立仓库储蓄更多粮食，成为未来的财富。

随着进入文明时代，财产权越发稳定，可以有助于人们克服时间偏好。有了稳定财产，一切储蓄都是有意义的，能看到明天的希望，除了积累财产，还包括储蓄善行、为家人积累口碑，这些都是留给未来和子孙的宝贵财富，这样的社会必然有利于美德。反之，在超强时间偏好的社会，因为无法保证有财产或信誉，人们会倾向于在短时间内骗一把、抢一把就跑，爽一把就死。很显然，有稳定的共同体，财产能得到保护的地区和人群，可以更好地克服时间偏好，积累美好的未来。而共同体瓦解，遍地原子散沙，或者多天灾人祸的地方，很难积累稳定财产，这些地区和人群就倾向于短时间的博弈，爽一把再说，我死后哪管它洪水滔天。

《围城》里面有个著名的"葡萄论"，就是先挑最好的葡萄吃，还是把好葡萄留到最后吃。如果从教育小孩克服时间偏好的角度，我会非常鼓励教小孩要把好吃的留到最后再享用，克服自己首先就吃最好葡萄的那种原始本能。如果让小孩在养动物和种

汉代的存钱罐"扑满"，是克服时间偏好和储蓄未来的工具

植植物之间选择，我会倾向于鼓励种植植物。因为动物和电子游戏，都是在迅速的时间内给予各种信息的回馈，提供心理满足。而植物的回馈与信息，需要更漫长地等待，需要养成克服时间偏好的能力。在经历了很多天之后，才看见种子发芽；再经营和等待多日之后，才能见到藤蔓或开花；再持续呵护与守候到秋天，才能获得果实。此外，让小孩从小养成储蓄的习惯，如储蓄零钱之类，也是培育其克服时间偏好，养成文明教化的一部分。

在汉语中，"杀鸡取卵""竭泽而渔""饮鸩止渴"这些超高时间偏好的行为都属于贬义词，这也意味着中国民间主流文化传统还是以克服时间偏好为价值取向的。汉代民间就有很多存钱罐"扑满"，刘歆《西京杂记》卷五描述说："扑满者，以土为器，以蓄钱，有入窍而无出窍，满则扑之。"就是说扑满是当时储存硬币的存钱罐，民间普遍习惯储蓄硬币，而不是钱到手就马上花掉，表明至少汉代开始中国民间就有储蓄未来、克服时间偏好的文化，这和汉儒对社会的重建是有关的。

《孟子·滕文公上》说："民之为道也，有恒产者有恒心，无恒产者无恒心，苟无恒心，放辟邪侈，无不为已。"孟子非常清楚，民众的财产得到稳定保护，成为"恒产"，他们才能拥有"恒心"，即成为克服时间偏好后的文明人。只有在财产得到保护的前提下，自己一切给未来的储蓄——无论是多生几个小孩有助养老、多收获了几担谷子换成铜钱储蓄，还是在村里帮助别人收获了良好口碑——对自己的未来是有利的。反之，孟子说如果财产得不到保护，民众就会产生超高的时间偏好，反正无论我怎么积累钱，马上就被石壕吏们榨取走了，我做好事积累口碑，马上被骗子利用还沦为笑话和反面教材，既然如此，那还是做坏事划算，至少偷一把、骗一把搞到钱马上胡吃海喝到肚子里面最实在。所以孟子说，这种超高时间偏好的社会，一定是"放辟邪侈，无不为已"，什么坏事都干得出来的。当然，孟子还提出了"无恒产而有恒心者，惟士为能"，即华夏社会受过绅士教育的精英"士"，在任何情形下都要保持克服时间偏好的能力，对积累未来负责任，即使是没有稳定财富，也不能像普通民众一样随波逐流，去骗去偷，而是用尽一切条件和努力去重建社会，让人们重新获得稳定的财产——孟子所说的"制民之产"，然后去积累和储蓄未来。

要克服时间偏好，稳定的小共同体是非常重要的，所谓熟人社会作恶成本高，俗话讲"兔子不吃窝边草"就是描述这种小共同体内的作恶成本问题。由于无论是家庭、家族还是跨血缘的乡党、村社这些小共同体，都是世世代代一起生活和博弈的人，博弈的时间线非常长，人们会考虑很长远的未来关系等制约条件，因此会克服时间偏好，不会像很多流民陌生人社会那样去作恶，爽一把就跑。孟子主张"乡田同井，出入相友，守望相助，疾病相扶持"（《孟子·滕文公上》），即乡党、村社世代互助的小共同体，内部成员互相扶持一起积累未来。由于这种关系，不仅仅是村社成员之间，还包括村社的领主和治下的村民之间凝结成世代博弈的关系，因此不会像后世那种只当三年就拍屁股走人的流官一样，具有超强时间偏好，赶快搞个大的政治工程然后升官走人，至于留下什么烂摊子不关他的事。王夫之曾这样描述孟子推崇的"三代"时期画面："名为卿大夫，实则今乡里之豪族而已。世居其土，世勤其畴，世修其陂池，世治其助耕之氓，故官不侵民，民不欺官。"（《读通鉴论》卷十九）王夫之提到，这些领主和他们属下的民众之间，是世世代代互相打交道的关系，博弈时间线非常长，作恶成本高，领主不欺负属民，属民也不欺负领主，双方都克服了时间偏好，考虑更长远子孙的未来和子孙的关系。

傅斯年也观察到，古老封建时代的官民关系亲密，"试看《国风》，那时人民对于那时公室的兴味何其密切"（傅斯年：《论孔子学说所以适应于秦汉以来的社会的缘故》，《史学方法导论》，上海古籍出版社，2011年，第127页），双方都属于世代博弈和打交道的共同体内，这和后世流官完全不同。在流官的时代，频繁爆发农民起义，因为流官只对朝廷负责，反正当几年官就走人，时间偏好极其强烈。但封建时代，由于领主和属民的关系是以动辄几百年来计算的，因此双方的博弈行为模式都是最大化克服时间偏好，会考虑得非常长远。顾炎武就意识到地方官克服自己时间偏好的重要性，因此在《郡县论》中提出让县令世袭的方案，如果县令做得好、不违法，就可以传给子孙。如果县令完全和当地人同生死共命运，那么县令的思考时间线就会大不一样，他会尽可能克服时间偏好，为这个县的长远未来，以及自己在这个县的长期名誉、口碑而努力，自己家族的未来已经和这个地方永久绑定在一起。顾炎武"寓封建于郡县"的思路，就是鼓励在县这一级地方培植扎根深、考虑未来更长远、时间偏好更低的一些世家治理。这恰恰是帮助中央集权郡县制时代克服时间偏好和避免彻底掏空地方的一种手段，保护了各个县一级的自治与长远未来。在没有封建的时代，却能得到封建的好处，而避免封建的坏处。

如果理解到这一点，就很容易理解孟子提出"世卿世禄"的思想了，所谓"仕者世禄"，"所谓故国者，非谓有乔木之谓也，有世臣之谓也"（《孟子·梁惠王下》）。古老封建时代的官职长期是由一些家族世代担任的，西周铜器铭文经常会有周王任命新一代官员"更乃祖司某事"，即继承家族的时代职业和手艺。由于会考虑家族世世代代职业的口碑，这些世官会特别讲究类似工匠精神的东西，如以史官为例，封建时代的史官特别讲究秉笔直书这种职业道德，很大程度上就是出于史官整个家族和这一职业道德的绑定。王安石在《答韶州张殿丞书》中说："自三代之时，国各有史，而当时之史，多世其家，往往以身死职，不负其意。盖其所传，皆可考据。"当时很多史官如董狐，或者齐国的北史氏、南史氏之类，都是不避刀斧也要坚持秉笔直书的，这是封建时代世卿世禄制度下，一个时代职业家族的职业伦理，这种世卿会考虑整个家族长远的利益和口碑积累，克服时间偏好。哪怕暂时吃亏，家中有人因秉笔直书被杀，但长远看进一步积累了家族的良好口碑，对于未来更加有利。所以，孟子主张的世卿世禄背后，也有克服时间偏好的这一面。

与这些稳定长远共同体形成对比的，就是流民散沙社会，由于陌生人之间博弈线条极短，因此往往具有超强时间偏好，倾向于爽一把就死。如明清以来的淮北洪水区域，由于不断发生水患，人们很难储蓄未来，因此具有更高的时间偏好。民国时期一位工程师对淮海地区的描述是，因为不断发生水灾，"无论造了多好的住宅，有了多大的贮蓄，大水一到，完全取消。所以一到丰年吃喝赌都来，用完大吉"；"大水去后，永久是灰心丧气，绝少积极建设，和储蓄的心理"。（马俊亚：《被牺牲的"局部"：淮北社会生态变迁研究（1680—1949）》，北京大学出版社，2011年，第364页）由于不定期的洪水会摧毁地面上的一切财产、储蓄、积累，因此储蓄未来显得毫无意义，丰收之后赶快吃喝赌博用光，今朝有酒今朝醉，根本不需要考虑明天或更长远的未来，反而成了一种更"理性"的选择，其时间偏好就非常强烈。这种时间的博弈线条非常短，既没有恒产，也不会有恒心，其社会环境自然是非常不利于公序良俗发育的。很多恶性和犯罪，其实都是强烈时间偏好的产物，为了一个短平快的东西。清朝时期的官吏对这些区域，也曾想到过"教化"，但在黄淮之水不定期泛滥的这种情况下，"教化"可谓迂阔之至。教化，必先富民，仓廪足而后知廉耻。无法形成财富储蓄、积累的地方，也就无所谓克服时间偏好，而"教化"只能站在更长时间线条的一边。

东晋时期的成汉君主李寿，在咸康四年就曾经有一次占卜，得到结论是可以当几年皇帝。他手下的罗恒、解思明等都劝他不要自称皇帝，而是称成都王、益州牧就行了，以诸侯身份向东晋称臣，就可以得到东晋的保护，从而长远地当诸侯，延续自己的家族。所谓"数年天子，孰与百世诸侯"，当几年皇帝，哪有当上百代诸侯好？但是李寿生自流民家族，有强烈的时间偏好，他竟然说"朝闻道，夕死可矣"，意思是爽一把皇帝就行。(《资治通鉴·晋纪十八》) 既然称皇帝，那就是摆明和东晋作对，后来成汉为桓温所灭，也是咎由自取。显然，李寿完全误读了孔子那句话，孔子说朝闻道夕死可矣，意思是"道"如果可以实现，自己愿意死去 (李竞恒：《论语新劄：自由孔学的历史世界》，第78页)，而"道"的实现恰恰需要遍地都是克服时间偏好的自治共同体，而不是超强时间偏好的流民散沙。干宝笔下的孙权，也是一个时间偏好强烈，不在乎长远的人。他曾命赵达占卜，结果说吴国在五十八年后的庚子岁会衰亡，孙权就说"今日之忧，不暇及远，此子孙事也"(《三国志·吴书·吴主传》注引干宝《晋纪》)。文明程度高的人，会说"人无远虑必有近忧"，而干宝笔下的孙权，考虑的时间长度就很短。北齐的武成帝高湛统治时，左仆射和士"开劝"他"陛下宜及少壮，恣意欢乐，一日可以当千年"(《北齐书·恩幸·和士开传》《隋书·五行志上》)，高湛欢乐地接受了，于是"弥加淫侈"，时间偏好高到了把别人的千年折算成短短的一天，真是爽一把就死的典型。还有人想当皇帝，说出"南面一日足矣"(《新唐书·宗楚客传》) 这种话，过一把瘾就足够，哪怕只当一天皇帝也爽。此外还有唐朝的著名奸相杨国忠，也是一个时间偏好超级强烈的政治流氓。他拼命抓紧时间享乐，"车马仆从，充溢数坊。锦绣珠玉，鲜华夺目"。他告诉客人说，自己之所以拼命奢靡享乐，是因为"吾本寒家，一旦缘椒房至此，未知税驾之所。然念终不能致令名，不若且极乐耳"(《资治通鉴·唐纪三十二》"玄宗天宝十二载")。即意识到自己只是靠杨贵妃的关系崛起，作为暴发户，最终怕是难得好的结果，因此抓紧时间追求"且极乐"。与李寿、高湛、杨国忠们相比，东晋南朝的琅邪王氏，就非常聪明，晋、宋、齐、梁、陈朝代不断变化，琅邪王氏的地位却不变，以"百世诸侯"的身份延续了三百年的基业，而不是灿烂几年就灭亡。显然，有贵族精神品质的士族，比流民更能克服自己的时间偏好。

到了宋代，随着中古时期贵族社会的瓦解，出现了更均质性和扁平的社会结构，在"齐民"之间身份更平等的同时，问题也随之出现，就是更平民化的家庭组织不像古代贵族家族那样，能更好地克服时间偏好。对此宋儒张载有一番论述："宗子之法不立，则朝廷无世臣。且如公卿一日崛起于贫贱之中以至公相，宗法不立，既死遂族散，其家不传"；"今骤得富贵者，止能为三四十年之计，造宅一区及其所有，既死则众子分裂，未几荡尽，则家遂不存，如此则家且不能保，又安能保国家！"（张载著，章锡深点校：《张载集·经学理窟》，中华书局，2019年，第259页）张载认为，孟子推崇的世家、世臣是社会和国家的顶梁柱和凝结核，贵族世家的时间考虑范围非常长远，《史记·孝文本纪》就说"古者殷、周有国，治安皆千余岁"。又如周公动辄"卜世三十，卜年八百"，琅邪王导动辄卜得"淮水竭，王氏灭"，家族生命线与大自然河流的生命一样久远。如果和这些贵族世家动辄几百上千年的时间线相比，来自平民科考当官的家庭，时间偏好确实更强烈，只是倾向于考虑"三十四年之计"。哪怕当了一回宰相，也不过造一栋大豪宅，然后死掉，家产就被子女们分了，散沙化、原子化，如同一个美丽烟花，绚烂绽放只在瞬间，接着烟消云散，什么都留不下。

因此，张载主张平民精英模仿先秦贵族，建立宗法，通过宗法手段建立起模仿古代贵族家族的共同体，这种共同体通过宗法手段获得长远的生命，尽量不散沙化，而是将散沙的核心小家庭抟成宗族共同体。个体的生命有限，但宗法承载的生命河流共同体可以更加长远，这样就不会只是考虑"三四十年之计"，而是会动辄考虑几百年、上千年的未来，那么博弈的行为模式就一定会很稳健，不会轻易干杀鸡取卵、竭泽而渔，不考虑长远未来和子孙的事。宋代范仲淹留下的范氏义庄，运转九百年，堪称平民社会模仿古代贵族世家最成功的例子之一，这种动辄九百年的世家一定会强有力地克服时间偏好，而如果遍地都是这样的世家，对于整个国家的长治久安，就具有非常重要的积极意义。对于克服时间偏好，将世家延续更加长远的思考，一直是古代先贤追求的命题。顾炎武读《后汉书·樊宏传》，看到这个家族"世善农稼，好货殖，重性温厚，有法度。三世共财，子孙朝夕礼敬，常若公家"，最后把家族治理得"上下勠力，财利岁倍"，既有三代人不分家的小共同体组织，又能够经营家族的农场和做生意，有温和的家族性格与家风，并通过家族习惯法巩固小共同体的治理，最终成为一家非常成功的古代家族企业，并延续长远。顾炎武读后感慨"今之士大夫知此者鲜，故富贵不三四传而衰替也"（《日知录》卷十三"家事"），即很多当时的精英并不了解传统华夏社会"家业长青"的技巧，因此难以把家族财富维持到三四代以上。

如果遍地有"家业长青"的世家，其恒产得到延续和保护，家族延续而不散乱，那么这个社会的风气，一定会更好地克服时间偏好，更容易考虑以百年、千年为单位的未来，博弈的线条也是很长远的，而不会短视干出竭泽而渔或杀鸡取卵的事；那么这个社会的道德风气，一定会更美好，各种交易成本、信任成本也就更低。

文化篇

朋友：从血缘、姻亲到跨血缘

　　"朋友"一词在今人熟悉的语境中，指没有血缘但关系不错的外人。但在早期阶段，无论是中国还是西方，"朋友"最初都是指有血缘的兄弟或至少是有血缘关系的同辈，有一个从血缘到跨血缘关系的过程。

　　"朋"字在西周的金文中，一般写作玨，表示用绳子串起来的贝壳，"朋友"的"朋"，象形"绳子"便指血缘纽带。周代铜器铭文中多有"用享朋友"之类的说法，如《杜伯盨》铭："用享孝于皇神祖考于好朋友"；《趞曹鼎》"用享朋友"；《先兽鼎》"朝夕飨厥多朋友"；《麦鼎》"用飨多诸友"；《毛公旅鼎》"我用饮厚暨我友"；《祈伯簋》"祈伯作宝簋，其用于厥朋友"；《命簋》"命其用以多友簋饲"；《伯康簋》"伯康作宝簋，用飨朋友"；《室叔簋》"于室叔朋友"；《应侯再盨》"用绥朋友"；《弭仲簠》"诸友饪饲俱饱"；春秋晚期《王孙遗者钟》"用乐嘉宾、父兄及我朋友"，排在"父兄"后面的"好朋友"，就是指有血缘关系的宗人。这些铭文的主旨基本是：制作祭祀祖先的铜器，用这些铜器举办祭祀后的宴会，招待同宗族的兄弟和远房兄弟宗人们吃饱吃好。

日本学者白川静说朋友"本是亲族称谓"（［日］白川静：《金文通释选译》，曹兆兰选译，第126页）。杨向奎认为"'朋友'实在是氏族社会中氏族成员"，"乡里同井而守望相助，出入相反，是谓朋友"（杨向奎：《宗周社会与礼乐文明》，第184、192页）。这些观点，都是洞见了"朋友"最初是源自非常狭隘的血缘小共同体这一背景。

此后，以父系血缘为纽带的"朋友"身份开始向周边姻亲、同僚们扩展。《叔女弋簋》铭文"朋友暨子妇"，将宴会中的共同体扩展到子妇。《克盨》铭文也将"朋友婚媾"联系在一起，即联姻的女方亲戚也开始被纳入到"朋友"的外围圈子了。类似的铭文有《乖伯簋》"好朋友与百诸婚媾"；《叔女弋簋》"用侃喜百姓、朋友暨子妇"；《史颂簋》铭文"令史颂省苏姻友、里君、百姓"，出现了"姻友"一词，很明确将姻亲纳入到原本是父系血缘共同体的"朋友"范围内，"朋友"一词开始出现了跨血缘的趋势。《伯绅簋》铭文"其用飤正，御史、朋友、尹人"，是将宴会共同体的对象从朋友扩展到一些同僚群体，也展现了从纯血缘到跨血缘合作范围不断扩大的这一趋势。

"朋友"一词在西方最初也源自血缘关系，英文中的free一词，源自古高地日耳曼语fri，本意为"亲爱"，与friend"朋友"同源，指有血缘关系的人。（陈国华：《宪法之祖〈大宪章〉》，《大宪章》，陈国华译，第17页）马克·布洛赫在《封建社会》一书中指出："在法国，当人们谈到亲属成员时，通常直接称之为amis（朋友），在德国则称之为Freunde（朋友）。一份写自11世纪法兰西岛的法律文献这样列数家族成员：'他们的朋友们，即他们的母亲、兄弟、姐妹们以及血缘或婚姻维系的亲属'"；"这些称呼的总前提似乎是，除了血缘联系的人之外，没有真正的友情可言。"（［法］马克·布洛赫：《封建社会》上卷，张绪山译，第216页）很显然，欧洲中世纪这种只包含了血缘亲属和姻亲的"朋友"概念，与中国西周时期的"朋友""姻友"范围是完全一致的。

中国最早将"朋友"概念从狭隘的血缘、姻亲关系中放大到跨血缘关系的很重要一个标志便是人们耳熟能详的《论语·学而》"有朋自远方来，不亦乐乎"。据程树德考证，该处"有朋"二字源自《鲁论》，而《古论》作"朋友自远方来"。《古论》出自鲁壁藏书的六国文字书写竹简，其"朋友"的称谓，显然更符合西周金文以来的习惯和用法。古文字中"友""有"二字形状相近，竹简抄写中"朋友"二字一颠倒便成了"有朋"的版本。所以，明确"朋友自远方来，不亦乐乎"的原则，正式将超越血缘但志同道合之士们，以模拟血缘的方式，抟成一个新的共同体，这在中国的轴心时代，乃是一大突破。《尚书大传》记载孔子说"丘亦得四友焉"，孔子的"四友"即颜回、子贡、子张、子路。这些来自四面八方，原本没有血缘关系的陌生人们会聚一堂，"朋友"都不再是以前狭隘的血缘宗法关系，不再依靠如同绳子一样的血缘串联在一起，而是依靠更高的理想、精神与意义世界的价值追求串联在一起。

正因为"朋友"不再像过去那样，仅限于无法选择的血缘共同体，而是一种通过价值观相契合者的关系新建构，所以在这一时期，如何选择交朋友，成为了一项有趣的艺术。孔子就认为，"友直、友谅、友多闻"（《论语·季氏》），具有品性正直、善于体谅别人、学问广博这三种特质的人，都值得结交朋友。此外，子游还提到"事君数，斯辱矣；朋友数，斯疏矣"（《论语·里仁》），认为无论是和自己的君主相处，还是和朋友相处，都不要把关系搞得太腻歪，一旦近得过了头，看似走得近了，实际上却是走得越来越疏远，甚至会自取其辱。因此，合适的友谊，最好保持在"君子之交淡如水"的分寸感之间。在这里还有一个有趣的现象，是将朋友和君主视为同一种类型，进而进行讨论。在原始儒学这里，君臣和朋友都是志同道合的合作者，郭店楚简《语丛一》简80—81云"友、君臣，无亲也"；简87云"君臣、朋友，其择者也"。庞朴先生就据此指出："因为它认为，君臣是一种朋友关系，一种互相选择的关系。"（庞朴：《初读郭店楚简》，《历史研究》1998年4期）这一原始儒学的材料，很明确指出，君臣、朋友的关系都是跨血缘的，二者都是基于三观互相选择的结果。

　　对一个先秦时代的士人来说，选择君主就和选择朋友一样，是陌生人之间基于价值观而构建的一种新型的关系。君臣也好，朋友也好，在人格上是对等的，二者被视为属于同一种大的类型。从这个意义上来说，黄宗羲将君臣关系比喻为"共曳木之人"，即一起合作做事的伙伴，正是回归先秦"朋友"本义的解释。因为从发生学的角度，君臣和朋友之间具有共同起源，这是很容易理解的，在最初的血缘宗法制，甚至还没有产生正式宗法的时代，哥哥作为大宗是君，弟弟或旁系作为小宗是臣，处在一个贵族家族内部，也是一个自然而然的发生过程，二者本就是同源的。如西周《虤簋》铭文中，弟弟虤对哥哥"君公伯"就自称"厥臣弟"，《繁卣》铭文中辛公为兄，繁为弟，两人之间也是君臣，所以血缘宗法社会下的"朋友"一定和君臣关系的产生有关。只是随着血缘宗法社会的解体，"朋友"具有了跨越血缘或模拟血缘的含义，"君臣"也就成为了模拟"朋友"的新关系。后世从晋到唐，君主对大臣还是像先秦一样用平辈朋友的称

"字"或官职，而不是用尊长称晚辈的"名"，顾炎武在《日知录》卷二十三中举了不少例子，表明当时仍然具有"君臣而有朋友之义，后世所不能及矣"。如唐代宰相张说，也是"于君臣朋友大义甚笃"（《新唐书·张说传》），以其气节严正，践行了君臣朋友之道的大义。遗憾的是，后来金元明清皇权和主奴关系的引入，将君臣的含义从师友转向了主奴关系。

在现代社会，尤其是教育领域，一些人认为开明的父母应该和自己的小孩"做朋友"。其实，这种理解，既有失偏颇，在伦理上也是紊乱的。"朋友"无论是最初的血缘、姻亲，还是后来的跨血缘、拟血缘关系，都是从同辈的兄弟、族兄弟展开和引申构拟的，包括后世"君臣朋友"的对等含义，也是从同辈的关系引申出来的。现代家庭讲"平等"，但这种"平等"应该如米塞斯所说，指政治权利和法律权利的平等，而不是在家庭这种小共同体内取消伦理身份和角色的差异。现代社会，不是就要取消祖辈、父母、儿女之间垂直而不同的多种伦理性角色。用兄弟、朋友这种同辈对等模拟血缘的关系，适合于陌生人社会之间的合作，无论是君主制时代的君臣关系，还是城邦模式的公民友谊，这是用小共同体同辈兄弟扩大到大共同体合作者之间的一种模拟同辈血缘的方法。但在小共同体"家"的内部，则不是完全扁平对等那么简单。

很多人误解，以为"西方文化"不重视家族组织，父子之间没那么多权威关系。这其实是严重的误解。且不说库朗热《古代城邦：古希腊罗马祭祀、权利和政制研究》等名著早已澄清，古希腊罗马公民社会的基础，其实是一个个古老的公民家族、世家，这些家族、世家内部有家庙、家族墓地，家长在家庭内部有极大权力。一直到近代奠定美国的弗吉尼亚社会，一个家长管理下的家庭也包括了庞大的人群，华盛顿就把自己的妻子、仆役、助手、工作人员等都视为自己庇护下的"家庭"，"'家庭'意味着一种权威，是指家里的所有人都让自己处于家长的庇护之下"（［美］大卫·哈克特·费舍尔：《阿尔比恩的种子：美国文化的源与流》上册，王剑鹰译，第 377 页）。就是说，西方传统社会结构的基础是家庭，而家长在家庭中扮演着权威和"齐家"的重要角色，而不是一些小清新想象的"自古以来平等"，"父母和子女做朋友"。即使是像洛克这样比较辉格式的思想家，更偏向平等，也认为"子女幼小的时候，应当把父母看作君主和绝对的统治者，去敬畏他们"（［英］约翰·洛克：《教育漫话》，徐大建译，上海人民出版社，2011 年，第 32 页）。虽然洛克认为，子女在成年后，可以与父母之间形成"爱和友谊"，但是其实这更应该理解为一种修饰，而不是真的成伦理上同辈的"朋友"。至于现代教育领域流行的，"要和孩子做朋友"，以及动画片主题曲中唱"一对好朋友，快乐父子俩"这种取消父母作为教化者和家庭权威的想法，也是不符合洛克所代表的辉格式教育理念的。父母就是父母，和子女有亲密之爱的同时，也需要相应的家庭权威，在传授子女平等观念之时，有义务指出这是大共同体的合作方式，家庭之内不同于大共同体的建构。

父母和子女称"朋友"其实和称"兄弟"是一回事，伦理上是紊乱的。如果这个可以成立，那么祖孙之间称兄弟，兄弟之间称祖孙，或者更奇怪的都可以成立。古代塞外鲜卑等族群文化，往往紊乱父子、兄弟的昭穆秩序，《颜氏家训》中就记载了当时北朝社会有"结父为兄，托子为弟者"，显然就是儿女和父母成了"朋友"一伦。在唐代的时候，由于受到塞外族群文化的影响，李唐皇室也有"以孙为子"的奇怪风俗，如出土的《李欣墓志》记载唐太宗把孙子李欣"养于宫中"，"以为己子"，李欣本来是孙子，这么一搞，就成了自己爸爸李泰的"兄弟"和"朋友"。《新唐书·舒王谊传》也记载了唐德宗把孙子李誼当作了自己的儿子，那么李誼和自己的父亲李诵之间就成了"兄弟"和"朋友"一伦。现代人自诩"进步"，要和儿女之间作"朋友"，这画面其实反而接近古代塞外胡族的行为。

劝酒：从贵族礼仪、自治社区的酒会到服从性测试

中国先秦时期的喝酒，主要集中在贵族礼仪层面，所谓殷人嗜酒主要是商代萨满性的宗教祭祀通神的一种文化。到了周代，封建贵族文化中将饮酒变为一种高度节制的礼仪，所谓"酒以成礼，不继以淫"（《左传·庄公十二年》），"臣侍君宴，过三爵，非礼也"（《左传·宣公二年》），"宾主百拜，终日饮酒而不得醉焉，此先王之所以备酒祸也"（《礼记·乐记》）。在不断互拜行礼的仪式中，有节制地采用"唭"或"啐"的方式，只"至齿不入口"，更接近一种仪式和表演。

从西周铜器铭文来看，周人贵族对于大量饮酒常怀戒惧之心。《大盂鼎》云"我闻殷坠命，唯殷边侯甸与殷正百辟，率肆于酒，故丧师矣"，将商朝的覆灭归因于殷人各级封建贵族对饮酒的迷恋，而"酒无敢酣"则成为新兴周人贵族的政治美德。与之类似，"毋敢酣于酒"（《䎭侯鼎》），"毋敢湛于酒"（《毛公鼎》）的辞章，都成为周人贵族政治美德的体现。在清华楚简中，《耆夜》记载了在武王大胜的庆功宴会上，周公向毕公作诗，劝阻不要多饮。清华简《摄命》中，周孝王也对大臣摄做出要求："汝毋敢朋酣于酒！"正如陈梦家先生所说："周人代殷以后，一

再诰教戒酒，乃是礼的一大变革"，"周初以后铜酒器的减少以及此铭中关于'德'的提出，改变了殷末的风气，兴起了后世奉周公为创制者的礼制"。（陈梦家：《西周铜器断代》上册，中华书局，2004年，第103页）

在这一时期，孔子对饮酒的态度可谓中庸，持"唯酒无量"，较之纯正周人更为宽和的态度，但也必须划定在"不及乱"的前提之下。（《论语·乡党》）《论衡·语增》有"文王千钟，孔子百觚"的说法，描述孔子酒量之大，作为私人生活的习性，酒量大可以随便喝，却也不能到"乱"的程度。与此相对的是，在小共同体的层面，"乡饮酒"作为一种共同体通过举行酒会，实现社区共同体议事、凝聚情感等功能的活动，仍然具有一定公共性的色彩。《论语·乡党》提到"乡人饮酒，杖者出，斯出矣"，孔子积极参与小共同体"乡"这一社区自治的活动，并在活动中体现出尊老等古典的绅士风度。"杖者"，乃社区自治中的自然精英、自然权威，在乡饮酒礼活动中扮演着重要角色，因此赢得了孔子的尊重。杨宽先生指出，礼起源于氏族社会的习惯，作为全体成员自觉的规范，"'乡饮酒礼'是由军事民主制时期的'议事会'转变来的，它不仅是尊敬长老的酒会，而且具有长老会议的性质，是借用酒会来商讨和决定军政大事"（杨宽：《"乡饮酒礼"与"飨礼"新探》，《古史新探》，复旦大学出版社，2016年，第232页）。吕思勉在《燕石续札》中有"乡校"一条，介绍以前滇西地区的习俗，以论述先秦时期社区小共同体的治理："时曰茶铺，众所集会之所也。议公事，选举乡保长，摊筹经费，办理小学皆此。婚丧祝寿等事亦于此行之。"这个庙旁的茶铺，其实就是"村之议会也，公所也，学校也，礼堂也，殡仪馆也，而亦即其俱乐部也"。滇西地区的社区议会是茶铺，用喝茶来商讨社区的公共治理。这种以茶铺、喝茶来进行商议公共事务，甚至是按照习惯法对社会进行纠纷调解、治理等情况，也见于晚清、民国以来四川"袍哥"社会的"吃讲茶"。根据学者的调查研究，茶馆是社会自治方面除了"宗族仲裁"的另外一种"社会仲裁"。人们会通过茶馆喝茶这一"公共空间"，邀请"袍哥大爷"这些类似先秦乡饮酒礼中"长者""杖者"去作为仲裁者。"'茶馆讲理'这个实践显示了市民的相对自治状态，他们试图在没有官方介入的情况下解决冲突，说明一种国家之外社会力量的存在，这种力量是基于调解人的社会声望"；"遇到争端，居民们大多喜欢选择'茶馆讲理'，而不是到地方衙门告状"。（王笛：《袍哥：1940年代川西乡村的暴力与秩序》，北京大学出版社，2018年，第121、第123页）

　　先秦时期的基层社区"乡"的议会，其实就是乡饮酒会议，人们通过在社区开酒会，增进共同体的情感，讨论共同体社区的治理细节。社区酒会中的长者、杖者们，扮演着仲裁者、调节者的角色，具有社区内的声望和权威。乡饮酒礼，在基层社区自治领域则仍然发挥有与小共同体治理、习惯法等领域有关的功能。根据《仪礼·乡饮酒礼》记载，在各种礼仪性的音乐、饮酒仪式结束完成后，在酒会后面就可以"无算爵"，根据郑玄的注释，其意思是"宾主燕饮，爵行无数，醉而止也"，即乡饮酒礼的最后是人们一起愉快地随意饮酒，根据每个人的情况自由随意而止，重在通过饮酒礼商讨事务，凝聚社区共同体的情感。可以看出，这种乡饮酒礼"无算爵"的饮法，体现的是凝聚情感，以及对自由的尊重，而绝无权力性的强迫测试。

　　东周礼崩乐坏以后，小共同体的自治能力逐渐瓦解，乡饮酒礼也就逐渐废弛。喝酒变为私人、朋友之间的娱乐，喝酒时可以玩六博、投壶之类的游戏增加趣味，但并没有出现命令服从测验式的强制性劝酒。这一时期，饮酒逐渐变为一种私人生活的娱乐，如"郑伯有耆酒，为窟室，而夜饮酒，击钟焉"（《左传·襄公三十年》），郑伯造了一间私人酒馆，晚上在里面喝，还有音乐助兴，"饮桓公酒，乐。公曰：'以火继之'"（《左传·庄公二十二年》），喝高兴了要从白天喝到晚上；"魏文侯与田子方饮酒而称乐"（《战国策·魏策一》）；"男女杂坐，行酒稽留，六博投壶，相引为曹，握手无罚，目眙不禁，前有堕珥，后有遗簪，髡窃乐此，饮可八斗而醉二参"（《史记·滑稽列传》）。饮酒已经和社区自治会议的习俗剥离开，成为了纯粹私人化的娱乐活动。

秦国、秦朝原则上禁止民间喝酒，因为喝酒有助于增进小共同体成员之间的情感，而且不利于军国耕战。《商君书·垦令》规定"贵酒、肉之价，重其租，令十倍其朴。"让民间远离饮酒，去好好耕战干活当炮灰。云梦秦简《田律》中规定"百姓居田舍者毋敢酤酒，田啬夫、部佐谨禁御之，有不令者有罪"。类似规定也见于岳麓秦简"黔首居田舍者毋敢沽酒，不从令者迁之。田啬夫、吏、吏部弗得，赀各二甲"（陈长松主编：《岳麓书院藏秦简［肆］》，上海辞书出版社，2015年，第106页），如果民众在耕作期间买酒喝，基层小吏不管制，也要遭到严重罚款，"二甲"的处罚会让他们接近倾家荡产的边缘。也可见秦对民间饮酒的管制，是较为严格的。秦律甚至规定，当兵砍了敌军脑袋被赏爵位，同里的邻居让他请客吃喝，或者请客给他庆祝，也都是犯法的，"赀戍，各一岁"都要被罚当一年戍卒。材官、发弩、善士等战友一起"入舍钱酒肉及予者"，以及为吏的同事入职时"出钱财酒肉，入时共分饮食"的，也都要受到处罚（陈长松主编：

《岳麓书院藏秦简［肆］》，第220—221页），汉律继承了秦律，规定"三人以上无故群饮，罚金四两"（《汉书·文帝纪》文颖注），尽量不让民间搞团伙，形成小共同体的情感。所以，秦和汉初民间喝酒较少，服从性测试的酒文化还不多，到西汉的民间社会，喝酒也往往被禁止，所谓"郡国二千石或擅为苛禁，禁民嫁娶不得具酒食相贺召，由是废乡党之礼"（《汉书·宣帝纪》），尽可能让民间不要通过乡饮而形成各类"团伙"。从北大收藏的秦简《酒令》及令骰来看，骰子上写着"不饮""自饮""饮左""饮右""百尝"（李零：《北大藏秦简〈酒令〉》，《北京大学学报》（哲学社会科学版）2015年2期），秦人的饮酒应该更类似游戏，用掷骰子决定坐在哪个方向的人喝，或者在座的一起喝。秦朝没有出现服从性测试的灌酒文化，一是因为官府倾向对饮酒的管制，二是因为秦律统治的社会下"利出一孔"，本身就在严格的服从管理体制下，不需要再多此一举，所以赵高用指鹿为马来进行服从性测试，而不是用灌酒方式。

在秦和楚汉之际，民间的饮酒是私人生活，似乎还并未转化为权力的展示。如刘邦为亭长时"好酒及色，常从王媪、武负贳酒，醉卧"，以及为群盗时"高祖被酒""高祖醉"（《史记·高祖本纪》）之类，也都不是权力展示。至于郦食其好酒，自称"吾高阳酒徒也"之类，也都是个人爱好。即使是权力斗争的白热化，劝酒也并未变成一种权力的服从性测试，典型的例子便是《史记·项羽本纪》中记载的鸿门宴，无论是项王赐给樊哙"斗卮酒"，以及询问其"能复饮乎"，都不是一种权力命令。而后来刘邦更是"起如厕"并宣称"不胜杯杓"而走，并未因遁走而遭受不服从的惩罚。

服从性测试的劝酒，恰恰出现在管制较强，又出现一定松动的西汉。热衷此道的一是皇帝和官僚，二是游侠。《汉书·高五王传》记载，吕后统治时期举行"燕饮"，刘章担任行酒官，按照军法喝酒，有一个吕家人喝醉了"亡酒"，即被灌多了想跑，最后被刘章杀死，理由是"有亡酒一人，臣谨行军法斩之"。这种宫廷的灌酒，喝醉敢跑要被按军法处死，属于服从性测试。同样，《汉书·楚元王传》记载楚元王刘交很尊重自己的同学穆生、申公等人，每次宴会，因为穆生不喜欢喝酒，楚元王就给他准备度数很低的"醴"。但是楚元王去世后，刘戊继承王位，以后喝酒就逐渐忘记给穆生准备醴，穆生由此得出"醴酒不设，王之意怠，不去，楚人将钳我于市"的结论。这时候，君王宴会喝酒与权力的傲慢，已经很密切地结合在一起，穆生在这方面可谓十分敏锐。《史记·魏其武安侯列传》记载，一次宴会上，有任侠背景的灌夫给丞相田蚡行酒："起行酒，至武安，武安膝席曰：'不能满觞。'夫怒，因嘻笑曰：'将军，贵人也，属之！'时武安不肯。"田蚡自居地位高，告诉灌夫你敬的酒，我不会喝满杯，意思一下就行了。灌夫想再次强行给田蚡劝酒，遭到田蚡的拒绝。从这个例子看得出来，有混迹军方和游侠经历的灌夫，喜欢劝酒，这可能是当时汉军和游侠圈子中出现了强行灌酒文化，他不知深浅地将这种习惯带到了上流社会。而田蚡作为领导，根本不屑于喝掉满杯卑微者的敬酒，这也是一直传承到现代社会的。

　　汉代游侠圈子有强行灌酒文化，如著名的西汉黑老大郭解，他的外甥便习惯于给人灌酒，《汉书·郭解传》："解姊子负解之势，与人饮，使之嚼，非其任，强灌之。"郭老大这位外甥命令人"嚼"，根据颜师古的注解是"其人不饮，而使尽爵"，意思是别人不干了满杯酒，就强制喝光，不喝光就强行灌酒。郭老大的外甥仗着舅舅的江湖地位，平时早已习惯给人灌酒，没想到这次遇到个刺头，发飙把他杀了。《汉书·陈遵传》记载另外一位黑白通吃的老大陈遵，"遵嗜酒，每大饮，宾客满堂，辄关门，取客车辖投井中，虽有急，终不得去"。这位老大每次喝大酒，都要把大门封死，把客人马车两轴的销钉取下来扔到井里，不喝翻不准出门。

最喜欢通过灌酒巩固皇权的，则是东吴皇室。在三国之中，东吴政权是最缺乏法统依据与合法性的，换言之其生态位最接近僭主。越是接近僭主的生态位，就越是要依靠各种服从性测试来巩固僭主的权力。从法统依据来说，曹魏篡汉至少走完了"禅让"的全部法律程序，包括"五让四辞"的程序等。(《三国志·魏书·文帝纪》注引《汉纪》《献帝传》) 而蜀汉也有刘姓血统，以及延续汉朝法统的合法性依据。相比而言，东吴的合法性最为欠缺，其称帝的依据仅仅只是东吴领土的夏口、武昌出现了所谓黄龙、凤凰的祥瑞而已。(《三国志·吴书·吴主传》) 正因如此，东吴皇权的生态位，其实最为脆弱、缺乏合法性，是属于僭主生态位的。其实如果一个统治者有足够的合法性，是不需要投入那么多服从性测试的折腾成本去不断搞测试的。显然，东吴皇帝作为僭主，需要通过灌酒来不断做服从性测试。

据《三国志·吴书·张昭传》记载："权于武昌，临钓台，饮酒大醉。权使人以水洒群臣曰：'今日酣饮，惟醉堕台中，乃当止耳。'"孙权把众臣灌得大醉后，还给他们洒水，说要喝得从台子上掉下去才行。这种强制性的狂饮烂醉背后，其实是权力服从性测试的考量。《三国志·吴书·韦曜传》记载："权既为吴王，欢宴之末，自起行酒，翻伏地阳醉，不持。权去，翻起坐。权于是大怒，手剑欲击之。"孙权当了吴王，开庆祝宴会喝大酒，虞翻假装喝醉，等孙权走开后又坐起来。孙权见此人不服从自己的权威，而且还欺骗自己，气得拿剑立马要宰了他。所谓酒桌政治，便是通过灌酒考验手下忠诚度。一直到东吴末期的孙皓，仍然热衷此道，《三国志·吴书·韦曜传》记载说："皓每飨宴，无不竟日，坐席无能否率以七升为限，虽不悉入口，皆浇灌取尽……又于酒后使侍臣难折公卿，以嘲弄侵克、发摘私短以为欢。时有愆过，或误犯皓讳，辄见收缚，至于诛戮。"孙皓通过给臣下强行灌酒，再记录他们酒后的隐私、过错，加以判刑和杀戮，这是皇权通过强制灌酒来暴虐大臣的极致。

南朝刘宋孝武帝加强皇权，也喜欢通过喝大酒来施虐群臣，《南史·蔡兴宗传》记载："时上方盛淫宴，虐侮群臣，自江夏王义恭以下咸加秽辱。"酒会上侮辱虐待群臣的方式还包括"昵戏"。既可以展示权力，也可以进行服从性测试。

此外还有一种灌酒是暴发户的变态心理，如西晋暴发户石崇，他父亲石苞出身低微。石崇发迹后，内心还是有自卑感，特别是面对琅琊王氏这种世家。根据《世说新语·汰侈》记载："石崇每要客燕集，常令美人行酒，客饮酒不尽者，使黄门交斩美人。王丞相与大将军尝共诣崇，丞相素不能饮，辄自勉强，至于沉醉。每至大将军，固不饮，以观其变。已斩三人，颜色如故，尚不肯饮。"琅琊王氏的王导、王敦两堂兄弟去喝酒，石崇命令美人给客人灌酒，客人不喝就斩杀美人。王导是老好人，虽然酒量很差，但怕出人命，被强迫喝得烂醉。王敦铁石心肠，见石崇一连杀了三人，还是面不改色不肯喝。石崇的残忍豪奢，最终得到恶报，在此不论。这次酒会，其实是暴发户和老世家的心理对抗，暴发户用人命去逼酒，有服软接招的王导，也有不服软不接招的王敦，可谓酒桌即战场。

《北齐书·高乾传》附《高季式》传记载高季式好酒，"恃举家勋功，不拘检节"，即仗着自己家族的豪门功业，有恃无恐，逼人喝酒。一次，强行将黄门郎司马消难关在自己家中灌酒，甚至"命左右索车轮括消难颈，又索一轮自括颈，仍命酒引满相劝"，强行给司马消难的脖子上套上车轮，自己也给脖子上套个车轮，大家都别跑，继续昏天黑地地灌酒。这种"恃举家勋功"的酒风，也是和权力自豪感密切相关的。在《三国演义》第五十一回中，张飞强迫曹豹喝酒，甚至因为其不喝而发怒说"你违我将令，该打一百"，因此导致遭到曹豹的报复。此事虽然并不是真实历史，但小说家言作为一种承载了"集体记忆"的心理结构，也反映了人们对这种恶性劝酒、权力文化的厌恶。

　　总体看，灌酒这种恶劣文化，是礼崩乐坏后的产物，和皇权、官僚、黑老大之类的权力展示、服从性测试之间有密切联系。不能将这种恶劣的酒桌文化，视为中国传统"礼"的产物，其产生恰恰是礼的崩坏。在宋代，士大夫们从精神文化方面回归华夏正统，北宋在洛阳的退休士大夫们结社，建立起"洛阳耆英会"，司马光为结社撰写了《会约》，其第四条规定"酒巡无算，深浅自斟，主人不劝，客亦不辞"，意思是聚会的饮酒，酒倒多倒少、饮多饮少自便，东道主不得劝酒，客人也不需要勉强，量大尽兴，量小随意，尊重每个人的自由，决不允许出现以劝酒展现权力测试之类的情况。这种华夏士大夫结社的饮酒规定，尊重了每个人的自由与尊严，其精神才是真正先秦"乡饮酒礼"以来的传统。

家庭、乡土熟人层面应保留方言

暑期返乡，笔者惊讶地发现这座川西北的小城中，所有的小孩都已经全部说普通话了，当然大多是川普版的普通话，而一般家长也都以此为荣，配合小孩讲川普版的普通话。有些老人带小孩，用普通话的发音却说着各种方言词，如说"这是果母子（水果）""这是癞犄子（癞蛤蟆）""这是拐拐（小鸟）"之类。画面虽然荒诞好笑，但反映了"推普"确实已经深入人心，以至于老农都会尽自己所能去教自己孙辈"普通话"。本地老人、父母辈之间的日常生活交流，都是使用当地方言，对小孩则都使用普通话。那么按照这个速度，下一辈小孩只能听懂方言，但说的都是正规或不太正规的普通话；而再往后一代人，本地方言也就消失了。

当然，有的人会认为，大家都说普通话，方言消失就消失吧，反正大家都是中国人，大家都说中国普通话，以后更便于交流，这岂不是更好。这种观点，其实是将中国文化的内部丰富性全都给取消了，将中国语言简化理解成了一种单一的、扁平的、单向度的层面，而忽视甚至取消了众多方言所承载立体的地方历史、文化元素的丰富性。近代民族国家产生以来，以法国维莱科特雷法令和法国大革命以来所推行的标准法语作为法兰西民族国家语言为代表，将推广官方统一语言作为打造现代民族国家国民身份认同的功能。明治维新以后的日本建设近代民族国家，也开始推广以东京话为基础的"标准语"，成为东亚地区推广现代统一语言的开始。普通话在中国各地的推广，作为一个民族国家共同体的公共语言构建，当然是非常有必要的，能够有效增进国家内部各区域人群的国家认同、情感沟通与必要交流，并抟成现代"中国人"这一文化身份的认同。

从这个意义上来说，推广普通话是增强凝聚"中国人"这一大共同体身份认同的必要。但是，人的身份是多层次的，除了大共同体的身份，同时也还兼有地方小共同体，乃至家族、家庭这种最小共同体之类的多种身份。这些多重身份之间，并不是就构成非此即彼的关系。一个国人在单位、学校这种带有国家公共意义的场所使用代表国家大共同体的普通话，下班或放学后和家乡的熟人、朋友之间使用方言，在家庭生活中和家人之间使用方言，这些都是不矛盾的。一个人并不会因为他是江苏人、湖北人、广东人这些身份，就不是中国人了。同样道理，一个人在自己家庭中，和自己的小孩使用祖先以来就说的方言，也不会意味着他就反对普通话。推广普通话，并不需要在"家庭"这个小共同体层面中让方言完全消失。在不同层面的符号话语系统中，使用不同层面的话语，本身就构成一个丰富、多层次的文化生态系统。方言是一种地方性的文化，它是自发秩序的产物，凝聚着地方上漫长的历史和独特的情感记忆，也是伴随着各地先祖们辛劳谋生、发展、传承过程而演化出的一种自然语言。同时，方言也凝聚着各地区乡党、朋友、家人之间各类小共同体的文化、情感乃至血脉的联系。

《史记·齐悼惠王世家》中记载，汉初建立齐国时，"诸民能齐言者，皆予齐王"，即"齐语"这种方言，是构成"齐人"这一共同体的重要纽带，承载了漫长历史演进这一自发秩序中形成共同体的厚重遗产。《索隐》说："谓其语音及名物异于楚魏"，齐语这一方言，起到了让齐人区别于楚人、魏人这些不同地方共同体的功能。《礼记·王制》中说"五方之民，言语不通"，即各地各种小共同体的语言是难以沟通的，如楚国方言中将老虎称"於菟"，将荆棘称"迷阳"之类，完全迥异于中原语言。《颜氏家训·音辞》说"夫九州之人，言语不同，生民已来，固常然矣"。自古以来，各地之间方言的天差地别就是常态。如齐语中的脂部、微部就没有区别，支、脂、之三部之间也可以交替（汪启明：《先秦两汉齐语研究》，巴蜀书社，1999年，第118页），而在楚语中，叶、缉二部，或者鱼部、侯部，东部、阳部字是可以通转的。（湖北省文物考古研究所等编：《望山楚简》，中华书局，1995年，第120页）这些各国方言语音规则，都不同于以《诗经》为代表的中原语音，甚至商族和周族之间，语言差异也极大，甲骨文中的元音就从 -ə- 变成了 -a-。（［英］汪涛：《颜色与祭祀：中国古代文化中颜色涵义探幽》，郅小娜译，上海古籍出版社，2013年，第38—47页）

方言之间差异极大，那么这时候就需要一种共同的"雅言"来进行交流。子所雅言，"《诗》《书》执礼，皆雅言也"（《论语·述而》），孔子在当时沟通各国诸侯、士大夫之间交流的文化、礼仪场合，都使用周代各国士人通用的"雅言"。周振鹤师指出，"雅"字借为"夏"，"夏"是西周王畿一带的古名，"所以当时的'官话'即是王畿一带的方言，也即是周室所用的语言。士大夫所作的诗和外交场合上所用的语言都是'雅言'"（周振鹤、游汝杰：《方言与中国文化》，上海人民出版社，2015年，第86页）。理解这个背景，那么《论语》这句话背后的含义就是说，孔子在非礼仪性的日常生活中，甚至包括在对鲁国籍弟子的教学活动中，会使用鲁国的方言。在凝聚诸夏各国大共同体的领域，使用大共同体的"雅言"，在小共同体中使用方言，孔子的这一态度，也显示了二者并非构成矛盾的关系。陈寅恪先生也指出，东晋建立之初，宰相王导通过使用吴地的吴语方言，而促成了团结吴越地方共同体，共同凝聚起抵抗北方胡族的局面。（陈寅恪：《述东晋王导之功业》，《金明馆丛稿初编》，上海古籍出版社，1980年，第54—55页）在此，作为官话的"洛阳正音"与江左吴语携手合作，起到了保护华夏文明延续的效果。

　　方言中还有很多是活化石一般的古雅词汇，如在四川的乐山方言中，保留着大量古代汉语的入声字语音，对于学习掌握和欣赏古诗词韵律，有很大的便利和帮助。南方的吴语、粤语、闽南语、客家语、湘语等方言，历史底层更为古老，如闽南语底层可以追溯到南北朝，客家语底层可追溯到唐代，粤语和吴语底层可追溯到南宋。这些古老的语言底层，不但对于语言学家研究和构拟中古音的规律提供了丰富的资料，而且对于当地人阅读、欣赏我国古代文化经典，更是从各个角度提供了各种便利的条件。我国南方人多语言学家，这正是因为南方方言的历史沉淀与丰富性，提供了更多得天独厚的条件。此外，对方言的调查与分布，还有助于揭示各地区背后历史文化差异的形成。例如语言学家通过对四川各地方言的田野调查研究发现，沿岷江流域的两侧，语言存在着巨大差异，这背后的历史原因恰恰是张献忠的活动是沿岷江展开的，进而导致两岸的人口结构、语言之间产生差异。客家语的分布，背后又能揭示出安史之乱以来中原南迁人群对于南方开拓的路线与演化。

方言是中国文化内在丰富性的宝库和资源，各种不同方言，其背后也存在独特的地方性文化差异，储存着各地独特的思维、情感表达方式。如吴语柔软细腻、关中方言质朴厚重、四川方言幽默诙谐、粤语古雅潇洒，如果这些方言最终都消失掉，只剩下一种单一的普通话，那将是整个中国文化内部丰富性的巨大损失。各地不同的方言，承载着各地丰富的文化元素，像是一座装满各种宝物的库藏，其中有的是水晶，有的是蓝宝石，有的是红宝石，有的是翡翠，有的是玛瑙，有的是珍珠，有的是贵金属，它们共同构成了璀璨夺目、光彩四溢的中华文化宝库，可谓之无尽藏。如果这些丰富的宝库，多种颜色的流光溢彩，最终只是被一种单一的宝物光彩所取代，那将是一种令人遗憾的损失。

还有一些家长认为，方言是鄙俗而难登大雅之堂的，其中充斥着各类市井脏话，而小孩说普通话，则更为文明。实际上，如何发音，本身与文明程度无关，普通话同样可以用于脏话辱骂，如过去著名官话骂的"忘八蛋"之类。方言同样能承载登上大雅之堂的厚重文化，笔者以前见到杜道生老先生，以一口乐山方言随口背诵《左传》等经典，非常古雅，对此印象深刻。过去的老辈学者，其经典学问的养成，往往也是以方言"童子功"打下的基础。此外，以吴语、粤语等南方方言朗读传统经典，也韵味十足、古雅厚重。因此，是鄙俚粗陋，还是文明典雅，与发音无关，而是对接教育内容的问题。学生在学校课堂中用凝聚大共同体的普通话，学习、朗诵各种经典文本，在课后或回家的家庭环境中，也可以用方言加以朗诵，或与家人交流，这些都是不矛盾的。

推广普通话与保留传承方言，二者是不同层面的事物，不需要视为非此即彼的零和关系。应该在机关、学校、单位等代表了大共同体的正式场所推广普通话、使用普通话，而在乡党、朋友、家庭成员之间传承并使用方言。现在很多家长，在家庭层面对小孩使用普通话，其实是存在认知误区的。如果自己家的孩子，再也听不懂自己祖先的方言，听不懂老一辈之间亲切的乡音，也看不懂父母辈年轻时充满情感与记忆的方言剧，大家最终成为使用一种高度同质化、均质化语言的人群，那将是非常遗憾的。

《孟子·滕文公下》中讲过一个寓言："有楚大夫于此，欲其子之齐语也，则使齐人傅诸？使楚人傅诸？'曰：'使齐人傅之。'曰：'一齐人傅之，众楚人咻之，虽日挞而求其齐也，不可得矣；引而置之庄岳之间数年，虽日挞而求其楚，亦不可得矣'"。孟子说，一个楚国大夫想让自己的孩子学齐国话，让齐国老师教孩子，可是旁边却有很多楚国人不断说楚国话。在这样一种语言环境中，那么即使天天鞭打这孩子，要求他学会说齐国话，也是做不到的。可要是把孩子领到齐国的庄街、岳里这样的闹市住上几年，那么即使天天鞭打他，要求他说楚国话，那也是不可能的。孟子的意思很清楚，就是语言的习得，来自你生活的共同体环境，是在最平常的日用人伦中习得并掌握的，而不是靠老师手把手去教。因此，要保持方言的传承，就需要更多的家长改变观念，在家庭、朋友、社区这种传统小共同体的环境中，对孩子说方言；鼓励在家庭日常生活环境中掌握了方言的孩子们，在课堂上使用普通话，在课外游戏活动中，也用方言互动，有了这样的环境，才能保障方言的延续。语言和共同体，是相互依存的一体两面。

方言的保留，本身其实也是"爱有差等"这一原始儒学主题

的一个方面，只有在保护好承载了小共同体历史、经验、记忆与
情感的方言这一前提下，才能更好地去经营普通话所承载大共同
体的这一面。

传统文化：吃素还是吃肉？

一些"传统文化人士"有一种印象，认为吃素境界更高，吃肉就俗了。还喜欢引用孟子讲君子远庖厨，吾不忍其觳觫之类，觉得吃素、静坐、焚香、品茶，这种画面是真正传统文化，而吃肉、狩猎、战斗这种画面则更像西方人，然后得出"中国文化主静，西方文化主动"之类似是而非的结论。

但问题在于，原始儒学诞生的时代，儒就是一种传授传统封建军事贵族技艺的学问，杀人、械斗、狩猎、复仇、血祭之类的殷周军事贵族的技艺，充斥在当时整个贵族文化的方方面面。儒的六艺中，射和御都和战争、狩猎有关，即驾驭战车射击作战或捕获猎物。孔子说"杀人之中，又有礼焉"（《礼记·檀弓下》），战斗杀人的习惯法细节，是当时贵族君子最为熟悉的。孔子说"不教民战，是谓弃之"（《论语·子路》），甚至要将战争与杀人的技巧、勇气，传授给更普通的平民。孔子本人也狩猎、钓鱼，尽管遵守一些类似战斗中"不重伤，不擒二毛"之类的军事贵族习惯，对猎物实行"钓而不纲，弋不射宿"（《论语·述而》），即只是不射杀睡眠中的猎物（类似在战争中拒绝偷袭），至于没睡觉的猎物都可以射杀，捕鱼则不用渔网即可。孔子本身对杀死动物非常熟悉，动辄笑着说出"割鸡焉用牛刀"的比喻（《论语·阳货》），杀牛、杀鸡，都是为了祭祀和吃肉，并有专门的刀具。当时贵族文化的古礼中，"春蒐、夏苗、秋狝、冬狩"（《左传·隐公五年》）一年四季定期狩猎，本来就是封建军事贵族的文化，杀死的猎物也用来祭祀祖先，被作为血食。《礼记·王制》明确记载，天子和诸侯需要每年举行三次狩猎，郑玄注说这些猎物就是为了提供祭祀的肉食，《礼记·月令》"天子乃教于田猎"，并用猎物来祭祀。不但要狩猎，甚至祭祀还需要亲自"肉袒割牲"，"卿大夫袒，而毛牛尚耳，鸾刀以刲，取膟脊"，"祭腥而退"（《礼记·祭义》），贵族脱掉上衣，拿刀割肉，取出血淋淋的牲血和肠子上的脂肪，焚烧祭祀，甚至周天子也需要"天子袒而割牲"，亲自操刀，大块切肉，用来养老或祭祀。血祭也很常见，"血祭，盛气也。祭肺肝心，贵气主也"（《礼记·郊特牲》），血液、内脏都拿来祭祀。至于歃血为盟，更是要喝血液。十七、十八世纪英格兰、北美的弗吉尼亚士绅、平民，热衷于带些血腥气的狩猎，不但喝猎物的"好血"，而且认为狩猎可以"让身体得到适度的锻炼，也为心灵注入勇气、进取和独立的品质"（［美］大卫·哈克特·费舍尔：《阿尔比恩的种子：美国文化的源与流》上册，王剑鹰译，第489—491页）。很多人往往觉得这样的画面，应该是"西方文化"的，中国人应该静坐吃素修禅，但是回归先秦文化语境就会意识到，中国的先秦和原始儒学时代，同样是这样充满了生命力的氛围。

孔子不但亲自打猎，而且是大量吃肉的，甚至还吃生肉"脍"，食不厌精脍不厌细的"脍"，就是生肉或生鱼。先秦贵族大块吃肉，只是讲究"割不正不食"，大块的肉要切割成固定形状。对于早期儒家这个孔门共同体来说，一起吃肉还具有入会礼的礼仪性质，孔子受"束脩"，拜祭肉，对鲁国膰肉的期许，以及颜回死后吃祥肉，都和共同体一起分享肉食的贵族礼仪文化有关。（李竞恒：《论语新劄：自由孔学的历史世界》，第137—139页）孔子沉浸在《韶》乐的愉悦中，三月（笔者赞同于省吾观点，读为三日）不知肉味，这恰恰说明他日常是经常吃肉和在乎肉味的。孟子所说君子远庖厨，不是说不吃肉，而是孟子引导君主培养出仁心的一种语言技巧，即王夫之强调的"仁术"，引发出的落脚点是君主的"不忍人之政"。孟子生活在编户齐民的战国时代，相比孔子时代更远离封建贵族文化，对于狩猎、血祭这些元素感觉更远，而他要面对的问题则更平民化，就是要保障"鸡豚狗彘之畜，无失其时，七十者可以食肉矣"，要让老年平民能够吃到鸡肉、猪肉、狗肉这些相对廉价的肉食。所以，孟子不是不讲吃肉，而是找个技巧劝诫君主要行仁政而已。此外，孟子对狩猎的讲法，也更平民化，他只是告诉齐宣王，周文王的狩猎场也允许平民使用，"雉兔者往焉"，在其中猎杀野鸡和兔子（《孟子·梁惠王下》），仍然捍卫平民有狩猎的古老权利。

关于君子远庖厨，主要是战国时期的一种语言话术，即孟子所说"君子之于禽兽也，见其生，不忍闻其死；闻其声，不忍食其肉"。类似的表述，还见于其他一些战国文献，如《大戴礼记·保傅》，以及西汉海昏侯大墓出土齐论《论语·知道》"后君问于巫马期曰：'见其生，不食其死'"，以及最新发现湖北荆门王家嘴M798出土战国楚简《孔子曰》中记载的"其生也，不食其死也"（赵晓斌：《湖北荆州王家嘴M798出土战国楚简〈孔子曰〉概述》，《江汉考古》2023年2期）。这些说法，其实代表了战国时期为了启发君主仁政思想而提出的一种方法，针对的是那种有发动战争能力的君主，是一种叙事技巧。因为在孔子和七十子时代，他们都是狩猎的，只是要讲究狩猎的规则，比如不射杀正在睡觉的猎物——"弋不射宿"（《论语·述而》），以及狩猎要遵守季节规则。曾子说"禽兽以时杀焉"，孔子也说"杀一兽，不以其时，非孝也"（《礼记·祭义》），类似表述也见于《大戴礼记·曾子大孝》。春天杀幼兽之类，就是不允许的，但是秋蒐冬狩则是应该的。

在春秋晚期，虽然高度战争动员的情形已经初现，但更多仍然是西周、春秋以来贵族的低烈度战争，贵族的狩猎文化和早期儒学是可以很好同构的。但是孟子生活的战国时期，杀人盈野和杀人盈城的总体动员战争已经普及，君主一念之间的不仁就可以造成尸山血海的可怕后果。战国儒通过给齐宣王之类有发动战争能力的君主讲"见其生，不忍闻其死"，其实落脚点是要让这些君王减少战争，是一种引发君王仁心，保护平民的语言手段和技巧。这并不是说，原始儒学的趣味就是吃素和不狩猎，恰恰相反，孔子和七十子是既吃肉，又狩猎。

那种认为"传统文化"只是很清凉地吃素、赏花、玩香、坐禅之类的解读，很容易让人想起颜元在《存学编》里面提到的一组有趣对比。他说，让我们假想有两个房间，其中一个房间里坐着佩剑的孔子，率领着七十二贤人，他们有的"干戚舞武"，拿着盾牌跳战舞，有的谈"商兵农政事"，房间的墙上挂着弓箭、斧头、驾战车的马策等。而另一个房间，就比较接近很多人熟悉的"传统文化"画面了："一堂上坐程子，峨冠博服，垂目坐如泥塑。如游、杨、朱、陆者侍，或反观打坐，或执书吾伊，或对谈静、敬，或搦笔著述。壁上置书籍、字卷、翰砚、梨枣。"然后颜元不无挑衅地问道："此二堂同否？"这种对比的视觉冲击很明显，原始儒学时代的画面，确实更有蓬勃的生命力，崇尚武德和"商兵农政事"这些"俗务"。宋明以后，尤其是明清以来，则多了打坐参禅、吟诗弄月和吃素的这种"传统文化"。

先秦时代的贵族称君子，也就是肉食者，因为吃肉，所以营养状况良好，这些军事贵族的身体发育更为魁梧雄壮，所谓"君子大人"，其"大人"之"大"，最显著的外在体现就是区别于平民，他们拥有魁梧身体，甚至连当时的贵族女性，也是以"硕人"这种高大健硕的外形为美的，殷墟妇好墓中出土了巨大的青铜斧钺，是其使用的武器。山东前掌大商晚期墓地埋葬的女贵族武士，如M120、M104的"肢骨极其粗壮"（中国社会科学院考古研究所：《滕州前掌大墓地》下册，文物出版社，2005年，第682页），显示了充足的营养条件与战斗等运动锻炼。周人也赞美女贵族庄姜"硕人其颀"（《诗经·卫风·硕人》），孔颖达的"正义"说这是形容她"长大""佼壮"，显然是陈述高大壮硕的美好形象。孔子的父亲叔梁纥就是一位魁梧雄壮的低级贵族，在攻打偪阳之战斗中，叔梁纥能托起城门，让攻入城的"诸侯之士"们全部撤出。（《左传·襄公十年》）孔子继承了父亲的力量，也孔武有力。《吕氏春秋·慎大览》说"孔子之劲，举国门之关"，他和自己的父亲一样，有举起城门的力量。其力量甚至达到"勇服于孟贲，足蹑郊菟，力招城关"（《淮南子·主术训》），比勇士孟贲更能打，力气大得能一手举起城门。这种健壮体格，一方面得益于不断进行军事贵族技能的训练，孔子的"好学"，其所"学"内容并非只是后人想象之做题画面，而是包含了射、御等体能训练。孔子的身高，据《史记·孔子世家》记载，是"孔子长九尺有六寸，人皆谓之'长人'而异之"，身材魁梧高大，一眼看去就符合"君子大人"之"大"的特征。这种身高与体能，另一方面也需要大量摄入肉食，当时"肉食者"饮食结构对应的正是封建军事贵族的体能与社会身份、角色。通过吃肉和魁梧体魄，孔子能够在夹谷会盟"矛戟剑拔"的凶险环境中毫不畏惧，并击败"莱人以兵劫鲁侯"的计划。(《左传·定公十年》) 孔子雄健有力，以至于需要对过度的刚健进行部分克制，所谓"子温而厉，威而不猛"(《论语·述而》)，已经非常"威"了，就要在"猛"方面克制自己。

连后世民间都知晓"穷文富武"之说，即贫困状态下仍然可以努力读书，以文才跻身于精英行列，如宋代范仲淹"划粥断齑"等寒窗的励志故事。但对于习武来说，如果不能保障基本营养状况，是很难学好的。国野制度下的周代封建贵族既是武装征服者，也是肉食者，通过吃肉保障其体力与武德，是其贵族文化中很重要的一个环节，不吃肉根本是不可想象的。只是以当时物质条件而言，肉食难得，所以"诸侯无故不杀牛，大夫无故不杀羊，士无故不杀犬豕"(《礼记·王制》)，即周天子日常吃牛肉，诸侯在隆重祭祀时才杀牛吃肉，平时吃羊肉。卿大夫在隆重祭祀才杀羊，平时吃猪肉、狗肉，以此类推，最低级的贵族士日常吃鱼或风干肉，以及猎获的鲜肉。当然，儒学的定位是将周代封建军事贵族的文化向平民精英传播。在此过程中，由于时运不济，模仿贵族的平民精英 (如子路)，在遭遇被困陈蔡之间断粮的状况，也会发出"君子亦有穷乎"的感慨，而孔子则教诲他，真正的贵族精神是"君子固穷"，即遭遇艰难也能守得住，有坚毅的内心和定力。在时运不济和经济不行时，在无法保障吃肉的情况下，孔子赞美颜回"一箪食一瓢饮在陋巷"，或"饭蔬食饮水，曲肱而枕之，乐亦在其中"。这些话语，一定要放到历史的语境中去理解。不是吃肉不好，素食更佳，而是说贵族落难时，也要有一颗坚毅的心，能守得住心理防线。至于君子的日常状态，只要有条件，当然是要尽量吃肉的，以保障一个强健的"大人"身体。

实际上，颜回年轻时身体应该也颇为强健，孔门与蒲人的战斗中，颜回与众人走散，孔子担心他战死，钱穆先生《孔子传》中指出颜回"斗乱中失群在后"，当时颜回二十五岁，正是体格雄壮的年龄，很可能承担了战斗的殿后任务。"善于殿后，需要高超的武艺。颜渊在孔门师徒'斗于蒲'突围之际，为了掩护老师和同学脱险，独自担当了殿后的任务"（高培华：《卜子夏考论》，社会科学文献出版社，2012年，第115页）。如果稍有军事常识，或至少打过群架都会知道，殿后是最为危险，需要高度的战斗技巧和勇气。颜回不但承担了殿后任务，而且成功脱身，对其身体状况的要求其实很高。但颜回后来，因为营养状况不好，身体开始变坏。《史记·仲尼弟子列传》记载说颜回二十九岁时，头发就全白了。现代医学认为，食物缺乏足够的蛋白质，会导致青年人出现白发。从颜回后来的食物结构来看，基本是以谷物类食品的碳水为主（一箪食），缺乏蛋白质，尤其是优质蛋白和丰富的矿物及微量元素等营养。马文·哈里斯（Marvin Harris）通过考古学材料证明，狩猎时代人类摄入的动物蛋白质等营养水平较高，但环境改变，冰河时期巨兽的灭绝，导致狩猎资源的枯竭。因此，人类被迫进行定居农业。但农业生活以谷物为主的食物结构，导致了蛋白质的缺乏，造成营养状况的全面恶化。（［美］马文·哈里斯：《文化的起源》，黄晴译，华夏出版社，1988年，第11—20页）虽然颜回以"孔颜乐处"的方式守住了贵族精神，但遗憾的是，颜回早逝的原因其实和营养条件有关。我们需要学习的，是颜回坚守贵族精神的心灵品质，而不是说有条件而不吃肉，以素食为更高尚的价值取向或生活方式。

早期人类通过吃肉，从食腐生活中摄取骨髓，极大地促进了进化和大脑的发育。以石块敲碎骨髓食用，则促进了石器技术的诞生和发展，加快了人类社会的发展与演化。在狩猎吃肉为主的旧石器时代，从饮食结构而言是更加健康的，营养结构合理，蛋白质摄入充分，几乎没有龋齿和缺铁性贫血等新石器时代定居农业饮食的常见疾病。学者研究发现，狩猎和吃肉的旧石器时代，"因为完美而亮白的牙齿，早期狩猎采集者的头骨令人惊叹。那时的人类几乎不吃会导致龋齿的甜食，比如蜂蜜；也根本没有面包这种会被唾液分解成糖的食品"；"今天最常见的直接和间接死亡原因在石器时代是无法想象的，如心血管疾病、脑卒中（中风）、糖尿病等——这里只列举了一小部分"，很多早期农民的骨头中都有矿物质缺乏的迹象，降低其健康水平。（［德］约翰内斯·克劳泽等：《智人之路：基因新证重写六十万年人类史》，王坤译，现代出版社，2021年，第57—58页）当然，农业和吃素生活方式虽然并不很健康，却促进了人口增加。经历过旧石器时代的人们，其实是更喜欢吃肉，至少他们尝试寻求其他蛋白质丰富的食物，但最终迫于无奈，才慢慢选择了农业和大量吃素。考古学家宾福德（Lewis Binford）研究发现，农业出现前，随着气候的变化和人口的增加，依靠狩猎吃肉生活变得越来越难，捕猎的猎物越来越小，最后只能开始吃贝壳肉。"任何一个群体的猎人，如果被迫早到每年的2月利用贝类，就离采用农业不远了"（［美］路易斯·宾福德：《追寻人类的过去：解释考古材料》，陈胜前译，上海三联书店，2009年，第219页）。贝肉的营养价值大于吃素，但问题在于卡路里太低，如果一个人要依靠贝类生活，则每天需要700只牡蛎或1400只蛤，无法支撑较大的群体。（［英］科林·伦福儒、［英］保罗·巴恩：《考古学：理论、方法与实践》，中国社会科学院考古研究所译，第303页）历史上和考古所常见大量堆积如山的"贝丘"形成，就与大量采集吃贝肉有关。这也表明，古人曾经宁愿尝试大量吃贝肉，也不乐于吃素，最终迫于压力，才选择了农业和素食为主这种更不健康的生活方式。

最后还需要补充一下，在很多人的想象中，以为在狩猎时代结束以后，游牧生活可能和远古狩猎更接近，于是想象游牧者是大量吃肉的，因此体魄雄健，比农耕的人群更健康，因此历史上不断发生塞外给中原"输血"的事。顾颉刚就认为中原的人们因为"儒教的垄断"而导致"国民的身体大都是很柔弱的"，认为塞外五胡等在不断给中原"输血"。（顾颉刚：《古史辨自序》上册，河北教育出版社，2001年，第104页）这种想法，其实很荒谬，因为狩猎时代结束以后，农耕定居才是相对能吃得饱的生活方式，至少比同时期的游牧更加稳定。农耕社会的普通人、平民，至少常态下能把碳水食物吃饱，而游牧不行，不要说吃肉，连日常谷物等碳水食物都要高度依靠和农业人群的贸易换取，他们的营养水平普遍比农业人群更差。《新唐书·郑元璹传》记载，当时的突厥人"人色若菜"，都是面有菜色的营养不良状态。宋人孟拱《蒙鞑备录》中描述当时蒙古人"最长者不过五尺二三，亦无肥厚者"，就是说蒙古人个子矮小营养不良，瘦小不肥厚。契丹游牧部族，"生生之资，仰给畜牧，绩毛饮湩，以为衣食"（《辽史·营卫志中》），即生活虽然依靠牲畜，但也只是利用羊毛和喝一些乳（饮湩）维持生命作为衣食的根本，日常也是谈不上吃肉的。清人赵翼在《檐曝杂记·蒙古食酪》中记载："蒙古之俗，膻肉酪浆，然不能皆食肉也。余在木兰，中有蒙古兵能汉语者，询之，谓：'食肉惟王公台吉能之，我等穷夷，但逢节杀一羊而已。杀羊亦必数户选为主，刲而分之，以是为一年食肉之候。寻常度日，但恃牛马乳。每清晨，男、妇皆取乳，先熬茶熟，去其滓，倾乳而沸之，人各啜二碗，暮亦如之。'此蒙古人饘粥也。"很显然，一直到清，塞外游牧的一般饮食都是喝乳而已，营养状况并不是太好。王明珂指出，游牧生活中，牲畜是"本金"，日常是靠"吃利息（乳）"生活，而要尽量避免"吃本金（肉）"，前现代游牧人群是很少能吃到肉的。（王明珂：《游牧者的抉择：面对汉帝国的北亚游牧部族》，上海人民出版社，2018年，第56—57页）所以，也不要对前现代的游牧产生各种想象，觉得这是大量吃肉且强壮，能给中原"输血"的状态。

汉代的陈汤深入西域作战，对匈奴等游牧人群了解甚深，他就表示"夫胡兵五而当汉兵一"（《汉书·傅常郑甘陈段传》），这个描述也被精简为"一汉敌五胡"，即一个汉兵的战斗力等于五个匈奴兵。当然，这种差异有武器技术的代差问题，因为匈奴"兵刃朴钝"。但在"颇得汉巧"即获得汉朝武器技术后，武器代差缩小，仍然还是"三而当一"，即一个汉兵还是能打三个匈奴兵。其背后原因，除了汉军有更严格的军事纪律，汉兵身体素质比孱弱的匈奴游牧者更好，其实也是原因之一。

一言以蔽之，先秦贵族文化和原始儒学，本身就既狩猎，又推崇吃肉，甚至从不回避血祭、割牲这些不太小清新的活动。孕育了原始儒学"大人君子"的文化，恰恰是吃肉和充满生命力的。明清以后那种推崇吃素，并将其尊之为"正统传统文化"或高级修行趣味的行为，某种程度上其实印证了王夫之的那句话："其上申韩者，其下必佛老。"

斋戒沐浴可以祀上帝

洗浴可以有宗教性，这种说法听起来，一般人都会联想到基督教的洗礼或者佛教的灌顶，而不会联想到儒学。实际上，孟子是强调沐浴具有宗教性和祭祀功能的，《孟子·离娄下》说"虽有恶人，斋戒沐浴，可以祀上帝"，即相貌丑恶的人，在斋戒沐浴后也是可以祭祀上帝的，洗浴可以祛除其宗教意义上的污秽，而达到洁净。通过洗浴来获得宗教祭祀前的预备状态，在先秦时期就已具有非常古老的历史。

陈梦家在《商代的神话与巫术》一文中，就曾考察过商代禳祓与沐浴"人身之清洁"的关系，指出巫术性的祓除身体有三种方法：一种是在水上、池边直接用水洗浴，并进行巫术性的祓除；第二种是对身体爟火，以火来得到洁净；第三种是使用香草烹煮的汤来洗浴，可以是草药，也可以是巫术性的兰草等植物。（陈家梦：《陈梦家学术论文集》，中华书局，2016年，第104—106页）商代文字中，也有人洗浴的字形，当与当时祭祀活动有关。罗振玉早就发现甲骨卜辞中有一个字，见于现在的《甲骨文合集》151正、1824正，写作 、 、 ，罗振玉指出该字是"注

水于盘，而人在其中浴之象也"（罗振玉：《增订殷虚书契考释》，
《殷虚书契考释三种》，中华书局，2006年，第518页）。类似在
器物中洗浴的字形，不但见于殷墟甲骨，还见于山东的大辛庄甲
骨，卜辞为："醽，不［徙］，允徙，弜醽，不徙，允徙，四。御
母嬯，豕豕豕，母一。不徙，允徙，弗御，御。"（山东大学东方
考古研究中心、山东省文物考古研究所、济南市考古所：《济南
市大辛庄遗址出土商代甲骨文》，《考古》2003年6期）这个人在
盘器中跪坐洗浴的字，或释为"温"或释为"浴"，不管究竟为
何字，一定和祭祀"母"和祭祀礼仪的"御"关系非常密切，显
示了斋戒沐浴可以"祀"的古老渊源。

徐中舒考察甲骨文中一个由人形和几点水构成的字，认为该
字"象人沐浴濡身之形，为濡之初文"，"上古原始宗教举行祭
礼之前，司礼者须沐浴斋戒，以致诚敬，故后世以需为司礼者之
专名"。（徐中舒主编：《甲骨文字典》下册，四川辞书出版社，
2005年，第878—879页）根据此说，孟子所属的儒家学派，其
起源正和原始宗教祭祀前的沐浴仪式有关。当然，"儒"的起源，
也有不同观点，如白川静就认为："干旱时节，巫祝要主持求雨
仪式，谓'需'，即需要、期待降雨。求雨的巫祝谓'儒'。作
为下层巫祝操持求雨的节目，或是为富裕家庭办理丧事，奔前走
后，这是古代儒者的本来身姿。"（［日］白川静：《常用字解》，
苏冰译，九州出版社，2010年，第196页）也有学者认为考证甲
骨文中的"需"和"儒"的关系，对于理解儒家思想没多少意
义。（陈来：《儒家思想的根源》，《陈来自选集》，广西师范大学
出版社，1997年，第44页）

笔者认为，古文字中"儒"的起源，对于理解儒具有宗教
性的这一面，还是很有帮助的。上古音中"儒"字在日母侯部，

"浴"字在喻母屋部，侯、屋旁转，声钮皆为舌音，古音相近。《老子》三十七章"夫亦将无欲，不欲以静"，马王堆《老子》甲、乙本的"欲"都作"辱"字。"辱"字和"需"字，一在日母屋部，一在心母侯部，上古音也都相近。《周易·需》在王家台秦简《归藏》中作"溽"，武威汉简《仪礼》中的"儒"也写作"溽"。那么从古音和字的联系上，可以看出"儒""需"和"浴""溽"这些与水有关的事物之间，是存在相当联系的。先秦文献中，不仅仅是孟子讲洗浴和宗教祭礼的关系，《礼记·儒行》也讲"儒有澡身而浴德"，就是强调儒通过洗浴这一宗教性礼仪，来提升自己的德性。虽然这一解释，已经是被理性化、德性化之后的观念，但其与原始宗教洗浴礼仪之间联系的痕迹，还是非常明显的。《论语·宪问》中记载，陈成子弑齐简公，"孔子沐浴而朝"，这一事件《左传·哀公十四年》记述为"孔子三日齐（斋）"。很明显，孔子洗浴和斋戒，属于同一种宗教礼仪活动，原始儒学保留了洗浴在早期巫术、宗教礼仪文化中的神秘庄严和净化含义，孟子实际上也继承了这种观念。《论语·先进》中的"浴乎沂，风乎舞雩，咏而归（馈）"，也是在沂水中洗浴后，再举行求雨的雩和馈祭（李竞恒：《论语新劄：自由孔学的历史世界》，第210—212页），这些都显现了早期儒家和洗浴礼仪之间的密切关系。

　　后世的暴秦虽然反儒，但是仍然继承了洗浴具有宗教礼仪的这一观念，岳麓秦简中就记载"祠祀，泰祝则饮酹，大祠也，其谨斋戒沐浴，洁清辨治之"（陈松长主编：《岳麓书院藏秦简（陆）》，上海辞书出版社，2020年，第100页），即重大的宗教祭祀礼仪，一定要谨慎地斋戒洗浴，在宗教意义上的洁净状态下才能进行。韩非子也是暴秦所推崇的思想家，而韩非本人也讲洗浴有宗教净化功能,《韩非子·内储说下六微》记载燕国人李季因为见到了鬼,所以"取五姓之矢浴之",即找了五家人的粪便来洗浴。这当然是巫术和原始宗教意义上的"洁净",和卫生意义上的"洁净"是有区别的。另外一个说法,"一曰浴以兰汤",是用兰汤或一些草药来洗浴,也是从商代以来就有的古老方法。

在古人看来,洗头还能引起迷狂。《韩诗外传》卷十记载:"里凫须曰:'君沐邪?'使者曰:'否'。里凫须曰:'臣闻沐者其心倒,心倒者其言悖。今君不沐,何言之悖也?'"从该对话来看,古人相信洗头会导致"心倒"和"言悖",即心智迷狂和胡言乱语。显然,心智迷狂和胡言乱语,正是远古萨满通神的一种表现。陈梦家研究认为,"沐"字最初和涂抹血液祭祀的"衅"同源,在甲骨文中是双手捧水在器皿前洗头发之形,文献中有"衅浴"的记载,衅最初是以水洗头,后来变为涂抹血液的巫术仪式。(陈梦家:《商代的神话与巫术》,《陈梦家学术论文集》,第109页)可以推测,上古时代的巫师,在祭祀活动中就用兰汤或血液洗头发,然后进入一种迷狂的状态,并胡言乱语出神谕。

从甲骨字形看,洗浴是在青铜盘之类的器皿中进行的。《礼记·玉藻》有"出杅"之说,清人孙希旦《集解》说"杅,浴之盘也,浴竟而出盘也",即在青铜盘中洗澡。殷墟侯家庄1400号大墓,就出土过一套青铜洗浴用具,包括铜盘、铜盂、水勺、水壶。(梁思永、高去寻:《侯家庄[第九本]:1129、1400、1443号大墓》,"中央研究院"历史语言研究所,1996年,第53页)考古学者指出,商代的青铜盘具有沐浴的功能,在殷墟孝民屯发现有大型铜盘的铸件,当为浴器。(岳洪彬、岳占伟:《试论殷墟孝民屯大型铸范的铸造工艺和器形:兼论商代盥洗礼仪》,《考古》2009年6期)综合考古资料和甲骨文字形,可以确定商代的洗浴礼仪是在铜盘中进行，并有一整套的洗浴用具。《仪礼·士丧礼》记载说"商祝"穿着祭服"盥于盆上"，郑玄注释说"商祝"是"习商礼"的巫师，"以敬接于神"，可见商代的巫师正是通过在盘、盆中洗浴，来进行通神的宗教活动，和孟子所说斋戒沐浴后"祀上帝"是一脉相承的。

洗浴工具外，也有熬制兰汤或草药等洗澡水的工具，包山楚简中有"汤鼎"的记载，应该是用鼎来熬制洗澡药水，此外还有"浴缶"。（湖北省荆沙铁路考古队：《包山楚简》，文物出版社，1991年，第38页；朱晓雪：《包山楚简综述》，第669页）在南阳的春秋楚墓中，曾出土过一套洗浴用器："汤鼎用来烧水，并在水中放入香料或香草，水加热后香气四溢，再用斗聚水至浴缶，抬至沐浴处淋浴。"（南阳市文物考古研究所：《河南南阳春秋楚彭射墓发掘简报》，《文物》2011年3期）古籍中记载的"兰汤"之类具有禳祓巫术功能的洗澡水，就是通过"汤鼎"等器物熬制而出。实际上，一直到现代很多人仍然相信用艾草水洗澡可以有"破解太岁"等宗教功能。

洗浴的宗教功能，其实也是一个世界性的文化现象。人类学家说，通过洗浴"从他的身体中消除他的世俗本性中的不洁净性质，将他与普通生活隔离开来，并将他逐步引入诸神的神圣世界之中"（［法］马赛尔·莫斯、昂利·于贝尔：《巫术的一般理论：献祭的性质与功能》，梁永佳等译，广西师范大学出版社，2007年，第189页）；伊利亚德（Mircea Eliade）也指出"沐浴洁净人类，免除罪恶、死亡不幸的降临，破除罪恶并制止精神或肉体的朽坏。在一切重大宗教活动之前都要沐浴，使人预备好进入神圣的体系。在进入神庙和奉献祭品之前都要沐浴"（［美］米尔恰·伊利亚德：《神圣的存在：比较宗教的范型》，晏可佳等译，广西师范大学出版社，2008年，第185页）。借助人类学与宗教思想史的视野，我们能够更加深入理解孟子所说"虽有恶人，斋戒沐浴，可以祀上帝"这一观念背后深邃而古老的文化渊源与心理结构。

原始儒家的阳刚之气

　　"阳刚之气"近来在网上成为一个话题，也有些人对此存在误解。首先，进行暴力活动，或者欺负弱者之类的秀肌肉，肯定不是"阳刚之气"。阳刚之气是勇于保卫自己的共同体，搏击强梁，卵翼妇孺，以勇气去保护弱者，与横暴者进行战斗，这才是阳刚之气。在一些人的想象里，中国传统的儒家学说是比较阴柔的，儒生或"酸腐"或"白面书生"或"手无缚鸡之力"。其实，儒学继承了殷周以来封建军事贵族传统的技艺，其技艺中包含了大量的军事贵族内容，孔门师徒战斗力很强。（李竞恒：《早期儒家是个能打的武力团体》，《岂有此理？：中国文化新读》，第236—239页）当然，关于"儒"的最初含义，民国以来学者误读很多，如胡适认为儒是靠搞丧礼混饭的殷商遗民，以忍辱负重的"柔懦"作为保命之道。徐中舒认为儒是古文字的"需"，是洗浴从事巫术活动的人，有的现代学者甚至认为儒讲究温柔敦厚是源自上古"阉人祭司王"的人格。针对所谓儒是"柔懦"之说，钱穆先生早有辨析，"据《论语》与《周易》，儒家论人事皆尚刚，不尚柔。质之东周殷族风尚，既无柔懦之征，求之儒家经典明训，亦无主柔之说"（钱穆：《驳胡适之说儒》，《中国学术思想史论丛》第二册，生活·读书·新知三联书店，2019年，第138页）。"柔懦"的印象，可能和晚清以来外患频繁，很多人把积弱之咎归因于儒学有关。觉得要养成"军国民"，就必须远离儒学。如顾颉刚就认为，"儒教的垄断"导致"国民的身体大都是很柔弱的"（顾颉刚：《古史辨自序》上册，第104页），将清朝统治下臣民的萎靡病态，视为"儒家"的结果。这种将清朝统治下的状态，全部归因给"儒家"，是当时的流行思维，如陈独秀就认为《大清律例》"无一条非孔子之道"（陈独秀：《宪法与孔教》，《陈独秀著作选》第一卷，上海人民出版社，1993年，第229页），这种就完全属于情绪宣泄，既不是说理，更谈不上实证依据。

实际上，儒学既然源自殷周封建军事贵族文化，自然会天然带有强烈的军事贵族阳刚属性。学者指出："孔子身为封建贵族的后人，显然并不是未学军旅，仅知俎豆而已。《论语》的《述而》《子路》等篇里都有一些话可以证明孔子曾对弟子谈及军旅之事的重要原则。"（邢义田：《天下一家：皇帝、官僚与社会》，中华书局，2011年，第227页）马克斯·韦伯也将孔子理解为骑士，"孔夫子的'高尚的男子'–君子（绅士）本来毕竟是习过武的骑士"；"如同西方中世纪一样，中国也有等级制骑士风范的统一，还有车骑战斗封臣"。（［德］马克斯·韦伯：《儒教与道教》，王容芬译，商务印书馆，1999年，第69、第89页）孔子本人，就颇具此种封建骑士时代的阳刚精神气质，他说"三军可夺帅也，匹夫不可夺志也"（《论语·子罕》），意思是军队的首领可以被改变，但儒者作为男子汉的志向不能被强迫改变，因为儒者有坚强的意志。他指出，"刚毅木讷近仁"（《论语·子路》），意思是刚毅的精神气质才是接近儒者最高理想"仁"的。刚毅的"刚"，正是阳刚的"刚"，此种"刚"宝贵而稀有，以至于孔子有时感慨"吾未见刚者"（《公冶长》），当然这只是气话了。刚毅之外，孔子认为"仁者必有勇"（《论语·宪问》），就是说儒家最高理想的人格"仁"，一定是包含了阳刚的勇敢，而不是很多人想象的阴柔。所谓"见义不为，无勇也"（《为政》），不敢去见义勇为地行动，就不是真正的勇者。能说出这些刚健气魄的话语，只能是长期浸润在封建军事贵族文化中，经历过漫长修为砥砺训练，将其内化并上升到高度精神品质后才会有的，而绝非所谓"柔懦""孱弱"者所能说出。

儒者所推崇的勇敢，常常指为保卫共同体而不惜牺牲的行为，《左传·哀公十一年》记载鲁国在抵御齐国入侵的战斗中"公为与其嬖僮汪锜乘，皆死，皆殡。孔子曰：'能执干戈以卫社稷，可无殇也'"。这位战死的汪锜，属于未成年人，当时习俗认为未成年死者属于"殇"，不应该按照成年人礼仪殡葬。孔子则认为，汪锜能拿起武器，勇敢地保卫自己的共同体，虽然战死，但不应该算作"殇"，应该得到完全成人牺牲者的礼遇。此事也见于《礼记·檀弓下》："与其邻重汪锜往，皆死焉。鲁人欲勿殇重汪锜，问于仲尼。仲尼曰：'能执干戈以卫社稷，虽欲勿殇也，不亦可乎！'"都是对拿起武器保卫共同体勇敢行为的高度赞美。除了父母之邦这种地缘、文化共同体，还要保卫家族血缘共同体，武力复仇是儒学的重要内容，如《礼记·檀弓上》记载孔子教导弟子如何以武力手段为父母、兄弟、宗族复仇，《礼记·曲礼》中也大谈为父母复仇，"弗与共天下也。遇诸市朝，不反兵而斗"，要随身携带武器，在哪里遇到仇人就在哪里砍杀他。《公羊传》更是有"大复仇"的义理，所谓"九世犹可以复仇乎？虽百世可也"，哪怕是过了一百代的仇，也是应该报的。受此种义理激励，后世中国从汉代到魏晋、唐宋，仍然不断出现为父兄甚至朋友复仇的情况。当然，对复仇的法律评价，则是另一个话题了。将血亲复仇提高到这样一种精神的高度，如果是"柔懦"或"阉人祭司"开创出的文化，是绝对不可能的。

有人会说，孔子也反对子路这种"暴虎冯河，死而无悔者"的勇敢莽夫（《述而》），即以短兵器与老虎搏斗，徒手游过河，死了也不后悔的玩命的。毕竟，孔子也讲究"温柔敦厚"，"必也临事而惧"，"子之所慎，斋、战、疾"，在遭遇军事行动前需要一定的惧怕和审慎，是不是意味着儒家文化还是不够阳刚？首先，阳刚不是李逵那样的莽夫，而是有勇气去捍卫自己、亲人、朋友和社会的正当权利和公正，做到这些当然是需要一定的审慎，而不是拿起板斧就排头砍去。而且就时代氛围而言，需要看当时的社会背景，因为当时遍地都是充满了生命力、战斗力的人，子路初次见到孔子的造型是"冠雄鸡，佩豭豚，陵暴孔子"（《史记·仲尼弟子列传》），一副野蛮战士造型，而孔子则"设礼稍诱子路"，用教化来节制这种磅礴的生命力冲动。当时儒者遍地都是充满阳刚和生命力气氛，因此需要略加节制，才能达到中庸状态。《墨子·耕柱》记载"子夏之徒问于子墨子曰：'君子有斗乎？'子墨子曰：'君子无斗。'子夏之徒曰：'狗豨犹有斗，恶有士而无斗矣？'"孔门弟子子夏，本人就能用长矛刺杀野猪，他们与墨子交谈，墨子反对斗殴厮杀，而这些儒者则坚持动物尚且都有战斗的勇气，作为士人难道连这点勇气都没有吗？尽管这些儒者崇尚"斗"遭到了墨子的嘲笑，但可以看出，当时儒者普遍的精神面貌，是充满力量的。孔子本人虽然也刚健有力，但是"温而厉，威而不猛"（《述而》）的形象，是一种对力量有所节制的人格。他所提倡的"君子无所争""射不主皮，为力不同科""及其壮也，血气方刚，戒之在斗"等，都并不是反对武力竞争，而是针对当时的情形，对过度的比武加以节制。所以，阳刚还有中庸的一面，所谓过犹不及。西方政治哲学中，同样讲究对于"血"的中庸状态，"让嗜血的人变得节制，让晕血的人变得勇敢"，有了勇敢与节制作为基础，才能是一个正义的基石。（林国华：《政治哲学如何研究"血"？》，《在灵泊深处：西洋文史发微》，北京大学出版社，2014年，第235页）

　　孔子后的七十子时代也是颇为阳刚，《周易》的《象》对乾卦解释"天行健，君子以自强不息"，此种阳刚精神，尤为人们所熟悉。《礼记·儒行》则主张："劫之以众，沮之以兵，见死不更其守"；"可杀而不可辱……其刚毅有如此者"。就是说哪怕用死来胁迫儒者放弃信念，都是不可能的，士人可杀不可辱的阳刚精神，继承的正是孔子"志士仁人，无求生以害仁，有杀身以成仁"（《卫灵公》）的教诲。此后的孟子讲究"富贵不能淫，贫贱不能移，威武不能屈，此之谓大丈夫"（《孟子·滕文公下》），更是脍炙人口。孟子说"我善养吾浩然之气"，"其为气也，至大至刚"（《公孙丑上》），即浩然正气具有"至刚"的属性，此刚正是阳刚之刚。孟子讲究有正气和做大丈夫，其阳刚四射对于后世宋儒影响深远。孟子甚至讲"生，亦我所欲也；义，亦我所欲也。二者不可得兼，舍生而取义者也"（《告子上》），此种舍生取义的刚烈精神，正是继承发扬了孔子"杀身成仁"的义理。朱熹注释孟子，引用程颐的评论，认为孟子有微小的瑕疵，便是有"圭角"，之所以有圭角，就是因为"孟子有些英气，才有英气，便有圭角"。孟子太过于强烈的阳刚色彩，和孔子更略有节制的中庸之间也存在差异。当然，孟子阳刚对宋代士人精神影响深远，文天祥的《正气歌》即为一例，"天地有正气"的阳刚精神，至今仍在滋养着我们的文化。

只有法家思想，才希望"弱民"，使民变成"甚畏有司而顺"的状态，商鞅就要让秦民"怯于私斗，勇于公战"，所谓"使民怯于邑斗"（《商君书·战法》），"邑斗"即"私斗"，即让人们没有勇气去捍卫自己和家人、朋友等小共同体的利益。桓谭在《新论》中就说，秦王"见万民碌碌，犹群羊聚猪，皆可以竿而驱之"（《群书治要》卷四十四），把黔首民众化为一群群的猪或羊，轻松地用竿子驱赶就行了。在云梦睡虎地秦简《法律答问》中，秦律规定，拔剑斩人头发的，要"完为城旦"。以"针、铢、锥"等金属锐器相斗，要被巨额罚款"二甲"，如果伤人还要被"黥为城旦"。如果是使用铍、戟、矛这些专业武器相斗，只要出鞘，即使未伤人，也按拔剑相斗论处。汉初继承了秦律的张家山汉简《二年律令·贼律》中，也规定如果用金属锐器、钝器争斗伤人，要被"完为城旦"，如果是徒手搏斗，则被罚金四两。一直到西汉晚期的汉哀帝时代，这条法律仍然如故。《汉书·薛宣传》中就引用了汉律："斗以刃伤人，完为城旦。"

封建时代的武士，为了荣誉和权力可以进行使用武器的决斗，这在秦汉体制看来是绝不能容忍的。可见，法家和秦律思维中，最敌视的就是用武器进行"私斗"。韩非子痛骂"儒以文乱法，侠以武犯禁"（《韩非子·五蠹》），将儒和侠的好勇能斗，视为非常可恶的行为。钱穆先生认为，此处"侠即儒之一派"（《儒礼杂议之一：非斗》，《中国学术思想史论丛》第二册，第124页），儒家和侠客文化的关系本就极其密切，《史记·游侠列传》谈侠客，就首先提到了孔门弟子原宪、公皙哀二人，蒙文通先生等学者也都对儒和侠的关系，有深入探讨。韩非子痛恨的，其实就是持剑而行侠仗义的儒者，觉得这些人不听话。并非儒家不提倡阳刚，倒是法家和大秦，不希望民众太阳刚，"柔懦""阉人祭司"这些人格，作为"弱民"的典型，才是符合其需求的。

因此，对于法家和大秦治下"甚畏有司而顺"的秦民，可千万不要指望他们有什么见义勇为、搏击强梁、卵翼妇孺、行侠仗义的阳刚精神。岳麓书院收藏秦简中，有一个案件《得之强与弃妻奸案》：一个叫"得之"的秦隶臣抛弃了妻，后来再一次遇到她，便使用暴力"捽偃"和"殴"，将她强行拖到"里门"去强奸。这时遇到了同一个里的叫"颠"的秦民，她向"颠"求救"救吾！"但是"颠弗救，去，不知它"。（陈松长主编：《岳麓书院藏秦简［叁］》，上海辞书出版社，2013年，第196—201页）对于"甚畏有司而顺"的秦民来说，即使是见到同一个社区的弱女子邻居在遭受暴力和强奸呼救，也只是冷漠地转过身离开，不管不问不顾。这种效果，也就是商鞅、韩非们所追求的，"甚畏有司而顺"，到这个程度，也就一定不会出现"儒以文乱法，侠以武犯禁"的情形了。

率兽食人和始作俑者

原始儒学有人道主义的精神本位和丰富的精神资源，《孟子·梁惠王上》记载孟子批评魏国的国家汲取力太强了，搞得官家马厩里的马都吃得很肥，民众却面黄肌瘦，甚至有人饿死，孟子说这种搞法相当于"率兽食人"，带着一群畜生在吃人。孟子引用孔子的一句话说"始作俑者，其无后乎，为其象人而用之也"，即第一个发明用陶或木头作成俑来殉葬的人，他的不人道行为一定会遭天谴。虽然他并没有直接拿大活人去殉葬，但他是把俑作成真人的形状，其实也是动了杀心的。当然，比起秦始皇那种真杀人殉葬的坏蛋（《西安市秦始皇帝陵》，《考古》2014年7期），只是用俑殉葬还算仁慈的，但孟子认为即使这种相对的"仁慈"也仍然是有不人道的动机和可能导致残忍的流风余韵，执政者搞率兽食人，是决不可原谅的罪恶。

类似的表述，也见于《礼记·檀弓下》："孔子谓：为明器者，知丧道矣，备物而不可用也。哀哉！死者而用生者之器也。不殆于用殉乎？"不但用模仿活人的俑殉葬是不人道的，甚至用活人使用的器物去陪葬，都被视为不人道的。《孔子家语·曲礼·公西赤问》记载子游曾询问孔子："葬者涂车刍灵，自古有之，然今人或有偶，偶亦人也，是无益于丧?"孔子回答说："为刍灵者善矣，为偶者不仁，不殆于用人乎!"孔子认为，用茅草扎成人马之形的"刍灵"被用于殉葬是可以接受的，因为茅草并不像真人。白彤东教授指出，当看到折磨一个人形机器人时，虽然其本身没有任何痛苦，但是我们仍然应该试图制止，"或者，至少我们不应该对这个情景不为所动"（白彤东：《旧邦新命：古今中西参照下的古典儒家政治哲学》，北京大学出版社，2009年，第89页）。古代人形的陶俑陪葬，和现代人形的机器人一样，可以衍生出我们对真实人类所受痛苦的感受。孔子对于人形之物的态度，所守护的便是"仁者爱人"之心的发端。

　　杀人殉葬是一种野蛮的风俗，春秋晚期以来礼崩乐坏，本来被视为"非礼"的远古杀殉，出现了某种沉渣泛起的状况，当时儒家对此进行了强烈谴责和抵制。如《礼记·檀弓下》记载孔子的弟子陈子亢阻止了嫂子和家臣用人给哥哥陈子车殉葬的计划；《檀弓下》还记载一个叫陈乾昔的贵族病重，在死前嘱咐自己的儿子说"如我死，则必大为我棺，使吾二婢子夹我"。在他死后，他的儿子并没有遵照父亲的人殉命令，理由是"以殉葬，非礼也"。儒家的经书将此事作为美行记录下来，正是基于反殉葬的基本原则。

　　用陶或木头做成俑来替代活人殉葬，在动机上还是有杀心，遭到孔孟的批评。目前考古所见最早的俑，是西周时期的。2007年在陕西韩城梁带村西周墓M502出土了西周时期的木俑，在山西翼城大河口西周墓地中，也出土了木俑，比孔子的时代早三百多年（陕西省考古研究院等：《陕西韩城梁带村墓地北区2007年发掘简报》，《文物》2010年6期），这四件木俑中有两件抓握式木俑，两件捧物木俑，双手双脚以榫卯方式安装在身体上，抓握

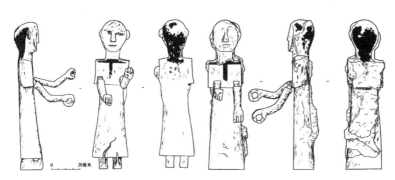

陕西韩城梁带村西周芮国墓地出土的"始作俑"

式木俑应该表现的是驾马车的人，捧物木俑的手也是榫卯安装，表现在伺候墓主人。（陕西省考古研究院、渭南市文物保护考古研究所、韩城市景区管理委员会：《梁带村芮国墓地：2007年度发掘报告》，文物出版社，2010年，第47—49页）显然，木俑的手脚安装采用榫卯结构，让它四肢灵活，恰恰是在表现更接近活人的形象，这正是孔孟所说的不仁动机。这些墓主人，也就是"始作俑者"。

　　另外，在洛阳北窑西周墓M658出土过用铅铸造的俑，M451出土过车夫铜俑。（蔡运章：《甲骨金文与古史新探》，科学出版社，2012年，第57页）到了春秋早期，俑继续得到使用，陕西陇县边家庄春秋早期M5中，出土的车衡木两端各安置有一个木俑，这木俑应该是马车的随从或驾驭者。（刘军社：《陕西陇县边家庄五号春秋墓发掘简报》，《文物》1988年11期）这些殉葬的俑，在信阳楚简2-028中写作"**唄屡**"（僮），即表明随葬僮仆的身份。

　　将"始作俑"和"率兽食人"相结合的，有一个考古案例。秦汉栎阳城遗址中，有一座狗的坟墓，埋葬着狗的尸骨（M27），狗被埋葬在用陶水管做的棺材中。这条狗的主人，想必非常喜爱这一宠物，便制造了31个人俑，给这条狗殉葬。（阿房宫与上林苑考古队等：《西安市阎良区秦汉栎阳城遗址墓葬的发掘》，《考古》2016年9期）这条狗的主人是个超级"狗奴"，用了几十个人俑给狗殉葬，如果不是碍于财力或者社会公序良俗的其他压力，有条件的话他是真能杀几十个人给狗陪葬的，心理动机上，他已经越过了这道坎，是没有心理障碍的。在他看来，几十个人抵不上他的一条狗。这个墓葬属于秦朝或继承了秦朝衣钵的西汉早期，位于秦的统治中心，正是最彻底礼崩乐坏和残酷秦制的时代，视一切人道为敝履。这座墓的存在，很生动诠释了率兽食人和始作俑者的关系。现代一些极端"动保"，身上便散发着秦朝这种类似的味道。

孔孟之道当然也尽可能善待动物，如君子见其生不忍见其死，不忍其觳觫等（《孟子·梁惠王上》），但根本落脚点不在动物，而是在于对人的态度，推己及物，从善待人之心推到善待动物。《礼记·檀弓下》记载"仲尼之畜狗死"，孔子让子贡将其掩埋，用了一床席子将其包裹以便"毋使其首陷焉"，好好地饲养、不虐待，死后正常埋葬就可以了，这是孔子的态度。《论语·乡党》记载孔子家马厩发生火灾，孔子退朝后只是询问"伤人乎？不问马"，更是鲜明地表达出儒家思想的精神是以人为本位的，在人的绝对价值面前，动物的价值不值一提。而一旦错认共同体，把动物置于人的价值之上，搞出什么"卫懿公好鹤，鹤有乘轩者"，"鹤实有禄位"（《左传·闵公二年》），得到的结果一定是共同体的瓦解。如北齐暴君高恒，一边对民间巧取豪夺，一边封自己的马为"仪同""郡君"等官，"斗鸡亦号开府，犬马鸡鹰多食县干"（《北齐书·幼主本纪》）；北齐南阳王高绰，因为"爱波斯狗",居然"有妇人抱儿在路,走避入草,绰夺其儿饲波斯狗"(《北齐书·武成十二王传》),直接活生生地率兽食人;或如女真金国统治下,文明水准大幅度倒退,竟发生了用活人喂狗的野蛮惨剧,"建充性刚暴,常畜猁犬十数,奴仆有罪既答,已复嗾犬啮之,骨肉都尽"(《金史·郑建充传》);或者搞出"厩有肥马,民有饥色"间接食人,甚至秦人那种用人俑来给狗殉葬,是最残忍和最败坏的行为,是对于人尊严和价值的野蛮践踏。至于西方如古罗马,热衷于搞斗兽场的人畜相搏,以至于直接拿人喂狮子等猛兽,罗马皇帝卡里古拉,就不但挑选罪犯作为喂养斗兽场野兽的食物,甚至"一位罗马骑士在被抛给野兽时大叫无罪,他把他带回来,割断他的舌头后再抛给野兽"([古罗马]苏维托尼乌斯:《罗马十二帝王传》,张竹明等译,商务印书馆,2004年,第170—171页);或是如维迪乌斯·波利奥之流的罗马权贵拿活人去喂鱼,其文化的阴暗面,更是低下和败坏的,比中国古代"好鹤亡国""齐鸡开府"之类可谓更为恶劣。一些现代人或后现代人以为自己很"进步"和"前卫",殊不知自己是和率兽食人的秦人、鲜卑暴君为伍的。

对待动物的方式与对待人的方式发生错位,其实是错认共同体的结果。智人驯化狼,将其变为狗的时间大约在距今1.5万—2万年前的冰河时期,考古学家在波恩附近的奥博卡塞尔(Oberkassel)墓穴中发现了德国最古老的驯化狗,那里埋葬着距今1.4万年前的一对五十岁左右男女以及狗的牙齿,"这表明该动物对于他们有着重要的意义"([德]约翰内斯·克劳泽等:《智人之路:基因新证重写六十万年人类史》,王坤译,第60页)。驯化猫则更晚到新石器时代以后的塞浦路斯和古埃及。在此之后,人类还尝试过驯化各种稀奇古怪的动物作为宠物。将狼驯化为狗，最初是为了狩猎和护卫等工作，而驯化猫则与农业定居保护粮食免遭鼠害有密切关系，此后驯化马、牛、羊、驴、猪、鸡、鸭、鹅、兔等动物，都有具体实用的目的，或作为动力工具，或为获取奶、毛、肉、蛋等功能。但随着文明的发展，一些德性衰败的权贵开始产生错认共同体的幻觉。古罗马的普鲁塔克在《希腊罗马名人传》的《伯利克里传》中就写到，当年罗马奥古斯都大帝"看见某些富有的外国人在罗马抱着小狗和小狝猴在怀中玩弄爱抚的时候，他就问，是不是他们国家的妇女不能生育，他极其威严地斥责他们不应该把本来应该用在人类身上的天生的温情和慈爱滥用在动物身上"（[古希腊]普鲁塔克：《希腊罗马名人传》，商务印书馆，1990年，第461页）。显然，奥古斯都的意思是，这些爱抚着猴子的富裕外国人的行为，属于错认共同体，将动物视为了真实家庭成员的替代品；人类的心灵应该正确使用热爱共同体成员的这种古老本能，而不是错误滥用。

　　史前以来这漫长的演化历史中，智人长期是生活在同类的小共同体之中，对于一个共同体内的同类具有天然的情感，这种情感是小共同体凝聚的重要纽带，帮助人类团结起来战胜各种挑战。随着进入文明时代，一些人在生活中因为特权而脱离了真实的共同体生活，这是政治共同体德性衰败的征兆和产物。这些或贵或富的精英，脱离了真实的人群共同体，于是便滥用智人爱护"共同体"的古老本能，将自己宠爱的动物作为自己的"部落成员"，要么是抱着猴子爱抚，要么是让仙鹤、鸡、波斯狗之类享有禄位，并不惜为此而伤害自己真正的共同体成员。这幅画面，也就是"率兽食人"的场景了。

　　中国传统中对于动物的理性态度，《史记·滑稽列传》中的楚人优孟，倒是为我们提供了一个生动而幽默的例子：

楚庄王之时，有所爱马，衣以文绣，置之华屋之下，席以露床，啖以枣脯。马病肥死，使群臣丧之，欲以棺椁大夫礼葬之。左右争之，以为不可。王下令曰："有敢以马谏者，罪至死。"优孟闻之，入殿门。仰天大哭。王惊而问其故。优孟曰："马者王之所爱也，以楚国堂堂之大，何求不得，而以大夫礼葬之，薄，请以人君礼葬之。"王曰："何如？"对曰："臣请以雕玉为棺，文梓为椁，楩枫豫章为题凑，发甲卒为穿圹，老弱负土，齐、赵陪位于前，韩、魏翼卫其后，庙食太牢，奉以万户之邑。诸侯闻之，皆知大王贱人而贵马也。"王曰："寡人之过一至此乎！为之奈何？"优孟曰："请为大王六畜葬之。以垅灶为椁，铜历为棺，赉以姜枣，荐以木兰，祭以粳稻，衣以火光，葬之于人腹肠。"于是王乃使以马属太官，无令天下久闻也。

楚庄王（此事接近寓言，后文中还出现了三晋，显然不是真实历史上的楚庄王，在此不必过于拘泥）也曾错认共同体，把自己的爱马当成了身边的亲朋好友，给它穿刺绣衣服，住华美房子，吃昂贵的干果，马最后得肥胖病而死，楚庄王要求众臣都去参加马的葬礼，并以"大夫"的礼用棺椁规格埋葬爱马。优孟则一边为马痛哭，一边建议楚王，用大夫礼埋葬还是太低了，要用雕刻的玉棺材埋葬马，用昂贵的梓木作棺椁，用昂贵的枫香树木头造地下宫殿。让军队和百姓一起挖造大墓，堆筑山陵，让齐、赵、韩、魏等大国使者一起陪位祭祀，再在太庙里面祭祀爱马，用一万户的赋税去常年祭祀，这样全天下都知道楚王错认共同体了。楚庄王听后，幡然改过，将马用姜、枣、木兰等香料烹饪，让众人一起享用，葬在人的肚子中去。这一理性态度，是中国文化传统中贵人而贱畜的延续，也符合孔子问人不问马的基本精神。

　　驯化动物，本身就是为了服务于人类，而不是让动物参与"率兽食人"，去践踏人类。在唐武周的时候，士人王求礼就提出"自轩辕以来，服牛乘马，今辇以人负，则人代畜"（《新唐书·王求礼传》），指出坐人抬的步辇，是拿人当牲畜用，是不人道的。宋代士大夫，对此精神有足够的认识。北宋士大夫一般都拒绝坐轿子，而是普遍都选择骑马，因为他们认为轿子是人在抬，坐轿子就是"以人代畜"，是对人类尊严的践踏。"南渡以前，士大夫皆不甚用轿，如王荆公、伊川皆云'不以人代畜'。朝士皆乘马。或有老病，朝廷赐令乘轿，犹力辞后受。"（《朱子语类》卷一百二十八《本朝二》）宋代士大夫洞晓"仁者爱人"与"天地之性人为贵"的基本道理，进而能够将孔子、孟子以来的精神加以继承并发扬为社会风气。在顾炎武看来，传统华夏社会那种仁义充塞的状态，在外族进入后被破坏，严重降低了文明的水准，这就是"亡天下"，所谓"仁义充塞，而至于率兽食人，人将相食，谓之亡天下"（《日知录》卷十三《正始》），率兽食人正是文明水准崩坏后"亡天下"的产物。

先秦战车：外来的技术

　　双轮马车是先秦贵族极为重要的工具，既是交通与战斗的装备，也是身份与地位的象征。原始儒学秉承和传播了军事贵族知识，其"六艺"中的"御"，就是驾驭战车或马车的能力。根据孔子的描述，作为"从大夫之后"的贵族，不能徒步而行，乘车是必要的礼仪。(《论语·宪问》) 当时贵族询问对方孩子的年龄，如果已是少年，对方会回答说"能驾驭马车了"；而如果孩子还年幼，则回答说"还不能驾驭马车"。(《礼记·曲礼下》) 以是否能驾驭马车作为年龄标尺，可见驾车对于先秦贵族的重要性。而马车被用于战争，更是先秦军事活动的鲜明特征。战车的数量，对应着诸侯各邦的实力强弱，所谓千乘之国、百乘之家。不过，这些具有浓郁华夏色彩的先秦马车，可能并非中土原产，而是从异域传入的"洋玩意儿"。在经历了先秦时代"中学为体，西学为用"精神的塑造后，被转化为华夏贵族礼乐文化中的重要器物。这种迅速消化外来事物，并转化之为我所用的精神，其实至今仍有启发意义。

　　《世本》《吕氏春秋》《淮南子》等古籍中记载车的发明者，有黄帝、夏禹、相土、奚仲等，虽然说法不同，不过都属于后人

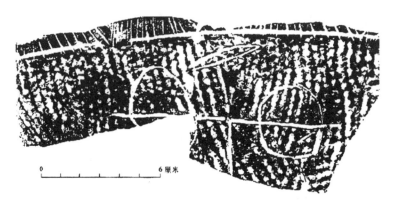

洛阳皂角树二里头遗址三期陶片上的"车"字

附会，和"仓颉造字"的传说差不多，不能太当真。比较可信的证据，则依赖考古发掘。在距今3600年前夏代中后期的二里头遗址宫殿区南侧大路上，考古学家曾发现过车辙的痕迹。在洛阳皂角树发现的一块二里头时期陶片上，刻画着一个字，形状为一个车轴，两侧分别有两个大轮子，有考古学家将其释读为"车"字。这个字很是形象，加上车辙的痕迹，可以说夏代晚期已经出现并开始使用车。

不过，疑惑也随之而来。二里头的车辙其双轮之间的距离，居然只有1米，显得非常袖珍，和商代晚期以后那种我们熟悉的大马车动辄轮距2米多相比，这简直是儿童玩具。实际上，很多考古证据都显示，商代晚期以前的车，都是这一类"袖珍玩具"，车轮间距离很短小。例如，在商代早期偃师商城中发现的一道车辙痕迹，两轮距离只有1.2米，和二里头那个1米的差不多大小。2010年在郑州小双桥遗址发现的商代中期偏早时代的车辙痕迹，距离为1—1.4米。殷墟刘家庄北地发现殷代车辙轮距多为1.3—

1.5米。安阳花园庄南地曾发现两辆距离为1.5米的双轮小车，是用人力或牲口拉动的民间工具。有考古学家猜测，这些袖珍车辆可能是牛车，不同于后来我们熟悉的那些大马车。但若是牛车，按理来说应该更大才对。所以比较合理的解释是，这种袖珍车，应该是人力手推车，用来运土之类，并不是后来那种可以乘坐打仗或者周游列国的大马车。当然，在殷墟郭家庄则发现了两只用于拉小车的羊，还系着小铜铃，应该就是这种袖珍小车的畜力。总之，比较早期的夏商车辆，属于"袖珍玩具"一类，用羊来拉或人力手推，一点也没有后世贵族大马车的高大上气象，更谈不上贵族车战了。

历史上用于拉战车和骑兵的马，属于家马（*Equus caballus caballus*），其野生祖先主要分布于欧亚草原的西部地区，距离中国很远。从考古材料来看，中国北方地区从史前的龙山文化阶段到殷商晚期之前的各处文化遗存中，均无马骨的大量发现。偶尔有之，也并非人工驯养的家马，而是作为肉食捕捉的野马。一直到商代中期，马骨的材料仍然极其少见，这个时期最常见的家畜是羊和牛，而这一时期正是流行小袖珍车的时代，人们用山羊或人力推拉小车。

早在民国时代，学者们就注意到了马车与异域的联系。胡厚宣先生就发现殷地并不产马，殷墟时代的马可能是从西北异族传入。徐中舒先生则考证，商朝晚期的马车，是从西亚传播到黑海地区，再从西北和北部的游牧部落传播到中国。换句话说，人工驯养的家马和马拉车都是外来洋玩意儿，通过西北游牧部落传入，被好战的商朝军事贵族迅速接受，加以吸收和改良，成为对外战争的重武器。

如果说一个外来事物传入中国，那么它可能有对应的外来词，比如巧克力、坦克、沙发、马赛克之类。因此，马、车两个字的上古音，也可以看出它们和异族文化的联系。根据周及徐先生的研究，"马"字的上古音为maa/maarg，对应于印欧语词根marko。因此得出结论，印欧语的"马"应是最早的。古汉语的"马"是传播而来，借用了当时"老外"们的词语。马的驯养，至少可以追溯到距今6200—5700年前之间的俄国南部草原。在距今4000—3800年前，高加索地区的古代印欧人已经将马作为坐骑。看得出来，这些人群驯养和使用马比中国人早得多，马是间接从这些地方传过来的。除了战马，驴、骡等动物也随着马的传播路线在商代晚期传入中原。汉学家梅维恒也分析，上古音的"车"与古印欧语有相当的联系，与苏美尔、闪米特、卡特弗里安语表示"轮子"的词都有关系。所以，"马"和"车"两个词在先秦中国，其实更类似于"坦克"一类借音的外来词。当然，马拉战车扮演的角色与地位，和现代战争的坦克也非常类似。

狄宇宙（Nicola Di Cosmo）分析，殷代战车是从古代西伯利亚的安德罗诺沃人（Andronovo people）处借鉴而来。在中国北部地区已经发现了一些战车的遗迹，例如在内蒙古阴山的岩画上就表现了猎人从八轮辐双马拉战车中跳下车的画面。岩画战车实物在俄国乌拉尔山的辛达雪塔（Sintashta）古墓中有发现。显示了中国古战车在设计与技术特征上与北方地区的相似性。商代马拉战车的结构就是双马、双轮，车轮分为轮辐，这种基本结构与乌拉尔山、西伯利亚、阴山发现的材料完全一致。

在中亚地区的史前岩画中，有的马车形象与甲骨文中"车"字几乎完全一致。例如，南哈萨克斯坦卡拉塔乌（Karatau）山脉的岩画中就有马车形象，时代为距今4000年左右。这处岩画中的马车形象，与甲骨文的"车"字几乎完全一致。显然，中亚的马

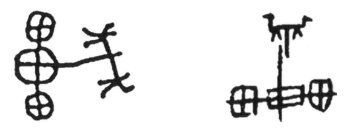

左边为卡拉塔乌山脉岩画中的马车，右边为甲骨文中的"车"字

车图像远早于殷墟甲骨文，在数百年后，马拉大车才逐渐传入中国。二者完全一致的图画和文字形象，表现了商代马车从基本结构到文字图像构造均与中亚印欧游牧族群具有紧密的文化传播联系。在此之前，中国只有人力或羊拉的袖珍小车。

从外边接受来马的驯养和驾驭战车的技术后，过去那种袖珍小车被抛弃了。新生的大马车数量很少，规格极高，开始被作为王和贵族的特权象征。在商代一些战车中，发现车舆内铺设了精美的竹席，这相当于现代轿车内安装了舒适沙发。商代的战车上有驾驭者，也有战斗的武士，他们一般都跪坐在车舆内的竹席上，便于在颠簸的车辆中保持平衡，以免摔下来。如果手靠栏杆，还可以得到舒适的效果。在殷墟发现一位长年征战的贵族首领遗骨，脚掌骨前部有明显长期跪姿形成的痕迹，俗称"跪踞面"。可见，这位贵族武士生前因为长期乘车作战，长期在车舆内跪坐而在骨骼上留下"跪踞面"。商代人有"尊右"的习惯，首长和领导多坐在车的右边，指挥战斗，左边的"警卫员"一类人物负责射箭。为了保证安全，有的战车上还设置有大盾牌，防止敌人的伤害。而战车上安置大伞，则防晒防风雨，商朝首长们坐在车中，可谓既舒适又安全。当然，这些都是商朝人在接受了

"老外"传来技术后，基于本国文化与具体情境，不断进行改良
和加工的结果。所以说马车的引入，是当时"中学为体，西学为
用"的生动运用。

从马车技术的引用来看，华夏祖先并不是一群抱残守缺的
人，绝不是"挑铁道，把线砍，旋再毁坏大轮船"的盲目排外
者。一旦意识到有高头大马与战车比本土的袖珍玩具小推车更厉
害，他们会迅速吸收这一技术，在牢固掌握了外来知识与技术
后，根据本土的文化加以改造，使之更符合华夏人的生活方式，
演变为殷周军事贵族的车战礼仪、文化。这样的结果，便是后来
马车完全融入了华夏文明，成为了礼乐和君子生活密不可分的重

复原的前掌大遗址商代晚期战车

要部分，孔子也坐着马车，周游列国，践行自己"道"的理想。马车被华夏人吸收的故事，其实体现了华夏祖先海纳百川的胸襟与改造外来事物的智慧。可以说，这是最早关于"中学为体，西学为用"成功践行的故事。

秦朝尊重女性？你想多了

近来某西安导游在兵马俑博物馆解说时，说兵马俑里面没有女兵"正体现出了秦人对于女性的一种尊重和保护"，然后宣称秦始皇搞"夫为寄豭，杀之无罪"，妻子可以杀死有外遇的丈夫。网上点赞十万以上热评，都是"秦始皇尊敬女性，被儒家骂了3000年""秦始皇时期女性多幸福，一项特权简直男人噩梦""秦始皇给女人的权利""秦始皇是真的男神""秦朝完全做到了婚姻自由"之类。其谬误荒诞，大行其道，令人瞠目结舌。

秦始皇是否尊重女性，先看看秦始皇陵的陪葬坑就知道了。2013年秦始皇陵园发现了十座小墓，墓道填土中发现大量未成年女性散乱人骨，人骨都不完整，"墓道散置的人骨个体是经肢解后埋入这批墓葬中的"。如考古报告图一四的小型墓GDHM3中，出土的散乱女性人骨，被直接认定为"人牲遗存"。(《考古》2014年7期）在秦皇看来，女性不过是玩物而已，《史记·秦始皇本纪》记载秦始皇的宫殿规模巨大，"所得诸侯美人钟鼓，以充入之"；"帷帐、钟鼓、美人充之"。女性和钟鼓、帷帐这些玩物被视为一类，秦始皇死了，低级玩物就被拿来肢解殉葬。不要说秦朝身份低级的女性，就是秦始皇的女儿也是很悲惨的，《史记·李斯列传》记载"十公主磔死于杜"，即十个公主最后也被肢解，用于殉葬。

秦朝宫廷中的女性是玩物，民间的女性处境更为悲哀，因为大量女性的身份，属于卑贱的"隶妾"，乃至更低贱的"舂"。民间集体记忆中"孟姜女哭长城"虽不是史实，却是一种情感真实，是秦朝女性悲惨处境的朴素记忆。岳麓书院藏秦简简2009记载逃走的女舂被抓回来，脸上刺字，哪怕自己回来自首，也要鞭笞一百。简1983记载，怀孕的女舂，将会被"大枸椟及杕之"，"大枸椟"是大木头刑具，"杕"是套足胫的铁钳，即用大木头加大铁钳双重刑具束缚起来。（陈松长主编：《岳麓书院藏秦简〔肆〕》，上海辞书出版社，2015年，第54、第77页）很多种罪名，都可能导致她们沦为"舂"，据岳麓秦简J44记载，有一种"坐妒入舂"罪，即因嫉妒而导致犯罪，沦为舂。（《岳麓〔肆〕》，第191、第225页）秦朝对女性的要求，就是绝对服从夫权，北大藏秦简《教女》中就详细规定，要求女性"善依夫家，以自为光"，必须完全听丈夫的话。"虽与夫治，勿敢疾当"，意思是丈夫打妻子，也不要躲，而且要"屈身受令"。此外，一定要"中毋妒心"，丈夫纳妾，不允许嫉妒。（朱凤瀚：《北大藏秦简〈教女〉初识》，《北京大学学报》（哲学社会科学版）2015年2期）结合来看，秦朝女性的"妒"，可能导致"坐妒入舂"，沦为城旦舂的行列。杨宽先生就说过，秦朝"用法令来对女子作严厉的压迫，是此前所未有的"（杨宽：《战国史》，第493页）。

秦朝社会有大量女性，遭受到残酷的奴役。里耶秦简8-145记载有"隶妾系舂八人"，欠了官府钱干活还债的女奴"隶妾居赀十一人"，还有在仓库中干活的"受仓隶妾七人"。此外还有五名小女奴"小舂"，三名在田官干活，一人做饭，还有一个生病的。8-444 简中记载，"小隶妾八人，□六人付田官"，让小女奴给官田干活；8-1566 记载田官汇报，有三名小女春及"隶妾居赀三人"在田官干活。8-1095 记载"隶妾居赀五十八人"，这五十八个女奴欠了官府的钱，被强制进行劳役。云梦秦简《司空》规定，"人奴妾居赀债于城旦，皆赤其衣，枸椟欙杕，将司之"，即这些被强制劳役的居赀女奴，也要像城旦一样，被戴上大木头加大铁钳双重刑具，在监工看管下劳役。这些居赀干活的女奴，"日未备而死者，出其衣食"，即还没干完活就死掉了，她们的衣食被注销。这个规定的潜台词，其实就是"居赀"状态的死亡率很高，应该有不少女奴在劳役过程中就死亡了，因此对其衣食供给进行了补充规定。《司空》中规定"一臣若一妾，有一马若一牛"，把男奴、女奴和牛马并列，视为一类。以上种种，说明秦朝根本不存在"尊重女性"，而是对男女不加区分地榨取和肆虐。

云梦秦简《仓律》记载"妾未使而衣食公"，秦朝怕不到七岁的小女奴白吃饭，就借给民间去打工挣钱吃饭，自己养活自己，长大了继续给秦朝当奴隶。秦朝修长城之类的重体力活，不仅限于男子，秦的女奴隶妾也是要干"与垣"这类筑墙重活的，《仓律》中记载："隶臣妾垣及为它事与垣者。"还规定了参与这项重活的女奴的口粮标准。如果有"操敐红及服者"这类纺织技术的女奴，还不允许赎身，只能一直被大秦榨取劳动。李安敦指出，根据云梦秦律的规定，男性工隶臣可以通过军功，或者家人转移的军功来赎身。然而"根据这条军法，女性工隶似乎没有任何改变身份的可能"（[美] 李安敦：《秦汉工匠》，林稚晖译，上海三联书店，2023 年，第 104—105 页）。云梦秦简《封诊式》中，还记载了一个秦朝的五大夫，因为女奴"丙"不听话，就将她送往官府，处以"黥劓"的刑罚，即割掉她的鼻子，再在脸上刺上侮辱性质的文身。秦朝统治下的女性，由于生活痛苦，因此也有选择自杀的。里耶秦简9-1322，9-1497+9-2236记载女奴婢"红"自杀后，她仅有的两件衣服也被少内官没收。

湖南益阳兔子山九号古井中出土"女子尊择不取行钱"木简记载：秦始皇三十二年或三十三、三十四年的十月，有人揭发一个叫"尊"的女子，拒绝使用秦朝强制推行的一些劣质货币"行钱"。十天之后的己未这天，益阳县的长官起，县丞章、史完这三个秦官，一起根据秦律作出判决："刑杀尊市，即弃死市。盈十日，令徒徙弃冢间。"（邱建明：《益阳兔子山秦代"女子尊择不取行钱"木简研究》，段晓明主编：《湖南博物院院刊》第十八辑，岳麓书社，2003年，第247—252页）即将"尊"这位女性在街头当众杀死，将她的尸体暴尸十天，以震慑民众。十天后，派囚徒将她的残尸丢弃在乱葬岗。秦始皇时代，这种严酷残杀女性，侮辱女性尸体的行为，就在光天化日和大庭广众之下公开进行。

为了逃出秦的统治，秦国女性往往铤而走险。岳麓秦简《多小未能与谋案》中记载，一位叫"儿"的秦国女性，带着自己的孩子"邦亡荆"，冒险逃往楚国。但在十年后，秦兵攻占楚地，逮捕了她的儿子。这位叫"儿"的秦女是幸运的，在秦攻占楚地之前就死去了，否则她将会被按照秦律处以酷刑。但她的孩子，后来被秦兵逮捕，面临着被"黥为城旦"的惩罚。（陈长松主编：《岳麓书院藏秦简［叁］》，上海辞书出版社，2013年，第141—142页）张家山汉简《奏谳书》中，也记载着一个秦末女奴婢逃亡的案件，一名叫"媚"的女婢，在楚人覆灭秦的机会中逃出，"楚时去亡"。

　　了解到这些背景，你还会认为兵马俑里面没有女性是因为秦朝"尊重女性"的结果吗？解释这个问题很简单，在冷兵器时代，女性的体力本来就不适合野战，秦朝是觉得她们不是合格的炮灰而已。那么秦朝女性，是否能作为一种战争资源呢？答案是肯定的。《史记·淮南衡山列传》记载，赵佗领秦兵在岭南，"使人上书，求女无夫家者三万人，以为士卒衣补。秦皇帝可其万五千人"。显然，秦朝、秦军是将女性作为一种奖赏给士兵的资源，一个大手笔就能从民间榨取出一万五千名未出嫁的女性，她们被迫告别父母和家人，被送往遥远陌生的地方，再分配给陌生的士兵。在由强大的国家权力之手来包办婚姻面前，不知道这和"婚姻自由"到底有何关系？

　　此外，《商君书·去强》中明确要求，要登记秦国的"壮男壮女之数"，要掌握"壮女"的名籍，显然也是出于将其作为后备炮灰资源的考虑。《商君书·兵守》中，就规定了秦国女性用作守城战争，"壮女为一军"，她们负责"作土以为险阻""发梁撤屋"，即守城时筑造墙壁，拆毁城内建筑，提供防守的土石。显然，这些"壮女"都是战争资源和劳力，和"秦朝尊重女性"没一点关系。《墨子·备城门》也记载，秦国、秦朝是要用女性参与守城军事任务的，防守五十步要布置"丁女二十人"，其武器是"人一矛"。造防御工事，也是"男女相半"。在秦皇的眼中，男女都是炮灰和劳动力资源而已，没啥区别，只是男的更适合野战而已。

　　至于"夫为寄豭，杀之无罪"，更是和"尊重女性"没半毛钱关系。秦会稽刻石上面这些话，表明秦朝强调男权社会，必须以夫权为核心的内容，男子到女方家庭去当赘婿的这种人就该杀。云梦秦简中就纳入了一条魏律，将"赘婿后父"拿去当战争中的炮灰，所谓"将军以埵豪（壕）"，把他们拿去填壕沟就行了。与"夫为寄豭，杀之无罪"相对的，是另一句话"妻为逃嫁，子不得母"，即如果妻子敢改嫁，那么她在前夫家的儿女，就不允许将她再当作母亲，维系的价值观也和前一句一样，都是以夫权为中心，和"尊重女性""婚姻自由"没任何关系。对此，杨宽先生早已指出，秦始皇的这些刻石，表明"随着专制主义和中央集权的加强，对于女子的迫害也更加厉害"（《战国史》，第493页）。

恰恰是汉代以来的儒者在推动着改革，改变那些秦朝残酷对待女性的遗产。董仲舒的《春秋决狱》有几个判例保留至今，其中一条涉及女性问题。一位女性某甲的丈夫遇到海难，船只沉没找不到遗体，不能得到埋葬。几个月之后，某甲的母亲安排她改嫁。当地官员根据当时汉承秦制的法律"夫死未葬，法不许嫁。私为人妻，当弃市"，提出要将某甲处以死刑。董仲舒显然反对秦律那种机械不考虑人情的判决机制，他指出由于妇女有"更嫁之道"，是可以改嫁的，并且某甲是听从母亲的安排，不是"私为人妻"，因此是无罪的。（程树德：《九朝律考》，中华书局，1963年，第164—165页）如果按照一般汉承秦制的秦律规定，那位可怜而无辜的某甲会被处死，尸体像不用行钱的那位秦朝女性"尊"一样，被陈列在街头示众；但经过儒者董仲舒的努力，拯救了这位女性的生命，也推动法律的改善。

希望现在一些导游解说词、自媒体能够自律一些，尊重基本历史，不要再以讹传讹，误导大众了。

文字和书写的力量

人类学家克洛德·列维-斯特劳斯在亚马逊丛林旅行调查的时候，在与当地南比克瓦拉人（Nambikwara）进行交往的过程中，他将纸和笔分发给这些人，其中一位酋长在看到欧洲人的书写文字之后，便迅速了解了"书写的目的"。于是这位酋长装作像欧洲人写字那样，在纸张上画出波浪形线条，并把一整群印第安人集合起来，从篮子里取出画有波浪形曲线的纸，向他们表演自己能"阅读"纸上的内容。

列维-斯特劳斯从酋长的这一行为里意识到，文字的功能是"用以增加一种社会功能的权威与地位，其代价是将其余的人或社会功能加以贬抑"；"书写文字可以说是一种人工记忆，书写文字的发展应该是使人类对自己的过去有更清楚的意识，因此而大大增加人类组织安排目前与未来的能力"；"书写文字似乎是被用来做剥削人类而非启蒙人类的工具，这项剥削，可以集结数以千计的工人，强迫他们去做耗尽体力的工作"；"我也忍不住要佩服他们的酋长的天才，能立刻了解到书写文字可能增加他的权威，也就是一下子掌握了一项制度的根本性质"；"书写是一种奇怪的发明。很容易就会令人想到书写文字的出现必然会给人类生存的条件带来极重大的改变，而且会把这些重大改变视为主要是一种智识性质的重大改变。拥有书写文字以后大大增加人类保存知识的能力"。（［法］克洛德·列维-斯特劳斯：《忧郁的热带》，王志明译，生活·读书·新知三联书店，2005年，第383—386页）

英国考古学家戈登·柴尔德（Vere Gordon Childe）曾谈道："书写十分困难而又如此费力辨认的文字，也不可避免地拥有了它们自己的权威。书写中一个词的永存很可能好像是一种超自然的过程。一个从生活土地上早已消失的人居然能在陶板或一卷纸莎草纸上说话，肯定具有某种魔力。这样表述的文字必定具有某种'玛纳'。"（［英］戈登·柴尔德：《人类创造了自身》，安家瑗、余敬东译，上海三联书店，2012年，第142页）文字的创造，被远古人们视为具有魔法力量，它能让死者说话，能与神灵沟通。在古代美索不达米亚，国王、民众都会给神灵写信，国王通过给神写信，向民众表明自己的君权神授。和神灵的文字交流，也可以通过经文与护身符。（［英］科林·伦福儒、［英］保罗·巴恩：《考古学：理论、方法与实践》，陈淳译，上海古籍出版社，2015年，第159—162页）同样，古埃及人认为他们的文字是伟大的图特（Thoth）神所造，他"每天抄写奥西里斯美丽的词句"，并掌管对死者的判决。利用图特神创造的文字，古埃及人建立起书记员队伍，通过科层组织，实现了规模庞大的国家管理与公共工程的营建。那些拔地而起的巨大神庙或金字塔，也像是强大魔力的产物。

古代波斯的《列王纪》中记载，知识和文字原本只是魔鬼的秘密，人间不曾传闻。只是到后来，魔鬼被打败后，才被迫将使用文字的智慧传授给国王。（［波斯］菲尔多西：《列王纪选》，张鸿年译，人民文学出版社，1991年，第37页）而在古代北欧的日耳曼人那里，曾使用一种被视为具有极强宗教力量的"罗纳"文字。1—10世纪日耳曼人、哥特人使用一种叫"罗纳"的古文字，在古代北欧的史诗中，这种文字具有极强的法术力量。例如冰岛史诗《埃达》（Edda）中记载，如果有尸体悬吊在绞索里，那么将其雕刻上罗纳文字，然后给文字染上颜色，那具尸体便会复活。史诗赞美罗纳古文字道："它们是书写的罗纳文字，它们是救人治病的文字，它们是所有烧酒的文字，它们是珍贵的权力文字。"（〔冰岛〕佚名：《埃达》，石琴娥、斯文译，译林出版社，2000年，第69页）

在中国人的记忆中，当仓颉发明了文字之后，便出现了"天雨粟，鬼夜哭"的恐怖画面。（《淮南子·本经》）"中国文化中视文字为神圣符号的信仰，源远流长，精英阶层长期垄断文字的历史现实，更推波助澜，令人们对文字拥有神秘力量深信不疑"（吕宗力：《汉代的谣言》，浙江大学出版社，2011年，第125页）。颜之推在《家训》中强调"纸有《五经》词义，及贤达姓名，不敢秽用也"（《颜氏家训》卷一）。一直到近代，"敬惜字纸"仍然是民间信仰的重要部分，晚清薛福成谈到，当时普遍相信"秽亵字纸者，则鬼神罚之，雷霆殛之"，"中国风气，人人皆知惜之，则天地鬼神亦从而惜之。偶有一二不知惜者，造物亦得致罚于一二人，以儆其余"。（〔清〕薛福成：《出使日记续刻》，《郭嵩焘等使西日记六种》，中西书局，2012年，第293页）在民间习俗中，"倘敢不惜字纸，几乎与不敬神佛，不孝父母同科罪"一类的叙述一直绵延不绝。

张光直先生曾指出，文字自早期中国，便是政治权威攫取权力的重要手段："一旦人发明了书写，文字本身便成了沟通天地之工具的一个组成部分"；"有一批人掌握了死者的知识，因而能够汲取过去的经验，预言行动的后果。这种能力无疑对各国君王都有用处"。(张光直:《美术、神话与祭祀》，郭净译，辽宁教育出版社，2002年，第61—66页) 从甲骨和商周铜器铭文的使用状态看，商周时期文字的使用功能，是与神灵交通的媒介，是实行政治支配的工具。汉字长期被王室垄断，被王室操纵的历史，使得汉字本身附着了神圣的魔力和政治的权威，成为周王至高权威的象征。(吕静:《春秋时期盟誓研究：神灵崇拜下的社会秩序再构建》，上海古籍出版社，2007年，第198—199页)

中国早期文字的功能具有强烈宗教政治色彩，其预设的读者，往往不是人，而是神灵或祖先。夏含夷(Edward L. Shaughnessy) 指出，"很多铭文并不是看到器物马上就能发现，酒器上的铭文尤其如此，这表明铭文最先是让祖先阅读的，铭文敬献给他们"([美] 夏含夷:《西周青铜器铭文》，夏含夷主编:《中国古文字学导论》，中西书局，2013年，第83页)。罗泰(Lothar von Falkenhausen) 也认为金文是"宗教性质"的文书，在天上的祖先灵魂才是其接受者，而非旨在向后代传递信息的档案。(Lothar von Falkenhausen, "Issues in Western Zhou Studies: A Review Article," *Early China 18[1993]*)

比较极端的一些例子中，铜器的文字被铸造在器物内壁，如果不是借助现代的X光技术，人们几乎无法发现这些原本预设给神灵阅读的文字。在山西天马-曲村遗址北赵晋侯墓地发掘出的铜甗、铜卣、猪尊，腹内都铸有文字，但从外表并不能看出。后来，通过X光拍照，才发现了内壁的"伯作宝尊彝""晋侯作旅饮"等文字。(商彤流、孙庆伟等:《天马-曲村遗址北赵晋侯墓地第六次发掘》，《文物》2001年8期) 类似的情况是，殷墟刘家庄发掘出土的H2498:3铜尊、H2498:1尊，铭文都铸造在圈足内壁，是后来借助X光才确认到的。（何毓灵、唐际根等：《河南安阳市殷墟刘家庄北地2010—2011年发掘简报》，《考古》2012年12期）

　　与之类似的是，甲骨占卜的文字，同样是与神灵沟通的媒介。以方伯人头骨刻辞为例，这些文字的功能完全是为了祭典，"是刻辞以报先人，不是留给活人看的，也非着重在纪念，而在旌扬先祖之佑之功，其人头骨无一完整，皆为碎小片，可能在献祭之际即已打碎。人头骨刻辞的含义，犹如今民间祭祖，有时要在贡品上书写某物给某位先人一样"（王宇信、杨升南：《甲骨学一百年》，社会科学文献出版社，1999年，第250页）。吉德炜（David N. Keightley）总结到，殷人的青铜铭文并非给人看的，其预设读者是天上的祖神。同样，甲骨文字刻辞，也是预设给神灵阅读的。（David N. Keightley, *Marks and Labels*：*Early writing in Neolithic and Shang China*, ed. Archaeology of Asia [Blackwell, 2006], p.191）

　　起着强大宗教功能的文字，承载着巨大的政治权威，成为促成社会复杂化和社会管理的重要工具。"文字所以叫做文字，并非完全徒有虚名。如果没有文字，对我们来说无比重要的是——国家管理也缺少了最重要的先决条件。"（［德］罗曼·赫尔佐克：《古代的国家：起源和统治形式》，赵蓉恒译，北京大学出版社，2003年，第98页）古人早就意识到"汉所以能制九州者，文书之力也。以文书御天下，天下之富，孰与家人之财"（《论衡·别通》）。柴尔德指出："青铜时代深奥费解的手稿中，用神秘符号辛苦书写下的内容，获得了神圣的地位和魔法的威望"；"与书写相关的职业必定有其神秘性——它是一种专门的职业，而且非常深奥，以至于无法和任何体力活联系起来。因此，教师、文书形成一个独立的阶层，唯有他们才能胜任政府官员，或地产托管人等令人觊觎的职业"（［英］戈登·柴尔德：《历史发生了什么》，李宁利译，上海三联书店，2008年，第99页）。

古埃及中王国时代的教育文献就专门告诫年轻人："做一个书吏，就可以不用负担劳役，不参加所有的工作，不用锄地，也不用扛篮子。做书吏可以使你不用划桨，不用受苦，你不会有许多主人，也没有一大群上司。……要做一个书吏，他指挥一切。(《杜阿乌夫之子阿赫琪给其子柏比的教训》，转引自令狐若明：《古代埃及的书吏教育》，载《大众考古》2020年6期）。这番说教，中国人不会陌生，掌握文字和书写的力量是成为精英的条件。数千年后中国的皇帝，同样说出了类似的话语"书中自有千钟粟""书中自有黄金屋""书中自有颜如玉"（宋真宗：《劝学诗》）书写和阅读文字力量的强大和意义，也同样被列维-斯特劳斯笔下的那位亚马逊丛林的南比克瓦拉酋长洞见。

在早期中国，董作宾最早发现了甲骨文中的"贞人集团"，即以文字交通鬼神占卜的专门职业团体。这些商代时期最精英的知识人群，名字往往和族名、国名一致，"殷从被征服的国家，把这些贞人叫到殷都"（［日］伊藤道治：《中国古代王朝的形成：以出土资料为主的殷周史研究》，江蓝生译，中华书局，2002年，第49—57页），形成了知识力量上碾压周边一切势力的优势。郑也夫先生甚至认为，正是因为来自各国掌握了视觉符号的贞人们齐聚在殷都，交流互动，进而导致在武丁统治的短短五十多年内，便产生了完备的汉字。"既满足了殷王的宗教追求，又捞到了敌手无法复制的政治合法性。"（郑也夫：《文明是副产品》，中信出版社，2015年，第133—134页）

汉字的发育强化了政治权威的力量，也促成了更为复杂的官僚组织和社会管理的发育。如果说商代的官僚组织还粗陋简单，分工不明确，等级也不明显的话，那么发育到西周，则出现了更为复杂的中央政府和分工明确的各种科层组织机构。（李峰：《西周的政体：中国早期的官僚制度和国家》，生活·读书·新知三联书店，2010年，第16、21页）马克斯·韦伯认为，古代中国的文字书写是"某种神秘的技艺"，通过知识精英拥有的文字、经典和礼仪，推动了后来汉代皇权和官僚制的重建，知识精英也因此享有巨大的威望。（［德］马克斯·韦伯：《儒教与道教》，洪天富译，江苏人民出版社，2003年，第40页）

同样，文字也促进了两河流域官僚组织的发展。"在两河流域，文字或者记录技术是服务于官僚体系的一种手段。在两河流域，如果没有文字，官僚体制对于社会的控制力是无法实现的。"（杨建华：《两河流域：从农业村落走向城邦国家》，科学出版社，2014年，第253页）在欧洲，法典的产生和发展也是文字发明后的结果。"铭刻的石碑被证明真是一种比较好的法律保存者，这比仅仅依靠着少数人的记忆要好得多。"（［英］梅因：《古代法》，沈景一译，商务印书馆，1996年，第9页）

在古代，文字最初绝非普及众生的东西，所谓"民知书而德衰"（《淮南子·泰族训》），文字和书写只是少数人的特权。掌握文字和书写，意味着拥有和超自然力量沟通的特权，也意味着拥有对社会管理的合法治权，文字被视为带有魔力。但伴随着早期现代世界的"祛魅"进程，民族国家对义务教育的强制性推行，文字和书写开始大规模地普及，不再具有前现代那样的宗教神秘色彩。

1791年，法国制宪会议的宪法便规定"建立一个对所有公民都是同样的公共教育制度"，"对所有的人都是必不可少的教育阶段应该实行免费"。这一原则，成为构筑起现代民族国家教育的源头，它意味着民族国家共同体的每一个成员，在理论上至少都必须获取识字教育。1870年，英国颁布了《1870年初等教育法》。1872年，德国确立起《普鲁士国民学校和中间学校的一般规定》。这一趋势下，构建民族国家的浪潮，也伴随着全民教育的推行和展开，遍地都是不识字的文盲逐渐成为了过去。

在东亚，日本明治维新时期，警察的任务是必须将自己辖区内的适龄儿童全部送入学校。通过全民强制识字，新一代国民接受了相同的价值观念，培养了民族国家认同。在中国，伴随着现代化进程，义务教育推行和广泛识字，"敬惜字纸"信仰和文字焚化炉，也都成为了过去的陌生习俗。

文字和书写不再神秘。对于现代民族国家来说，文字又具有了另外三个重要功能。首先，通过全民识字，培育公民—士兵，增强民族国家"想象共同体"的凝聚力；第二，则是建立起更高效的现代官僚科层组织，卡普兰（Robert D. Kaplan）说"现代官僚体系通常要求具备覆盖好几代人的高识字率"（罗伯特·D·卡普兰：《无政府时代的来临》，骆伟阳译，山西人民出版社，2015年，第65页），这就意味着对于现代社会来说，高识字率的人口基数才能保障现代科层组织运转所必须的成员，是官僚能够持续运作的先决条件；其三，近现代世界的生产方式和经济活动需要训练有素的职业工人、掌握先进记账法的商人，只有覆盖全民的识字教育，才能保障近现代工商业社会日常生产和经济活动的最起码要求。

现代降临，文字和书写变得不再神秘，它不再是韦伯所描述的那种能带来"卡里斯玛"（charisma）的非凡事物或存在。但在现代社会，它依然拥有不可思议的伟大力量，是托载起新世界奥林匹斯山的雄伟地基。与此同时，伴随着民族国家义务教育的推行，以及大众阅读的普及，门槛极低的各类大众动员小册子、小作文，成了撬动各种现代"乌合之众"运动的阀门。在过去的世界，西方精英的阅读与书写，被限定在拉丁文文本的门槛之上，而中国的阅读门槛则被限定在正体字与文言文的基础之上。这一入门设置，尽管以现代人标准来说不够"平等"，但确实预防了激进动员的很多问题，至少不会像许多网络乱象那样——一个人提出火箭要烧煤炭，而且要烧精煤，竟获得评论区最高点赞量。

后记

　　本书以"爱有差等"为切入口，围绕的核心主题是理解先秦原始儒学，以及汇通西学后对于现代人视角所能提供的解释。很多人对于"中国传统文化"的想象，一直存在着认知偏差。一些反传统的现代知识分子，和捍卫"传统文化"的人士，往往分享了同一个对于"传统文化"的想象。我在此前的拙作《论语新劄：自由孔学的历史世界》《岂有此理？：中国文化新读》中，对这些问题都进行过梳理和回应。这本小书，则是在此基础之上，从立足于现代人的视野角度，回归到对原始儒学及其时代背景进行理解，而做出的进一步探讨。

　　原始儒学孕育于中国封建时代即将瓦解的前夜，孔门本身就是模拟封建、君臣、宗法小共同体组建的，它一方面保留了贵族精英的文化，另一方面又鼓励平民精英模仿贵族，建立自己的小共同体。原始儒学的共同体构建方式，就是通过"爱有差等"的多层次构建的差序复杂结构，将不同层次的共同体抟成华夏，乃至诸夏的大共同体圈层。原始儒学质朴而刚健的元气中，充满了阳刚的生命力。原始儒学重视地方、乡土与习俗，重视多中心的治理结构。原始儒学也追求经济自由，对商业、市场与社会分工给予了高度肯定。希望这本小书的出版，有助于读者对于原始儒学与先秦文化的理解。

感谢周振鹤师给小书赐序。看到老师的文字，就想起在复旦光华楼老师的办公室中，冬日下午温暖的阳光照射过来，老师坐在桌前，微笑着谈到古今中西的历史与人物，那些伟大的名字与是非功过，或如繁星般耀眼，又或如流星般闪过。小书出版之际，祝愿老师健康、长寿、幸福。

感谢鲍鹏山教授、刘强教授、吴钩兄对小书的鼓励与支持。

感谢广西师范大学出版社的赵艳女士、倪小捷编辑，为小书的出版，以及编辑工作花费了时间精力，认真负责地审阅稿件，提供各种建议。

李竞恒

2023年9月22日

"大学问"品牌书目一览

大学问，广西师范大学出版社学术图书出版品牌，以"始于问而终于明"为理念，以"守望学术的视界"为宗旨，致力于以文史哲为主体的学术图书出版，倡导以问题意识为核心，弘扬学术情怀与人文精神。品牌名取自王阳明的作品《〈大学〉问》，亦以展现学术研究与大学出版社的初心使命。我们希望：以学术出版推进学术研究，关怀历史与现实；以营销宣传推广学术研究，沟通中国与世界。

截至目前，大学问品牌已推出《现代中国的形成（1600—1949）》《中华帝国晚期的性、法律与社会》等80多种图书，涵盖思想、文化、历史、政治、法学、社会、经济等人文社会科学领域的学术作品，力图在普及大众的同时，保证其文化内蕴。

"大学问"品牌书目

大学问·学术名家作品系列

朱孝远 《学史之道》
朱孝远 《宗教改革与德国近代化道路》
池田知久 《问道：〈老子〉思想细读》
赵冬梅 《大宋之变，1063—1086》
黄宗智 《中国的新型正义体系：实践与理论》
黄宗智 《中国的新型小农经济：实践与理论》
黄宗智 《中国的新型非正规经济：实践与理论》
夏明方 《文明的"双相"：灾害与历史的缠绕》
王向远 《宏观比较文学19讲》
张闻玉 《铜器历日研究》
张闻玉 《西周王年论稿》
谢天佑 《专制主义统治下的臣民心理》
王向远 《比较文学系谱学》
王向远 《比较文学构造论》
刘彦君　廖奔 《中外戏剧史（第三版）》
干春松 《儒学的近代转型》
王瑞来 《士人走向民间：宋元变革与社会转型》

大学问·国文名师课系列

龚鹏程 《文心雕龙讲记》
张闻玉 《古代天文历法讲座》
刘　强 《四书通讲》
刘　强 《论语新识》
王兆鹏 《唐宋词小讲》

徐晋如 《国文课：中国文脉十五讲》
胡大雷 《岁月忽已晚：古诗十九首里的东汉世情》
龚　斌 《魏晋清谈史》

大学问·明清以来文史研究系列
周绚隆 《易代：侯岐曾和他的亲友们（修订本）》
巫仁恕 《劫后"天堂"：抗战沦陷后的苏州城市生活》
台静农 《亡明讲史》
张艺曦 《结社的艺术：16—18世纪东亚世界的文人社集》
何冠彪 《生与死：明季士大夫的抉择》
李孝悌 《恋恋红尘：明清江南的城市、欲望和生活》
李孝悌 《琐言赘语：明清以来的文化、城市与启蒙》
孙竞昊 《经营地方：明清时期济宁的士绅与社会》
范金民 《明清江南商业的发展》
方志远 《明代国家权力结构及运行机制》

大学问·哲思系列
罗伯特·S.韦斯特曼 《哥白尼问题：占星预言、怀疑主义与天体秩序》
罗伯特·斯特恩 《黑格尔的〈精神现象学〉》
A.D.史密斯 《胡塞尔与〈笛卡尔式的沉思〉》
约翰·利皮特 《克尔凯郭尔的〈恐惧与颤栗〉》
迈克尔·莫里斯 《维特根斯坦与〈逻辑哲学论〉》
M.麦金 《维特根斯坦的〈哲学研究〉》
G·哈特费尔德 《笛卡尔的〈第一哲学的沉思〉》
罗杰·F.库克 《后电影视觉：运动影像媒介与观众的共同进化》
苏珊·沃尔夫 《生活中的意义》
王　浩 《从数学到哲学》

大学问·名人传记与思想系列
孙德鹏 《乡下人：沈从文与近代中国（1902—1947）》
黄克武 《笔醒山河：中国近代启蒙人严复》
黄克武 《文字奇功：梁启超与中国学术思想的现代诠释》
王　锐 《革命儒生：章太炎传》
保罗·约翰逊 《苏格拉底：我们的同时代人》
方志远 《何处不归鸿：苏轼传》

大学问·实践社会科学系列
胡宗绮 《意欲何为：清代以来刑事法律中的意图谱系》
黄宗智 《实践社会科学研究指南》

黄宗智　《国家与社会的二元合一》
黄宗智　《华北的小农经济与社会变迁》
黄宗智　《长江三角洲的小农家庭与乡村发展》
白德瑞　《爪牙：清代县衙的书吏与差役》
赵刘洋　《妇女、家庭与法律实践：清代以来的法律社会史》
李怀印　《现代中国的形成（1600—1949）》
苏成捷　《中华帝国晚期的性、法律与社会》
黄宗智　《实践社会科学的方法、理论与前瞻》
黄宗智　周黎安　《黄宗智对话周黎安：实践社会科学》
黄宗智　《实践与理论：中国社会经济史与法律史研究》

大学问·雅理系列
拉里·西登托普　《发明个体：人在古典时代与中世纪的地位》
玛吉·伯格等　《慢教授》
菲利普·范·帕里斯等　《全民基本收入：实现自由社会与健全经济的方案》
田　雷　《继往以为序章：中国宪法的制度展开》
寺田浩明　《清代传统法秩序》

大学问·桂子山史学丛书
张固也　《先秦诸子与简帛研究》
田　彤　《生产关系、社会结构与阶级：民国时期劳资关系研究》
承红磊　《"社会"的发现：晚清民初"社会"概念研究》

其他重点单品
郑荣华　《城市的兴衰：基于经济、社会、制度的逻辑》
郑荣华　《经济的兴衰：基于地缘经济、城市增长、产业转型的研究》
王　锐　《中国现代思想史十讲》
简·赫斯菲尔德　《十扇窗：伟大的诗歌如何改变世界》
北鬼三郎　《大清宪法案》
屈小玲　《晚清西南社会与近代变迁：法国人来华考察笔记研究（1892—1910）》
徐鼎鼎　《春秋时期齐、卫、晋、秦交通路线考论》
苏俊林　《身份与秩序：走马楼吴简中的孙吴基层社会》
周玉波　《庶民之声：近现代民歌与社会文化嬗递》
蔡万进等　《里耶秦简编年考证（第一卷）》
张　城　《文明与革命：中国道路的内生性逻辑》
蔡　斐　《1903：上海苏报案与清末司法转型》
洪朝辉　《适度经济学导论》
秦　涛　《洞穴公案：中华法系的思想实验》
李竞恒　《爱有差等：先秦儒家与华夏制度文明的构建》